CARNET

DE

RENSEIGNEMENTS.

Paris. — Imprimerie J. Dumaine, 2, rue Christine.

CARNET

DE RENSEIGNEMENTS

DES OFFICIERS DU GÉNIE EN CAMPAGNE

PAR

KLIPFFEL et DUVAL-LAGUIERCE

CAPITAINES DU GÉNIE.

PARIS

LIBRAIRIE MILITAIRE DE J. DUMAINE

IMPRIMEUR-ÉDITEUR

Rue et passage Dauphine, 30.

—

1880

CARNET

DE

RENSEIGNEMENTS.

PREMIÈRE PARTIE

Généralités sur le service en campagne.

Le *corps du génie* aux armées est chargé :

1° Des travaux de fortification permanente ;

2° Des travaux pour la défense ou l'attaque des places et des reconnaissances qui se rattachent à ces travaux ;

3° Des travaux de fortification passagère que les généraux jugent à propos d'établir, tels qu'épaulements, tranchées, redoutes, fortins, têtes de pont, lignes et camps retranchés, digues d'inondation, etc... et des reconnaissances qui en dépendent ;

4° Des travaux de marche et d'opérations, tels que l'ouverture de passages, le rétablissement ou la destruction des routes et des ponts, la construction des ponts en bois sur pilotis ou sur chevalets ; il peut être également chargé, en cas de nécessité, de l'établissement des ponts mobiles construits avec des matériaux trouvés dans le pays.

Le service qui construit un pont est également chargé de l'établissement de ses rampes d'accès.

Le corps du génie fournit en outre à la Direction supérieure des chemins de fer des compagnies spéciales, dites compagnies d'ouvriers militaires de chemins de fer, qui sont chargées des travaux de réparations ou de destructions de chemins de fer à opérer en première ligne.

1

Lorsqu'il y a lieu d'établir des garnisons stables dans des *places* ou *postes militaires* conquis ou créés par l'armée, le service du génie prend, dans ces places ou postes, les mêmes attributions que dans les places nationales.

Il est défendu aux officiers du génie de communiquer à tout autre qu'aux généraux sous les ordres desquels ils sont employés ou à leur chefs d'état-major, les états d'approvisionnements, le plan des places et celui des travaux exécutés ou à exécuter.

Les officiers d'état-major de tous les grades peuvent être employés dans les postes et dans les détachements.

Dans les missions spéciales qui leur sont confiées, ils ont, à grade égal, le commandement sur tous les autres officiers employés dans la même mission.

Lors qu'un officier d'état-major est chargé de diriger une expédition ou une reconnaissance sans avoir le commandement de la troupe, le chef de cette troupe et les officiers des autres armes doivent se concerter avec lui pour toutes les dispositions qui peuvent assurer le succès de l'opération.

Les prescriptions des deux paragraphes précédents s'appliquent à tout officier chargé d'une mission spéciale à laquelle des troupes doivent concourir.

Un officier d'état-major chargé de la direction ou même du commandement d'une troupe, dans un poste ou dans une opération, ne peut étendre son autorité au personnel, à l'administration, ni à la discipline intérieure de cette troupe.

Un officier d'état-major faisant partie d'un détachement en a le commandement, s'il ne s'y trouve pas d'officier d'un grade supérieur au sien.

Les fonctions du *chef d'état-major* d'une armée, d'un corps d'armée ou d'une division consistent notamment :

1° A transmettre les ordres du général et à exécuter ceux qu'il en reçoit personnellement pour les mouvements des troupes, la surveillance de la marche des colonnes, le service de sûreté en marche et en station, l'établissement des cantonnements, des bi-

vouacs et des camps, les travaux extérieurs, le service d'explora-
tion et les reconnaissances, les renseignements de toute nature à
recueillir sur l'ennemi et toutes les autres parties du service ;

2° A donner au chef du service de la télégraphie, ainsi qu'au
chef de la trésorerie et des postes, les instructions nécessaires ;

3° A correspondre avec les *commandants* de l'artillerie et du *génie*,
avec les intendants et avec tous les chefs de service, afin de tenir
le général exactement informé de tout ce qui intéresse l'armée ;

4° A tenir le journal des marches et opérations, à fournir au
commandant en chef et au ministre de la guerre les tableaux de
la force et de l'emplacement des corps et des postes, les rapports détaillés sur les opérations successives, en un mot, tous les
renseignements nécessaires.

Le chef d'état-major d'une armée donne directement des instructions à la direction militaire des chemins de fer de campagne.

Le commandant d'une armée, d'un corps d'armée ou d'une
division désigne, parmi les officiers du service d'état-major, le
commandant de son quartier général.

Le *commandant du quartier général* est placé sous les ordres
directs du chef d'état-major et en reçoit les instructions.

1° En marche, il est spécialement chargé de tout le *logement*
dans les lieux où le quartier général est établi ; il signe, par délégation, les réquisitions nécessaires pour faire face aux besoins
relatifs au logement du personnel dont se compose le quartier général et arrête la répartition des locaux disponibles entre les
divers services ;

A cet effet, les *états-majors* de l'artillerie et du *génie*, la direction des services de l'intendance, le service de la trésorerie et
des postes, celui de la télégraphie, la prévôté détachent auprès du
commandant du quartier général un officier, sous-officier ou agent
chargé, sous sa direction, des détails du logement en ce qui concerne les services auxquels ils appartiennent respectivement. Il
s'occupe personnellement de l'installation des bureaux de l'état-
major général ;

2° Le commandant du quartier général reconnaît les emplacements à occuper par les postes et gardes, qui reçoivent par ses soins les consignes qu'ils doivent faire observer. Il remplit, dans les localités occupées par le quartier général, les fonctions de major de la garnison. Il est chargé de la sécurité dudit quartier général et a, à cet effet, le commandement de toutes les gardes ;

3° Il fixe les heures et lieux de rassemblement des *voitures de bagages* et les fait connaître au commandant de la gendarmerie ;

4° Il établit une liste complète par service des *adresses* de chacun des officiers appartenant au quartier général ; cette liste est affichée dans une des pièces appartenant au bureau de l'état-major général. Il en garde un double dans ses bureaux ;

5° En station, le commandant du quartier général tient un *état* nominatif pour les officiers et numérique pour la troupe de tout le personnel attaché au quartier général, ainsi qu'une *situation* des chevaux, voitures et matériel qui en dépendent. Il doit être informé sans délai de toutes les *mutations* qui se produisent et les porter sur ces états ;

6° Il règle le service de l'escorte et des estafettes ;

7° Il surveille le service des prisons dont l'installation concerne les prévôts et les commandants de gendarmerie ;

8° Il règle, par délégation du commandement, la mise en subsistance de tous les hommes qui, pour une cause quelconque, doivent séjourner au quartier général. Il règle la mise en route des isolés et des détachements de passage ;

9° Le *service vétérinaire spécial des chevaux du quartier général* est placé sous les ordres directs du commandant du quartier général ;

10° Le commandant du quartier général surveille et assure, d'après les ordres du chef d'état-major, la *ferrure* des chevaux du quartier général ;

11° Il se concerte avec le commandant de la gendarmerie pour maintenir au quartier général la police et le bon ordre.

Tous les détails de l'*administration* de l'armée, excepté en ce qui concerne le *matériel* de l'artillerie et du *génie*, constituent les attributions spéciales et les devoirs de l'intendance.

La direction des chemins de fer de campagne de chaque armée a sous ses ordres, pour l'exécution du service, des commissions militaires de chemins de fer de campagne et des commandants militaires d'étapes.

Les commissions militaires sont composées :

D'un officier supérieur président, qui est, en toute circonstance, le chef militaire ;

D'un *officier du génie*, commandant des troupes spéciales ;

Et d'un ingénieur des chemins de fer.

Elles reçoivent leurs instructions de la direction des chemins de fer de campagne et sont chargées :

Des travaux de construction, de réparation et de destruction de la voie et des ouvrages d'art ;

Du choix et de l'installation des stations ouvertes au service des transports ;

Du mouvement des trains réguliers, facultatifs et spéciaux extraordinaires, sur les sections qu'elles exploitent ;

De la garde militaire des voies et des bâtiments, ainsi que de la protection des trains ;

Du service d'étapes, pour tous les détachements ou isolés allant à l'armée ou en revenant.

Les commandants militaires d'étapes sont sous les ordres directs des présidents des commissions militaires. Ils sont établis, d'après les ordres directs des commissions militaires, dans les gares principales des sections exploitées par elles.

L'ordre général, ou ordre du jour, se donne chaque fois qu'il y a matière. Il est destiné à indiquer : 1° l'heure et le lieu des distributions ; 2° les heures des appels et des différents services ; les règles de police et les défenses qu'exigent les circonstances et les localités ; 4° les états à fournir et leurs modèles ; 5° les lois, décrets et décisions relatifs à l'armée ; 6° les éloges ou reproches à faire aux corps ou aux individus ; enfin tout ce dont il importe que l'armée soit instruite.

Les *ordres particuliers* ont pour objet des mouvements à effectuer, des postes à établir, des détachements à fournir ; l'usage s'en étend encore au personnel des officiers, aux détails de l'artillerie, du génie et des différents services ; enfin ils comprennent les ordres qu'il est inopportun de faire connaître aux troupes.

Chaque chef d'état-major transmet l'*ordre* et envoie le *mot* aux commandants du génie et aux détachements isolés.

Tout commandant du génie communique à l'officier auprès duquel il est employé les ordres qui lui sont donnés par les officiers généraux ou supérieurs de son arme.

Chaque fois que les distances le permettent, les officiers généraux et chefs de service envoient chaque jour, à une heure fixée à l'avance, un officier au quartier général de leur corps d'armée ou division, pour recevoir communication de l'ordre. Le commandant du génie d'un corps d'armée le transmet ensuite à la compagnie de réserve et au parc du corps ; le commandant du génie d'une division à sa demi-compagnie divisionnaire.

Lorsque des corps ou détachements isolés se trouvent à une trop grande distance pour que la correspondance soit prompte et facile, le mot leur est donné par leur commandant immédiat ; il en est de même pour les places fortes occupées par l'armée, lorsque le quartier général est trop éloigné de ces places.

Le commandant du génie d'un corps d'armée étend son action sur tout le service du génie de ce corps. Il donne seul, par l'intermédaire du chef du bataillon du génie, des ordres à la compagnie de réserve et au parc du génie de ce corps, pour l'exécution des dispositions arrêtées par le commandant du corps d'armée.

Il établit les propositions et demandes relatives au personnel, en deux expéditions : l'une pour le général commandant le corps, l'autre pour le général commandant le génie de l'armée. C'est à ce dernier qu'il s'adresse pour tout ce qui concerne les demandes de matériel.

Les relations entre les commandants du génie des corps et ceux des divisions et des détachements sont directes pour les affaires techniques ; mais pour les déplacements de personnel et de matériel, leur correspondance doit passer par le commandement.

Le commandant du génie d'une division fait établir les propositions concernant le personnel en deux expéditions : l'une pour le général commandant la division, l'autre pour le commandant du génie du corps d'armée.

Tenue de campagne des officiers.

Habillement. — *Képi*, *tunique* sans épaulettes, *culotte* en drap, *capote-manteau* en drap ou en caoutchouc, roulée sur les fontes, *bottes à l'écuyère* du modèle adopté pour tous les officiers montés (*J. M.* 13 avril 1878) ; les éperons à la chevalière sont en fer limé et poli pour les officiers des troupes et en métal doré pour ceux de l'état-major.

Equipement. — *Ceinturon de sabre*, en cuir verni noir, composé d'une bande de ceinturon et de 2 bélières.

Dragonne de sabre en soie noire, s'attachant par un nœud coulant dans l'œil ménagé à cet effet dans la branche principale de la monture du sabre.

Etui de revolver, en cuir noirci sur fleur et verni (*J. M.* p. s. 25 mai 1876). Il se compose : 1° d'une gaîne ou fourreau, avec cartouchière, passant fixe et dés de support ; 2° d'un couvercle ou portière. Il comporte, en outre, une banderole que l'on peut allonger ou raccourcir et une courroie de ceinture avec petite courroie d'arrêt. La cartouchière sur le dessus du fourreau comprend : 1° 2 rangs parallèles, chacun de 6 gaînes en cuir disposées verticalement pour recevoir 12 cartouches ; 2° une poche à soufflet avec recouvrement. Un cordon d'attache de revolver, en poil de chèvre noir, de 0^m,92 de longueur, est fixé à la banderole de l'étui et se rentre dans l'étui avec le revolver (*J. M.* 11 juillet 1878). Le revolver se porte dans l'étui avec la banderole, en sautoir de l'épaule gauche à la hanche droite, par dessus le vêtement. La bande de ceinture engagée dans le passant fixe de l'étui, ensuite dans celui de la courroie d'arrêt avant d'être bouclée, retient ainsi l'étui contre le corps, lui laissant entre les deux extrémités de cette courroie assez de jeu pour glisser en avant ou en arrière. Poids de l'étui avec banderole et ceinture : environ 0ᵏ,500.

Porte-cartes, sorte de sabretache s'adaptant au côté droit du ceinturon. Le modèle n'est pas encore fixé.

Armement. — *Sabre*, modèle 1855, d'officier supérieur d'infanterie ; lame droite à 2 tranchants, longueur 0ᵐ,86 ; fourreau en tôle d'acier. Poids moyen de l'arme : sans fourreau 0ᵏ,975 ; avec fourreau 1ᵏ,440.

Revolver, modèle 1874, à 6 coups, du calibre de 11 ᵐᵐ, rayé à droite, permettant, soit le tir continu, soit le tir intermittent susceptible de plus de justesse. Le but en blanc de la ligne de mire tracée sur l'arme est à 25ᵐ ; toutefois la balle est meurtrière à 200ᵐ. Poids de l'arme : environ 1ᵏ. — Démontage, avec la lame de tournevis portée par l'axe du barillet, dans l'ordre suivant : l'axe du barillet, le barillet la vis de plaque de recouvrement, la plaque de recouvrement, la plaquette gauche de la monture, le grand ressort, le chien, le pontet, la gâchette, le ressort de gâchette, le ressort de détente, la détente. Puis, s'il est nécessaire : le bouton du poussoir, le ressort du poussoir, le poussoir, la vis de baguette, la baguette, la vis de ressort de baguette, le ressort de baguette, la vis de ressort de porte, le ressort de porte, la porte, la vis de rosette de monture, la plaquette droite de monture, la rosette de monture, la goupille de clef du grand ressort, la clef du grand ressort, la vis de chaînette, la chaînette, la vis-goupille de pivot d'anneau de calotte, le pivot d'anneau de calotte. Il ne reste plus alors ensemble que 7 pièces : le canon, la carcasse, l'axe de la porte, les 3 axes du chien, de la gâchette et de la détente, l'écouteau du grand ressort. — Remontage dans l'ordre inverse.

Cartouches, métalliques, à percussion centrale, du poids de 16ᵍʳ,800, en paquets de 6 que l'on réunit 3 par 3. L'officier emporte 30 cartouches, soit un paquet complet et 12 cartouches libres à loger dans la cartouchière de l'étui de revolver. — En temps de paix, chaque officier a droit annuellement à 100 cartouches, dont 36 à titre gratuit.

Harnachement. — Le harnachement (*J. M.* 23 mai 1872, 24 août 1875, 14 août 1878) comprend en campagne : la selle avec croupière, poitrail, sacoches, porte-manteau, bissac. tapis de selle et couverture sous le tapis, la bride avec le collier d'attache. La garniture de tête, la selle et les parties accessoires sont en cuir fauve, les boucles apparentes en cuivre jaune.

Selle, à l'anglaise, à troussequin relevé avec prolongements mobiles ; troussequin armé de 3 crampons, un pour la croupière, deux pour les pattes de prolongements mobiles et les courroies de porte-manteau. *Etrivières. Etriers*, en fer poli pour les officiers des troupes, en métal doré pour ceux à l'état-major. *Sangles*, simples, en tissu de laine blanche. *Croupière*, à une seule branche, de la forme dite à la française, le culeron réuni à la fourche par 2 boucles à traverse. *Poitrail*, formé d'une traverse mobile et d'une martingale réunies par un rond en cuivre doré portant les attributs du génie ; à chaque extrémité de la traverse est une boucle qui se rattache aux 2 bouts d'un contre-sanglon passant par dessus le pommeau de la selle ; la martingale se termine par une demi-boucle et un contre-sanglon, qui permettent de la réunir au surfaix de sacoches.

Le devant de la selle porte une *paire de sacoches* montées sur un chapelet réuni à un surfaix enveloppant toute la selle. Quatre courroies de manteau, terminées par des demi-boucles, sont réunies par des passes en cuir au chapelet des sacoches ; une 5e courroie, passant dans une chape fixée au-dessous du chapelet, enveloppe le manteau en son milieu.

Porte-manteau, en drap bleu foncé, se plaçant sur les prolongements mobiles de la selle, les boucles de fermeture tournées vers le troussequin ; il est maintenu par 2 courroies de charge qui passent dans les deux crampons latéraux du troussequin et empêchent en même temps les pattes des prolongements mobiles de s'écarter du troussequin ; une 3e courroie semblable entoure le porte-manteau en son milieu sans tenir à la selle.

Tapis de selle, en drap bleu foncé, passepoilé en drap bleu écarlate et bordé d'un galon écarlate (2 galons pour les officiers supérieurs), sans attribut dans les angles, doublé en molleton foncé.

Bissac, en cuir fauve, disposé sur les prolongements de la selle et maintenu : 1° par la courroie de porte-manteau du milieu, qui s'engage dans une passe réunissant les deux sacs ; 2° par 2 martingales au moyen desquelles les sacs sont reliés aux contre-sanglons de sangle de la selle.

Couverture, en laine bleu foncé, de 1ᵐ,45 sur 1ᵐ,45 environ.

Bride, comprenant : un *dessus de tête*, sur la partie pleine duquel est placée une gourmette de rechange en acier, et au milieu duquel est fixé un porte-agrafe auquel peut s'accrocher le collier d'attache ; un *frontal*, replié obliquement à chaque bout pour servir de passant au dessus de tête ; une *sous-gorge* ; deux montants ; un *mors de bride* en fer poli, avec bossettes en cuivre estampées des attributs du génie et *gourmette* en acier ; une paire de *rênes de bride* ; un *mors de filet* en fer poli, articulé au milieu, et dont chaque anneau est engagé dans le dernier maillon d'une chaînette à mailles torses terminées par un T que l'on passe dans le dé du montant de bride ; une paire de *rênes de filet*.

Collier d'attache, comprenant : le collier, le touret de collier en fer poli, la longe en chaîne terminée par un T à ses deux extrémités.

Le *harnachement d'un deuxième cheval* comporte : une couverture, un surfaix de sangle, un bridon d'abreuvoir et un collier d'attache.

Ustensiles de pansage : bouchon en chiendent, étrille, brosse à cheval, peigne à cheval, époussette en grosse étoffe de laine, éponge, ciseaux ronds ; le tout dans une musette portée par le soldat-ordonnance. En outre une musette-mangeoire, un seau en toile, un filet et un sac à fourrages, des fers de rechange, des clous ordinaires, et, s'il y a lieu, des clous à glace.

Objets divers portés par l'officier. — *Cartes* du théâtre probable des opérations, délivrées à titre gratuit à l'officier entrant en campagne ; elles sont sur papier spécial dispensant de l'entoilage (1).

---

(1) On peut aussi emporter un cache-cartes en taffetas gommé permettant de lire les cartes par un temps de pluie.

La plupart des objets énumérés dans ce paragraphe peuvent être enfermés dans le porte-cartes.

Carnet avec papier quadrillé à une échelle commode, renfermant : un crayon ordinaire avec gomme élastique, un crayon rouge, un crayon bleu, un crayon bistre, une feuille de papier autocopieur, une feuille parchemin, un décimètre portant, outre la graduation ordinaire, une échelle du 1/80,000°, un rapporteur sur papier toile, un curvimètre.

Blocs d'enveloppes et de rapports, du modèle A de l'Instruction pratique sur le service de l'infanterie en campagne.

Montre à secondes.

Jumelle-lorgnon (chez Clermont, Paris, rue du Temple, 104), munie d'un cordon, avec porte-mousqueton, qui permet de la porter suspendue au cou et de la remiser toute développée entre 2 boutons du vêtement. Le grand modèle (prix 25 fr.) a un champ de $8°20$, l'autre (20 fr.) un champ de $5°30$; ces jumelles grossissent 3 fois.

Boussole-breloque à pince, de 16 à 20^{mm} de diamètre, pouvant se fixer par sa pince à ressort sur un carnet, sur un carton, sur une planchette, sur une carte repliée (chez Parent, Paris, rue Saint-Honoré, 175) ; c'est la boussole des parcs du génie. — Pour tracer une direction : faire exactement face au point sur lequel on veut prendre la direction ; orienter le carton, en faisant correspondre l'aiguille avec la ligne N. S. de la boussole et en faisant en sorte que le point qui, sur le dessin, représente la station soit bien en regard du milieu du corps ; alors, sans bornoyer, tracer la direction, soit à main levée, soit le long d'une règle ou d'un crayon couché sur le dessin.

Sifflet Baduel, en étain, à un son. S'entend distinctement à 800^m ; portée extrême supérieure à 1500^m. S'emploie dans le service de sûreté, comme moyen de reconnaissance et signal d'alerte ; dans les actions de tirailleurs, pour attirer l'attention des hommes ; dans une embuscade, pour donner le signal de l'attaque ; dans une marche de nuit ou en traversant un bois, pour diriger les hommes et les rallier. Signaux à l'usage des commandants de compagnie : *Garde à vous*, un coup de sifflet sec suivi immédiatement d'un coup de sifflet prolongé ; dans les cantonnements ou bivouacs pour faire prendre les armes inopinément, plusieurs *garde à vous* successifs, exécutés rapidement.

Moyens de pansement pour arrêter une hémorragie.

Dispositions concernant les chevaux des officiers, les soldats-ordonnances, les conducteurs de voitures, les secrétaires d'état-major, les cantines à vivres et les caisses à bagages.

Chevaux des officiers. — La remonte est à *titre onéreux* pour les officiers supérieurs, à *titre gratuit* pour les officiers subalternes et les adjoints.

Le remboursement de la valeur d'un cheval peut se faire en deux paiements égaux, le premier au moment de la prise de possession, le second dans les 6 mois suivants.

A partir de l'ordre de mobilisation, les officiers ont, à moins d'ordres contraires, l'obligation de se pourvoir du nombre de chevaux affectés à leur grade sur le pied de guerre. Ils reçoivent la même quantité de rations de fourrages que s'ils étaient en campagne, au fur et à mesure qu'ils justifient de la possession de ces chevaux. Cette justification a lieu, pour les officiers des corps, au moyen d'un certificat signé par le conseil d'administration ; pour les officiers sans troupe, par une déclaration signée de l'officier lui-même, indiquant la date de l'entrée en possession du cheval. Les certificats et déclarations sont visés par le sous-intendant militaire de chaque quartier général qui tient un contrôle spécial des chevaux des officiers sans troupe et y inscrit les mutations.

Les chevaux délivrés à titre temporaire doivent être réintégrés à leurs corps dès que les rations de fourrages cessent d'être allouées à leurs détenteurs.

Les plans de mobilisation des corps d'armée prévoient les ressources pour la remonte des officiers et adjoints du génie. Les livrets matricules des chevaux des officiers à l'état-major doivent être tenus prêts en tout temps par les commandants du génie éventuels des corps d'armée ; en campagne, ces livrets restent entre les mains des officiers détenteurs des animaux.

En cas de mobilisation, les commandants des corps d'armée peuvent déléguer aux officiers généraux employés dans l'étendue de leur région les pouvoirs nécessaires pour autoriser directement la remonte, à titre gratuit ou onéreux, de tous les officiers sous leurs ordres ayant droit aux rations de fourrages.

Les lieutenants ou sous-lieutenants de réserve sont autorisés à emmener avec eux un cheval leur appartenant en propre ; la dépense du transport est au compte de l'Etat.

Au moment où il prend un cheval à titre gratuit, l'officier, pour couvrir sa responsabilité, doit avoir soin de se faire donner par le conseil d'administration du corps livrancier un *certificat du vétérinaire* constatant l'état et les tares du cheval. Dans le cas de l'apparition ultérieure d'une tare dont la cause ne peut lui être attribuée, l'officier ne doit pas négliger de se faire délivrer un procès-verbal de vétérinaire, visé par le sous-intendant et revêtu de l'avis motivé de son chef de corps. En cas de mort d'un cheval, le chef de corps fait établir une pièce analogue, plus un procès-verbal d'autopsie.

Les *certificats de perte de chevaux* tués par l'ennemi sont délivrés aux officiers remontés à titre onéreux par le chef d'état-major ou par le chef de corps, et visés par le général commandant l'armée ou le corps d'armée. Ils doivent être remis, sous peine de déchéance, dans les 15 jours qui suivent l'événement, au sous-intendant chargé d'ordonnancer la solde des intéressés. Indemnité : 450 fr. par cheval.

L'indemnité pour perte de chevaux des officiers prisonniers de guerre est de 450 fr. pour les chefs de bataillon, de 900 fr. pour les lieutenants-colonels et colonels.

Les chevaux enlevés à l'ennemi sont payés, par les officiers autorisés à les acheter, d'après un tarif arrêté par le général en chef.

Les officiers sans troupe établissent pour les *fourrages* de leurs chevaux des bons nominatifs qu'ils signent et remettent au commandant de leur quartier général, lequel établit un bon collectif pour les parties prenantes isolées de son groupe.

Les officiers, momentanément éloignés des groupes ou du corps dont ils font partie, perçoivent leurs vivres et leurs fourrages dans le convoi du groupe ou du corps auprès duquel ils se trouvent momentanément : ils remettent leurs bons à l'officier d'approvisionnement.

La *ferrure* est à la charge des officiers pour tous les chevaux qui ne sont pas des chevaux de l'Etat. Taux de l'abonnement pour la ferrure en campagne, par cheval et par mois : 4 fr. pour les chevaux d'officiers de toutes armes.

Dans les états-majors des armées et des corps d'armée, les chevaux des officiers sont ferrés par les troisièmes aides-maréchaux ferrants des batteries de corps ; dans les états-majors de division par les troisièmes aides-maréchaux ferrants des batteries divisionnaires. Au quartier général du corps d'armée, le service militaire est fait par le vétérinaire de réserve adjoint au chef de service.

Les vétérinaires des batteries divisionnaires doivent leurs soins aux chevaux des quartiers généraux de divisions, et les médicaments et objets de pansement nécessaires sont pris sur l'approvisionnement de ces batteries.

D'une manière générale, les médicaments pour les chevaux des officiers de tout grade sont fournis gratuitement par la pharmacie vétérinaire du corps de troupes à cheval ou de l'établissement chargé de leur donner des soins.

Soldats-ordonnances et conducteurs de voitures. — Le nombre de soldats-ordonnances accordé à un officier sans troupe dépend du nombre de chevaux qu'il possède réellement, en vertu des règlements, en partant de ce principe qu'un homme suffit pour soigner 2 chevaux et que, dans aucun cas, il ne peut être accordé plus de 2 ordonnances au même officier, quel que soit son grade.

Les plans de mobilisation des corps d'armée désignent les corps où les officiers sans troupe ont à prendre, au moment d'une entrée en campagne, les ordonnances complémentaires auxquels ils ont droit.

Les ordonnances des officiers sans troupe et les conducteurs de chevaux de main n'ont pas de sabre en campagne : ils n'emportent qu'un revolver modèle 1873 et un nécessaire d'armes modèle 1874 ; ils ont sur eux 30 cartouches. Ils suivent les officiers auxquels ils sont attachés ou marchent avec les bagages.

Les hommes non montés (ordonnances d'officiers ou conducteurs de voitures), appelés à conduire des chevaux de main ou des chevaux haut-le-pied, sont autorisés à charger leurs sacs, soit sur les voitures portant les bagages des officiers, soit sur les voitures de vivres des convois, selon le cas.

Le commandant de chaque quartier général est chargé de tout le détail relatif aux ordonnances des officiers de l'état-major. Dans les corps d'armée, ces ordonnances sont administrés par la compagnie n° 3 (compagnie légère) de l'escadron du train des équipages, dont le capitaine commandant marche avec l'ambulance du quartier général ; dans les états-majors d'armée, ils sont administrés par la fraction de la compagnie n° 6 qui marche avec le quartier général de l'armée.

Les ordonnances et conducteurs de voitures d'état-major du génie d'un corps d'armée ou d'une division seront généralement mis en subsistance à la section de secrétaires d'état-major du corps. Ils conservent la solde spéciale au corps dont ils font partie. Leurs bons de vivres et états de solde sont établis par un officier désigné à cet effet, aidé par le fourrier ou un sergent de la section de secrétaires d'état-major.

La solde avec vivres de campagne des ordonnances du train est de 0 fr. 32 par jour pour un soldat de 2ᵉ classe ; celle des soldats d'infanterie conducteurs de voitures est de 0 fr. 30 ou de 0 fr. 25 suivant la classe.

Les ordonnances d'officiers sans troupe qui deviennent disponibles sont mis en subsistance au dépôt de remonte mobile du corps d'armée.

Les conducteurs de voitures d'un quartier général de corps d'armée sont placés sous les ordres d'un sous-officier d'infanterie, ceux d'un quartier général de division sous les ordres d'un caporal.

Les officiers des troupes sont autorisés à avoir un soldat à leur choix pris dans la troupe sous leurs ordres. Ces soldats sont exempts de service et de corvée, mais ils rentrent dans le rang pour marcher, manœuvrer ou combattre. Il n'est fait d'exception que pour ceux employés par les officiers auxquels le règlement alloue plus d'un cheval : ils conduisent en ce cas les chevaux de main et marchent à la gauche des corps.

Secrétaires d'état-major. — Les secrétaires attachés à l'état-major du génie d'un corps d'armée marchent avec le fourgon portant les archives. Ils ont la carabine de gendarmerie modèle 1874 ou modèle 1866-1874 avec sabre-baïonnette et 38 cartouches 1874.

Leur prêt, y compris la prime de travail, est payable tous les 15 jours et à terme échu. Leurs états de solde et bons de vivres ou de petit équipement sont collectifs et indiquent le nom et le grade de chacun des ayants droit. L'officier désigné pour viser ces bons doit aussi faire sur les livrets individuels l'inscription des effets distribués ; pour toutes les perceptions faites, cet officier est responsable au même titre que les commandants de compagnie.

La prime de travail peut être supprimée en tout ou en partie pour cause de négligence.

Solde avec vivres de campagne : caporal 0 fr. 42, soldat de 1re classe, 0 fr. 30, soldat de 2e classe 0 fr. 25. Prime journalière de travail : caporal 0 fr. 60, soldat 0 fr. 40.

Cantines à vivres et caisses à bagages. — Les officiers doivent se procurer à leurs frais, dans les magasins de l'Etat ou dans l'industrie civile, des cantines à vivres et des caisses à bagages dont le poids maximum est fixé par le règlement. Prix de la cantine du nouveau modèle 15 fr. 20 ; prix de la caisse à bagages neuve 15 fr. 10, de la caisse ayant servi 11 fr. 35.

La cantine à vivres est pour 4 officiers ; mais en ajoutant 1 ou 2 couverts aux ustensiles ci-après, elle peut servir pour 5 et même pour 6 officiers. Elle contient : 1 lanterne, 1 bougeoir, 1 moulin à café, 3 boîtes carrées, 3 bidons carrés, 1 marmite avec double fond, 1 gril, 4 timbales, 1 poivrière, 1 salière, 1 bouillotte, 1 poêle à frire, 1 écumoire, 1 cuiller à pot, 5 assiettes, 5 fourchettes, 2 couteaux de table, 5 cuillers (grandes), 1 couteau de cuisine, 1 tire-bouchon. Poids total 20ᵏ, y compris

12 kil. pour la cantine vide ; il faut y ajouter par officier 3 kil. de vivres, correspondant aux vivres du sac des hommes de troupe.

Les bons de vivres des officiers sans troupe sont établis par tables par un sous-officier de la section de secrétaires d'état-major et visés par un officier.

Il revient 1 cantine à vivres à une compagnie ou demi-compagnie du génie.

La caisse à bagages peut contenir : 1 pantalon, 1 tunique, 1 paire de bottes, 4 paires de chaussettes, 2 caleçons, 3 chemises, 4 mouchoirs, 3 serviettes, 1 couverture, 1 casquette, 1 ceinture de flanelle, quelques menus objets de toilette. Poids total 14 kil., y compris 5 kil. pour la caisse. — Les capitaines ont droit à 6 kil. de supplément.

Il revient : 4 caisses à bagages à un colonel, 3 à un lieutenant-colonel, 2 à un chef de bataillon, 1 à chacun des autres officiers et assimilés et aux adjudants.

États-majors et troupes du génie.

État-major du génie d'une division. — 1 chef de bataillon (ou capitaine) commandant le génie de la division (2 chevaux et 1 ordonnance). Il place ses bagages sur le fourgon affecté aux officiers de l'état-major de la division et vit avec ces officiers.

Dans une division de cavalerie indépendante, un officier du génie pourra être attaché à l'état-major de cette division.

État-major du génie d'un corps d'armée. — 1 général de brigade ou colonel (4 ou 3 chevaux, 2 ordonnances) commandant le génie, 1 chef de bataillon chef d'état-major (2 chevaux, 1 ordonnance), 2 capitaines (chacun 2 chevaux et 1 ordonnance), 2 adjoints du génie (chacun 1 cheval et 1 ordonnance), 2 secrétaires d'état-major (1 caporal et 1 soldat).

1 voiture régimentaire à bagages et 4 caisses à bagages pour le commandant du génie ; 1 fourgon à deux chevaux pour les bagages (6 caisses), les 2 cantines à vivres et les archives de l'état-major.

Les 2 conducteurs et les 3 chevaux de trait sont fournis par l'un des régiments d'infanterie du corps d'armée.

État-major du génie d'une armée. — 1 officier général qui prend le titre de commandant du génie de l'armée, 1 général de brigade ou colonel chef d'état-major, 1 officier supérieur directeur du parc, un certain nombre d'officiers et d'adjoints déterminé par les besoins du service. Comme ci-dessus pour les voitures.

Si plusieurs armées sont réunies sous un seul commandement, il est fourni un état-major qui prend le nom de grand état-major du génie.

Troupes et parcs du génie d'un corps d'armée. — A l'état-major : 1 chef de bataillon (2 chevaux) qui a sous ses ordres la compagnie de réserve et le parc du corps d'armée, 1 adjudant, 1 caporal-tambour ou clairon. Le chef de bataillon et l'adjudant placent leurs bagages sur la voiture de la compagnie de réserve.

Troupes : 1 compagnie de réserve, 2 demi-compagnies divisionnaires s'administrant chacune séparément, 1 détachement de sapeurs-mineurs du parc du corps d'armée, 4 détachements de sapeurs-conducteurs affectés aux parcs du corps, de la compagnie de réserve et des 2 demi-compagnies.

Compagnie de réserve : 1 capitaine commandant et 1 capitaine en second montés, 3 lieutenants ou sous-lieutenants montés, dont 1 de réserve, 1 sergent-major, un sergent-fourrier, 10 sergents, 16 caporaux, 6 maîtres-ouvriers, 1 tambour et 1 clairon, 180 sapeurs-mineurs (dont 1 ouvrier tailleur, 1 ouvrier cordonnier, 4 conducteurs de voitures régimentaires) ; en outre 4 voitures à 1 cheval : 1 pour bagages et 3 pour vivres.

La compagnie est suivie de son parc comprenant : 1 brigadier monté, 7 sapeurs-conducteurs ; 9 chevaux de trait dont 1 haut-le-pied, 2 chevaux de bât ; 2 voitures de sapeurs-mineurs, 2 bâts d'attelage, 4 caisses de bât.

Le *parc du génie du corps d'armée* comprend : 1 détachement de sapeurs-mineurs (1 sergent, 1 caporal et 6 ouvriers en bois et en fer), qui compte à la compagnie de réserve et fait les réparations du matériel ; 2° un détachement de sapeurs-conducteurs : 3 brigadiers dont 1 maître-maréchal ferrant, 43 sapeurs-conducteurs dont 1 aide-maréchal ferrant et 1 bourrelier ; 6 chevaux de selle, 68 chevaux de trait dont 6 haut-le-pied ; 11 voitures, à savoir : **7** prolonges à couvercle (à 6 chevaux) chargées d'outils de pionniers, 1 prolonge ordinaire (à 6 chevaux) chargée de cordages et agrès de ponts, 1 prolonge ordinaire (à **6** chevaux) chargée d'outils portatifs de rechange, 1 caisson à dynamite (à 4 chevaux). 1 forge de campagne (à 4 chevaux) pour l'entretien du matériel et le ferrage des chevaux.

Total de la réserve et du parc de corps : 6 officiers, 282 hommes. 97 chevaux, 17 voitures.

Demi-compagnie divisionnaire : 1 capitaine monté, 1 lieutenant monté, 1 lieutenant ou sous-lieutenant de réserve monté. 1 sergent-major ou fourrier, 5 sergents, 8 caporaux, 3 maîtres-ouvriers, 1 tambour ou clairon, 90 sapeurs-mineurs (dont 2 conducteurs de voitures régimentaires) ; en outre 2 voitures à 1 cheval : 1 pour bagages et 1 pour vivres.

Le capitaine commandant, le lieutenant en second, le sergent-major et le clairon sont à la demi-compagnie de la 1re division ; le capitaine en second, le lieutenant en premier, le sergent-fourrier et le tambour sont à la demi-compagnie de la 2e division.

Chaque demi-compagnie est suivie de son parc comprenant : 1 brigadier monté, 4 sapeurs-conducteurs, 5 chevaux de trait dont 1 haut-le-pied, 1 cheval de bât, 1 voiture de sapeurs-mineurs, 1 bât d'attelage, 2 caisses de bât.

Total d'une demi-compagnie et de son parc : 3 officiers. 113 hommes, 12 chevaux, 3 voitures.

Total des troupes et parcs du génie d'un corps d'armée : 12 officiers, 506 hommes, 119 chevaux, 23 voitures.

Compagnie d'ouvriers militaires de chemins de fer du génie. — Chaque compagnie comprend : 1 capitaine commandant et 1 capitaine en second montés, 4 lieutenants ou sous-lieutenants montés dont 2 de réserve, 1 sergent-major, 1 sergent-fourrier, 16 sergents, 1 caporal-fourrier, 2 caporaux élèves fourriers, 22 caporaux, 8 maîtres-ouvriers, 1 tambour et 1 clairon, 48 sapeurs-ouvriers pour l'exploitation, 199 sapeurs-ouvriers pour la construction, la destruction et la réparation.

Les 16 sergents comprennent : 2 sous-chefs mécaniciens, 2 sous-chefs de gare et télégraphistes, 4 sous-chefs charpentiers, 2 sous-chefs ouvriers en fer, 4 sous-chefs poseurs, 2 sous-chefs gardes du matériel.

Les 22 caporaux comprennent : 8 mécaniciens, 4 employés de gare ou de télégraphe, 4 sous-chefs poseurs, 4 charpentiers, 2 dessinateurs.

Les 8 maîtres-ouvriers comprennent : 4 ouvriers en bois, 2 ouvriers en fer, 2 maçons.

Les 48 sapeurs-ouvriers de l'exploitation comprennent : 8 chauffeurs de locomotives, 2 chauffeurs de dépôt, 4 ouvriers des ateliers, 4 visiteurs et graisseurs, 12 aiguilleurs, 16 garde-freins, 2 employés d'expédition.

Les 199 autres sapeurs-ouvriers sont : 89 terrassiers poseurs de voie, 10 charrons, 20 mineurs, 48 charpentiers, 20 ouvriers en fer, 10 maçons, 2 bateliers.

Le parc d'une compagnie comprend : 2 maréchaux des logis, 6 brigadiers dont 2 maîtres maréchaux ferrants, 42 sapeurs-conducteurs dont 6 conducteurs des voitures de bagages et de vivres; 10 chevaux de selle, 66 chevaux de trait ; 2 voitures à 1 cheval pour les bagages. 2 voitures à 1 cheval et 2 fourgons à 2 chevaux pour les vivres, 2 prolonges ordinaires à 6 chevaux chargées d'engins de chemins de fer, 2 voitures de sapeurs-mineurs à 4 chevaux, 2 voitures de sapeurs montés à 4 chevaux (6 hommes armés par voiture), 2 caissons à dynamite à 4 chevaux, 2 forges de campagne à 4 chevaux.

Total de la compagnie et de son parc : 6 officiers, 300 hommes à pied, 50 sapeurs-conducteurs, 82 chevaux, 18 voitures.

Chaque compagnie peut se fractionner en 2 demi-compagnies, chaque parc en 2 parcs de demi-compagnie.

Outils portatifs
et parc d'une compagnie de sapeurs-mineurs.

I. — Outils portatifs d'une compagnie de sapeurs-mineurs.

ESPÈCE D'OUTILS.	NATURE DU CHARGEMENT.	NOMBRE.
Outils de terrassier et tranchants (450 chargements).	Pelle...............................	50
	Pioche..............................	50
	Hache...............................	38
	Serpe...............................	12
Outils d'ouvriers en fer (6 chargements).	Masse à tranche et burin........	2
	Pince coupant du devant, pince plate et 50 mètres de cordeau à tracer..........................	4
Outils d'ouvriers en bois (18 chargements).	Hache à main portative.........	4
	Scie égohine et lime tiers-point...............................	2
	Marteau de charpentier et 75 pointes............................	4
	Ciseau de charpentier et compas.	2
	Plane et 2 pelotes de ficelle.....	2
	Scie articulée et lime tiers-point...............................	2
	Tarière torse de 27 mill. et 2 vrilles.............................	2
	TOTAL...............	174

Les chargements sont répartis également entre les 2 pelotons de la compagnie.

Les sergents sont munis chacun d'un *mètre pliant;* en outre quatre d'entre eux portent un *décamètre en ruban,* deux portent un cahier de *l'Ecole pratique de fortification de campagne* et deux autres un cahier *d'Ecole de ponts.*

Les outils d'art doivent être généralement portés par les caporaux et les maîtres-ouvriers.

Les hommes qui portent les ustensiles de campement les placent derrière le sac, maintenus par la grande courroie, en mettant le pain dans la gamelle, la marmite ou le bidon. Donner autant que possible des bidons aux porteurs de hache, des marmites aux porteurs de pioche. Eviter de donner des ustensiles de campement aux porteurs de pelle ; en cas de nécessité leur donner de préférence une grande gamelle.

La plupart des outils portatifs peuvent être retirés de leurs étuis, ceux-ci restant fixés au havre-sac.

II. — Parc d'une compagnie de sapeurs-mineurs

1° Voiture de sapeurs-mineurs.

Voiture à ressort attelée à 4 chevaux ; voie $1^m,525$, commune à toutes les voitures du génie ; tournant illimité permettant de faire demi-tour sur une route ou dans un défilé de 6 mètres de largeur (1) ; longueur sans le timon $3^m,42$, avec timon $6^m,15$, attelée $9^m,50$.

Nomenclature sommaire. — 1° *Avant-train* : 2 armons, assemblés à tenon avec la sellette ; 1 sellette ; 2 tirants, assemblés avec la sellette à tenon et mortaise ; 1 volée ; 2 palonniers ; 1 timon, dont le têtard se loge entre les 2 armons, et qui est percé au milieu de sa largeur d'un trou pour le passage de la chevillette de timon, et vers son extrémité postérieure d'un trou pour la chevillette de rechange ; 1 anneau à pattes de timon, appliqué au bout du timon ; 2 chaînes de bout de timon ; 1 bande circulaire, appliquée sur les armons et la sellette ; 1 plaque de sellette, appliquée au milieu de la sellette ; 2 renforts d'armon, appliqués symétriquement sous les armons entre le devant de la volée et le derrière de l'échantignolle ; 1 échantignolle d'armon, boulonnée sous les armons ; 1 essieu n° 2 ; 2 ressorts latéraux, fixés par des brides sur l'échantignolle d'armon ; 2 roues n° 2, comprenant chacune 1 moyeu, 12 rais, 7 jantes, 1 cercle de roue. 2° *Arrière-train* : 2 brancards, réunis aux ridelles au moyen de

---

(1) Ce tournant minimum correspond à l'angle de tournant (angle des essieux entre eux) pour lequel la direction de l'essieu d'avant-train passe par le milieu de l'essieu d'arrière-train.

ranchets en fer ; 2 entretoises, assemblées avec les brancards ;
5 épars, assemblés avec les brancards à tenon avec embrèvement ;
planches des côtés ; 1 séparation de coffre d'avant ; 1 lisoir ;
5 planches de fond ; 2 ridelles ; 2 trésailles de hayon ; 2 traverses
de hayon ; 2 planches de hayon ; 2 crochets de recul ; 1 cheville-
ouvrière ; 8 anneaux de brellage, fixés sur les ridelles et sous les
brancards ; 1 collier porte-timon de rechange, sur le côté droit ;
1 étrier porte-timon de rechange ; 2 supports d'avant de brancard ;
2 supports d'arrière de brancard ; 2 ressorts latéraux ; 1 ressort
transversal d'arrière-train ; 4 courroies porte-traits de rechange ;
1 étrier support de cric, appliqué sous le coffre d'arrière ; 1 support de sabot d'enrayage ; 1 sabot d'enrayage et sa chaîne ; 1 crochet porte-seau, sous le coffre d'arrière ; 1 essieu n° 2 ; 2 roues
n° 4, comprenant chacune 1 moyeu, 14 rais, 7 jantes, 1 cercle de
roue.

Chargement sommaire (1)

Poids de la voiture : à vide 900 kilogrammes, chargée 1,860 kilogrammes (2). Il faut y ajouter le poids du fourrage, toutes les
voitures des parcs du génie transportant elles-mêmes les fourrages de leur attelages.

Objets hors caisses

(outils de terrassier, accessoires et rechanges de voiture)

Pelles rondes de parc emman- chées	100	en vrac à l'avant de la voiture.
Pioches de parc emmanchées..	30	
Traits de manœuvre.........	4	pour breller les outils.
Billots de brellage avec leurs commandes..............	2	pour fixer les traits de manœuvre.
Paire de traits de rechange...	1	fixée au hayon de devant.

---

(1) Sous le couvercle de chaque caisse est inscrit son chargement
détaillé.

(2) Toutes les voitures des parcs du génie sont plus chargées à l'arrière qu'à l'avant.

Bâche pour voiture......... 1   accrochés sous la voiture.
Cric de voiture, de 0^m,50.... 1
Seau de voiture et pot à graisse.   accrochés sous la voiture.

Timon ferré de rechange..... 1   fixé au timon droit de la voiture.

Manche de faux............ 1   fixé au côté droit sous le timon de rechange.

Coffre d'avant
(outils, cordages, objets de campement et caisse aux agrès)

Haches de bûcheron......... 8   compartiment n° 1.
Haches de charpentier....... 4
Serpes en caisse........... 15
Cinquenelle métallique de 100 mètres avec son touret..... 1
Palonnier ferré............ 1
Caisse aux agrès (agrès de voiture, clef anglaise, clefs à écrou, masse, 4 piquets d'attache, etc).............   compartiment n° 2.
Corde à chevaux de 13 mètres. 1

Coffre d'arrière (outils divers).

Ellipses pour le transport des outils............... 2
Besaiguë..................................... 1
Jeu d'outils de pétardement..................... 1
Masse à tranche et tranche à froid............... 2
Manches de hache, pic ou pioche................. 20
Manches de pelle ronde......................... 10
Pelles carrées de parc emmanchées............... 2
Pics à tête de parcs emmanchés................... 3
Pioches de parc emmanchées..................... 20
Cordage de manœuvre de 16 mètres............... 1
Lame de faux avec gaîne et accessoires........... 1

Caisse n° 1 (outils d'ouvriers en bois).

Pince à pied de biche	1
Cognée de charpentier	1
Cognée de charron	1
Haches à main	2
Herminette ordinaire	1
Tarières creuses et torses	7
Scies (à tenon, tournante, égohine)	4
Outils divers de charpentier, de menuisier, de charron.	
Niveau d'eau en cuivre, avec boîte	1

Caisse n° 2
(outils de mineur et de maçon, instruments de lever).

Outils de mine et de pétardement.

Cordeau porte-feu imperméable	50^m
Saucisson Bickford	20^m
Saucisson en toile de 0^m,02	50^m

Pulvérin, caoutchouc, mèche à briquet, amadou.
Outils de maçon et de tailleur de pierre.

Clef à douille pour voies ferrées	1

Instruments de lever et de dessin.

Caisse n° 3
(cordage et agrès de pont, appareils d'éclairage).

Clous rondelets, pointes et broches diverses.

Clameaux à une face	20
Gabarit de chevalet rapide	1
Ligne de halage pour hommes, de 75 mètres	1
Commandes de guindage	10
Longes	10
Sacs à terre	10

Boîte à briquet garnie, lanterne, bougies.

Flambeaux Lamarre	10
Demi-longes	10

Cordeau à scies, à tracer; ficelle câblée, ligne en laine.

2

Caisse n° 4

Scie de charpentier, avec gaîne.................. 1
Scie passe-partout, avec gaîne.................. 1
Mine à coulisse, pied d'instruments de lever.

———

2° Caisses de bât.

L'un des chevaux de bât d'une compagnie porte les caisses n°ˢ 1 et 3, l'autre les caisses n°ˢ 2 et 4.

Caisses de bât n°ˢ 1 et 2 : blindées avec des plaques de 3 millimètres (insuffisantes contre la balle de fusil tirée à moins de 200 mètres). Leur chargement est identique.

$$21^k,900 \text{ de dynamite.} \begin{cases} \text{140 cartouches en papier de 100 grammes de} \\ \quad \text{dynamite.} \\ \text{70 pétards métalliques de 100 grammes de dy-} \\ \quad \text{namite.} \\ \text{36 pétards métalliques de 25 grammes de dyna-} \\ \quad \text{mite.} \end{cases}$$

Poids d'une caisse blindée : vide $23^k,400$, chargée 53 kilogr.

Caisses de bât n°ˢ 3 et 4 : non blindées, contenant un chargement identique d'artifices. Poids d'une caisse : vide 14 kilogrammes, chargée $46^k,360$.

Caisse n° 3 ou 4

Boîte à briquet garnie.......................... 1
Boîte d'amorces électriques 1
Boîte de capsules de fulminate 1
Boîte d'allumeurs............................... 1
Mèche à canon 1ᵐ
Pointes, crampons en fer, fil de cuivre, ficelle, caoutchouc, chatterton.
Outils de mine et de pétardement
Trousse de mineurs garnie 1
Cordeau porte-feu imperméable................. 50ᵐ
Saucisson Bickford............................. 20ᵐ
Rouleaux de 200 mètres de fil simple isolé 2

Câble électrique...... .... 100^m
Pile plongeante à 4 éléments................... 1
Pile et galvanomètre d'essai 1
Sacs à terre 5

Dans le chargement des chevaux de bât, on rachète avec l'avoine et le sac et les vivres du conducteur, ou de toute autre manière, la différence de poids entre les 2 caisses portées par un même cheval.

Lorsqu'on emploie les chevaux de bât à porter des outils au moyen des ellipses contenues dans le coffre d'arrière de la voiture des sapeurs-mineurs, les caisses de bât sont placées exceptionnellement sur cette voiture : en ce cas, il faut prendre la précaution de sortir les boîtes de capsules et d'amorces des caisses n°s 3 et 4 pour les isoler dans le coffre d'avant de la voiture.

Le chargement des outils avec les ellipses (par ex. 18 pelles rondes et 12 pioches, ou bien 28 pelles, ou encore 22 pioches), s'effectue en 5 minutes avec 2 hommes. Il doit se faire simultanément de chaque côté de l'animal : accrocher les 2 ellipses au bât ; dans chacune d'elles engager successivement et verticalement les pelles, 5 à une extrémité, 4 à l'autre, les concavités des fers tournées vers le milieu de l'ellipse ; engager ensuite successivement les 6 pioches dans l'intervalle restant vide, en faisant alterner les pointes et les tranchants des fers. Breller à l'aide de 4 cordes de charge fixées aux 4 anneaux de brellage du bât, et dont chacune enveloppe un faisceau de 7 à 8 outils ; serrer très fortement les manches à l'aide de 3 tours de corde ; lier cette couronne ; passer le bout libre dans l'ellipse et le ramener en bas en tirant fortement pour le nouer à la couronne, de façon que l'ellipse ainsi maintenue ne puisse plus, dans les cahots, sauter hors de ses crochets.

3° Harnachement.

Chaque sapeur-conducteur est chargé de conduire 2 chevaux ; celui de gauche, sur lequel il monte, est appelé *porteur*, l'autre *sous-verge*.

Il faut toujours accoupler les chevaux d'égale taille et d'égale force, les plus forts au timon, les plus faibles au milieu s'il s'agit d'une voiture à 6 chevaux. Les plus anciens conducteurs sont au timon, les moins anciens aux chevaux de devant.

Harnachement d'un porteur de derrière. — *Bride :* dessus de tête et gourmette de rechange ; frontal ; sous-gorge ; montant ; mors de filet ; mors de bride. *Selle :* quartier ; siège ; troussequin ; rognons ; étrivières ; étriers ; sacoches ; surfaix de selle ; couverture pliée en quatre ; croupière. *Collier d'attache* avec longe. *Bricole :* corps de bricole (feutre) ; dessus de cou ; plate-longe ; crochet de plate-longe ; avaloire (bras du bas) ; avaloire (bras du haut), garnie d'un blanchet, et munie de 2 branches symétriques et d'un contre-sanglon que l'on fixe à la croupière après l'avoir fait passer dans la chape de la courroie trousse-traits ; traits ; rallonges de traits (1) ; tourets de traits ; crochets de tête de trait ; courroie porte-trait ; courroie trousse-traits ; sous-ventrière.

Il faut ajouter à cette nomenclature sommaire : le surfaix de couverture qui sert à maintenir la couverture à l'écurie ou au bivouac, le bridon d'abreuvoir, le bissac placé derrière la selle et destiné à recevoir l'avoine ou les effets du conducteur.

Harnachement d'un porteur de devant. — Comme pour le porteur de derrière, moins l'avaloire, la plate-longe et les

---

(1) Les rallonges de traits sont des cordages, de $1^m,40$ d'une ganse à l'autre, lorsque les rallonges sont disposées pour atteler de devant ; le cordage est doublé lorsqu'il sert pour atteler de derrière ; il forme alors 4 brins de $0^m,70$.

La rallonge de traits étant disposée pour atteler de derrière, s'il faut atteler de devant : défaire le nœud, dégager la chaîne de bout de trait de la ganse, dégager ensuite la ganse antérieure de la ganse postérieure, et tirer sur la chaîne de bout de trait.

Pour changer les traits de devant en traits de derrière, ramener les ganses des extrémités vers le milieu de la longueur du cordage, passer la ganse antérieure dans la ganse postérieure et ensuite la chaîne de bout de trait dans la première des ganses. On forme ainsi une sorte de nœud droit, dans lequel sont pris les deux brins du cordage, ce qui empêche le nœud de se serrer.

supports d'avaloire, puisque l'attelage de devant n'agit jamais pour arrêter la voiture ou diminuer la vitesse et qu'il n'a pas non plus à soutenir le timon.

Harnachement d'un sous-verge de derrière. — Comme pour le porteur de derrière, moins la selle remplacée par une sellette spéciale. Le mors de bride est brisé.

Harnachement d'un sous-verge de devant. — Comme pour le sous-verge de derrière, moins l'avaloire et la plate-longe.

Harnachement d'un cheval de brigadier. — Bride de porteur, collier d'attache, bridon d'abreuvoir, couverture, selle avec poitrail spécial muni de 2 traits en corde permettant d'atteler le cheval en renfort, bissac, surfaix de selle, surfaix de couverture.

Harnachement d'un cheval haut-le-pied. — Bridon d'abreuvoir, collier d'attache, couverture, surfaix de couverture.

Ajustage des harnais. — Pour qu'un cheval soit bien harnaché, il faut que la selle ne soit pas trop en avant ; que la couverture ne comprime pas le garrot ; que la plate-longe et les traits en cuir soient sur leur plat et forment une ligne horizontale avec le bras du bas de l'avaloire, que le bras du bas de l'avaloire ait sa partie supérieure à 5 centimètres environ au-dessous de la pointe des fesses, et que le bras du haut soit placé vers le milieu de la croupe.

Atteler. — Les attelages étant amenés dans le prolongement de la voiture, les conducteurs mettent le sabre au crochet et pied à terre ; chacun d'eux fait face à ses chevaux, et saisit de la main droite les rênes de son porteur, de la main gauche celles du sous-verge. Le conducteur de derrière fait reculer ses chevaux, de manière à pouvoir atteler aisément, et accroche les chaînes de bout de timon aux crochets de plate-longe, en commençant par le porteur ; il se porte ensuite derrière le sous-verge, en passant par la droite, détache les traits, les accroche aux crochets d'attelage, en commençant par celui du dedans ; reboucle la courroie trousse-traits ; passe au pas de course derrière la voiture ; détache les traits du porteur, les accroche en commençant par celui du dedans, reboucle la courroie trousse-traits, décroche son sabre et monte à cheval.

2.

Le conducteur de devant fait reculer ses chevaux dès que les chaînes de bout de timon sont accrochées ; se porte derrière le sous-verge, en passant par la droite ; détache les traits, et quand le sous-verge de derrière est attelé, il accroche les traits de son sous-verge aux crochets de tête de trait du sous-verge de derrière, en commençant par celui du dehors, et en ayant soin de faire passer le trait intérieur par-dessus la chaîne du bout du timon ; il reboucle la courroie trousse-traits, détache les traits du porteur, les accroche aux crochets de tête de trait du porteur de derrière, en commençant par celui de dedans, qu'il a soin de faire passer par-dessus la chaîne de bout de timon, décroche son sabre et monte à cheval (1).

Les chevaux doivent toujours être dans les traits et tirer également. On dit qu'un cheval *est dans les traits*, quand le crochet de tête de trait passe sur le dé de longe.

Dételer. — Les conducteurs mettent le sabre au crochet et pied à terre. Le conducteur de devant se porte en avant de ses chevaux, leur faisant face, les fait reculer ; pour pouvoir dételer facilement, passe à la gauche de son porteur ; décroche les traits en commençant par celui du dehors, les replie et les fixe réglementairement. Il agit de la même manière pour dételer le sous-verge, en terminant toutefois par le trait du dehors, et revient, en passant derrière ses chevaux, remonter à cheval.

Le conducteur de derrière se porte à la volée ; décroche, replie et fixe les traits du porteur ; passe au pas de course derrière la voiture ; dételle le sous-verge ; se porte en avant de ses chevaux, décroche la chaîne de bout de timon, et remonte à cheval.

---

(1) Dans le cas d'une voiture à 6 chevaux, le conducteur du milieu attelle ses chevaux suivant les principes prescrits pour le conducteur de devant. Le conducteur de devant attend, pour accrocher les traits, que les chevaux du milieu soient attelés.

Les harnais nouveau modèle sont tous munis d'accessoires pour atteler de derrière. Le système d'une rallonge de traits en cordage permet d'atteler plusieurs chevaux les uns sur les autres, dans les montées p. e. ; mais il n'est pas prudent d'employer plus de 5 attelages, parce que l'effort serait assez considérable en pareil cas pour rompre les traits.

Harnachement des chevaux de bât. — Bridon à œillères, collier d'attache, couverture, bât, harnais de bât, harnais d'attelage permettant d'atteler les chevaux de bât en renfort.

Le *bridon à œillères* comprend : un mors brisé ; un frontal formant sous-gorge, sa boucle et son passant ; 2 montants, avec 3 boucles, 3 passants fixes et 2 coulants ; 2 œillères ; une rène d'une seule courroie terminée par une olive en bois.

Le *collier d'attache* porte un touret avec longe en chaîne.

Le *bât* se compose de parties en bois, de parties en fer, de garnitures pour le harnais et de garnitures pour le corps de bât. — Parties en bois : 2 arcades, 2 aubes entoilées en dessous, 2 mortaises pour le passage du surfaix de bât, 4 mortaises pour le passage des courroies porte-traits. — Parties en fer : 4 bandelettes consolidant les arcades, une tôle de garniture de siège, 4 crochets de charge, 1 crochet rênoir, 1 anneau de longe de croupière, 4 anneaux de brellage. — Garnitures pour les harnais . 2 boucleteaux de poitrail, à la partie supérieure : 2 contre-sanglons de boucleteau de poitrail, à la partie inférieure ; 2 contre-sanglons d'avaloire. — Garnitures pour le corps du bât : 2 panneaux comprenant 2 basanes de dessus, 2 blanchets, 2 toiles, 2 matelassures, de la paille et du crin, 14 lanières d'attache.

Poids d'un bât : 29^k,500.

Le *harnais de bât* comprend : le poitrail avec ses 2 montants et ses 2 contre-sanglons ; une croupière composée d'un culeron, d'une longe, d'une boucle et de 3 passants fixes ; 1 bras du bas d'avaloire ; 1 bras du haut d'avaloire, muni de 2 branches symétriques ; un surfaix de bât ; 2 cordes de charge, pour breller les outils ; un surfaix de charge.

Le *harnais d'attelage* comprend : les traits en corde, le fourreau, la courroie porte-traits.

Ajuster un bât. — La couverture bien tendue, sans comprimer le garrot, le pli de devant dépassant de 3 doigts environ la partie antérieure des panneaux ; le bord antérieur des panneaux à 6 centimètres en avant de la pointe des épaules ; la liberté du garrot et du rognon telles que l'on puisse passer aisément la main entre ces parties et le bât, le cheval étant chargé ; le poitrail au-dessous de la pointe des épaules, ni trop lâche ni trop tendu ; la croupière tenue assez longue pour ne pas blesser le cheval sous la queue ou le faire ruer ; l'avaloire au-dessous de la pointe des fesses et assez aisée pour qu'on puisse passer la main à plat entre elle et le cheval.

Bâter un cheval. — La couverture pliée en quatre étant bien placée, saisir le bât avec la main gauche aux crochets de charge de l'arcade de devant du côté gauche, la main droite se plaçant sous l'arcade de derrière, entre les 2 panneaux ; enlever le bât avec les 2 mains et le placer doucement sur le dos du cheval un peu en arrière, afin d'avoir la facilité de mettre la croupière et l'avaloire sans déranger la couverture. Dégager les accessoires du bât tenus par le surfaix, et faire tomber le surfaix et le poitrail du côté droit. Se porter derrière le cheval et un peu sur le côté ; descendre l'avaloire en mettant toutes les parties sur leur plat, et engager le culeron de la croupière sous la queue. Revenir du côté gauche, soulever le bât et le porter en avant sans déranger la couverture jusqu'à ce que l'avaloire fasse obstacle ; sangler le cheval en engageant la lanière du surfaix dans l'anneau triangulaire inférieur et en faisant un nœud hongrois ; boucler le poitrail.

Pour sangler à l'aide du nœud hongrois : prendre la lanière du surfaix avec la main droite, l'engager dans l'anneau triangulaire inférieur de dedans en dehors ; la passer dans l'anneau triangulaire supérieur de dehors en dedans, et une 2ᵉ fois dans l'anneau inférieur de dedans en dehors ; la repasser enfin une 2ᵉ fois dans l'anneau supérieur de dehors en dedans. Sangler avec les 2 mains, la gauche tenant la partie de la lanière qui se trouve entre les 2 anneaux en dessus, et la droite tirant le bout de la lanière qui se trouve en dedans. Après avoir sanglé suffisamment, maintenir la lanière avec le pouce de la main gauche, la faire passer avec la main droite dans l'anneau supérieur pour former une ganse autour de laquelle on entoure le bout libre de manière à le tortiller en boudin ; engager ensuite l'extrémité doublée de la lanière dans l'œillet laissé à l'extrémité du boudin, pour arrêter les tours, et de manière à pouvoir dessangler le plus promptement possible en tirant sur le bout libre de la lanière.

Débâter un cheval. — Se placer du côté gauche, déboucler le poitrail et le laisser tomber ; dessangler en tirant à soi l'extrémité de la lanière du surfaix ; reporter le bât un peu en arrière en le soulevant ; se porter derrière le cheval, dégager la queue de la croupière, relever la croupière et l'avaloire sur la croupe du cheval ; passer du côté droit, placer sur le siège du bât l'avaloire, la croupière et le poitrail, relever le surfaix par dessus ; revenir du côté gauche, fixer le surfaix au moyen de sa lanière, enlever le bât et le placer sur l'arcade de derrière, autant que possible les panneaux exposés au soleil. Enlever la couverture et la placer sur l'arcade de devant, le côté mouillé en dessus.

Charger les caisses de bât. — Les 2 caisses sont placées par 2 conducteurs de chaque côté du cheval, leurs chaînes de suspension en dedans. Chaque conducteur prend une poignée de la caisse de gauche, celui qui doit attacher la chaîne de derrière, de la main gauche, et celui qui doit attacher la chaîne de devant, de la main droite ; ils enlèvent ensemble la caisse et engagent avec leur main libre la chaîne de suspension dans le crochet de charge. Le conducteur placé à l'arrière maintient la caisse chargée avec l'épaule, pendant que celui qui est en avant passe à droite du cheval et saisit de la main gauche le bât pour l'empêcher de tourner. Le conducteur qui soutient la caisse l'abandonne doucement, passe par le derrière à la droite du cheval et saisit la courbe du bât de la main gauche, et la poignée de la 2ᵉ caisse de la main droite ; le conducteur placé à l'avant se baisse, saisit la poignée de la caisse de la main gauche, laissant la main droite appuyée sur la courbe du bât. Tous deux soulèvent la 2ᵉ caisse et l'accrochent. On décharge les caisses par les procédés inverses.

Ferrure. — Les chevaux sont ferrés à neuf au moment d'une mobilisation. On emporte par cheval une double ferrure avec les clous : les selles et les sellettes comportent 2 poches à fers pouvant recevoir chacune 4 fers de réserve.

Les chevaux des demi-compagnies sont généralement ferrés par

les troisièmes aides-maréchaux ferrants des batteries divisionnai
res, que l'on paie sur les fonds de la masse d'entretien du har
nachement et ferrage. Ils sont soignés par les vétérinaires de ce
batteries, et les médicaments sont pris sur l'approvisionnemen
des batteries.

La ferrure à chaud est de règle ; mais les maréchaux ferrant
doivent être en état de pratiquer en campagne la ferrure à froid
s'il y a lieu.

Les chevaux ont la marque du régiment et leur numéro matri
cule apposés sur le sabot hors montoir antérieur ; l'empreinte es
à renouveler par les maréchaux chargés de l'entretien de la ferrure

EFFETS DE HARNACHEMENT.	Cheval de selle (a),	PORTEURS		SOUS-VERGES		Chevaux de bât.	Cheval haut-le-pied.	Total du harnachement.	OBSERVATIONS.
		de derrière.	de devant.	de derrière.	de devant.				
Bâts pour cheval, avec arçon	»	»	»	»	»	2	»	2	(a) Lorsque la compagnie est fractionnée en deux demi-compagnies, les chiffres des colonnes 2 et 8 sont à doubler.
Brides { de cheval de bât	»	»	»	»	»	2	»	2	
Brides { de porteur	1	2	2	»	»	»	»	5	
Brides { de sous-verge	»	»	»	2	2	»	»	4	
Bridons d'abreuvoir	»	»	»	»	»	»	1	1	
Colliers d'attache, avec longe	1	2	2	2	2	2	1	12	
Couvertures bleues	1	2	2	2	2	2	1	12	
Harnais de bât pour cheval	»	»	»	»	»	2	»	2	
Harnais à bricole. { de porteur { de derrière	»	2	»	»	»	»	»	2	
Harnais à bricole. { de porteur { de devant	»	»	2	»	»	»	»	2	
Harnais à bricole. { de sous-verge { de derrière	»	»	»	2	»	»	»	2	
Harnais à bricole. { de sous-verge { de devant	»	»	»	»	2	»	»	2	
Selles pour { cheval de selle, avec poitrail	1	»	»	»	»	»	»	1	
Selles pour { cheval de trait, sans poitrail	»	2	2	»	»	»	»	4	
Surfaix { de bât	»	»	»	»	»	2	»	2	
Surfaix { de couverture	1	2	2	2	2	2	1	12	
Surfaix { de selle	1	2	2	»	»	»	»	5	
Traits pour harnais d'attelage garnis	»	»	»	»	»	»	»	4 (b)	(b) Traits de rechange portés hors caisses par la voiture de sapeurs-mineurs.
Botte porte-carabine	»	2	2	»	»	»	..	4	
Objets divers.									
Bissacs en toile à voile	1	2	2	»	»	»	»	5	
Musettes-mangeoires	1	2	2	2	2	2	1	12	

Parc du génie d'un corps d'armée.

—

1° 7 prolonges à couvercle.

Voitures attelées à 6 chevaux à tournant limité, pouvant faire demi-tour sur une route ou dans un défilé de 10 mètres de largeur (1). Leur chargement, le même pour toutes, ne diffère que par l'espèce de la roue de rechange qu'elles portent (roue d'avant-train ou d'arrière-train de prolonge, ou roue de voiture à ressorts).

Poids d'une prolonge chargée 2,000 kilos. Longueur sans le timon 4ᵐ,23, avec timon 7ᵐ,20, attelée 14 mètres.

Nomenclature sommaire. — 1° *Avant-train.* 1 sellette-fourchette ; 2 tirants, parallèles à la sellette-fourchette ; 1 volée, assemblée à entailles sur la fourchette et les tirants ; 1 timon, dont le tétard est traversé par la chevillette-clef et la chevillette-clef de rechange, et dont l'extrémité libre porte un anneau à pattes de timon avec 2 chaînes de bout de timon ; 1 coiffe de sellette ; 1 plaque de sellette ; 1 essieu n° 1, encastré dans le dessous de la sellette et des tirants ; 2 bandes d'essieu ; 2 lunettes de petits piquets ; 1 bande circulaire, appliquée contre le dessus de la sellette et des tirants ; 2 étriers d'essieu ; 2 anneaux à pattes de volée ; 2 crochets de cordes à chevaux, sur la volée ; 1 cheville-ouvrière, traversant la tête de la sellette-fourchette ; 4 crochets d'attelage ; 2 crochets porte-petits piquets ; 2 roues n° 1. 2° *Arrière-train.* 2 brancards, assemblés parallèlement entre eux avec une entretoise, 6 épars et 1 hausse, et réunis aux ridelles au moyen de ranchets en fer ; 4 planches de fond ; 2 planches des côtés ; 1 couvercle composé de 2 vantaux symétriques ; 2 hayons, fermant les bouts de la prolonge, et composés chacun d'une trésaille, d'une traverse, de 3 ranchets et d'une planche ; 1 lunette de cheville-ouvrière, appliquée au milieu de la largeur de la pro-

---

(1) Ce tournant minimum correspond au plus grand angle du tournant, c'est-à-dire à la position extrême où la roue intérieure de l'avant-train est aussi rapprochée que possible de la plaque d'appui de roue.

longe contre le dessous et au milieu de l'intervalle des 2 épars de lunette ; 1 essieu n° 1, encastré dans le dessous de l'échantignolle du brancard ; 2 anneaux de brellage, fixés sur l'entretoise ; 4 chevillettes de trésaille, attachées aux ridelles par des chaînes ; 4 courroies porte-traits de rechange, appliquées contre la face antérieure de la planche du hayon de devant ; 1 crémaillère porte-roue (1), appliquée contre la face intérieure de la planche de hayon de derrière ; 2 anneaux porte-outil ; 1 collier porte-timon de rechange, sur le 1er ranchet de droite ; 1 étrier porte timon de rechange, sur le dernier ranchet de droite ; 2 plaques d'appui de roues, appliquées contre les côtés extérieurs et le dessous des brancards de devant ; 1 crochet porte-sabot d'enrayage ; 1 chaîne de sabot d'enrayage ; 1 sabot d'enrayage ; 2 crochets porte-grands piquets, placés contre la face intérieure des brancards ; 2 lunettes de grands piquets ; 4 crochets de civière, appliqués contre la face extérieure de chaque brancard ; 1 crochet porte-seau ; 2 crochets-supports de cric, contre la face antérieure du dernier épars ; 2 brides et 2 chaînes support de cric, 2 crémaillères de fermeture des vantaux du couvercle ; 2 roues n° 3.

Chargement sommaire de la prolonge à couvercle n° 2.

Hors caisses (accessoires et rechanges de voitures).

Civière, cric, seau, pot à graisse......	1	accrochés sous la voiture
Corde à chevaux, masse de campement, 4 piquets d'attache.		
Pelle carrée emmanchée.............	1	sur le côté gauche.
Fusée porte-roue de voiture de sapeurs-mineurs....................	1	
Moise porte-roue d'avant-train de voiture à ressorts.................	1	

______

(1) Sont à l'étude un nouveau système de porte-roue, et le remplacement du sabot d'enrayage par un frein dit funiculaire, manœuvré par le conducteur du porteur de derrière et pouvant aussi se manœuvrer sur le côté gauche de la voiture.

Timon ferré de prolonge............... 1

Paire de traits de rechange............ 1 } contre le hayon de devant

Caisse aux agrès (rechanges de voitures, agrès et outils).

Fixée au côté gauche postérieur de la prolonge.

Coffre (outils de pionniers).

Serpes (dans une caisse)............ 45 { contre le hayon de devant.

Haches emmanchées de bûcheron..... 25 { dans la caisse aux haches, con-
      Id.   charpentier... 5 { tre le hayon d'arrière.

Manches de rechange (hache, pic ou pioche..................... 70 { au fond du coffre et dans les vides
      Id.   (pelle carrée).. 6 { des outils.
      Id.   (pelle ronde)... 30 {

Scies passe-partout avec leurs gaînes.. 4 { accrochées au couvercle.

Pics à tête emmanchés............. 5 {
Pioches emmanchées.............. 75 { au fond du coffre,
Pelles carrées emmanchées......... 24 { sur les manches
Pelles rondes emmanchées......... 150 { de rechange.
Traits de manœuvre.............. 5 {

2° 1 prolonge aux agrès.

Prolonge ordinaire, à tournant limité, attelée à 6 chevaux. Poids de la voiture chargée : environ 2000 kilogrammes. Longueur sans le timon 4^m,23, avec timon 7^m,20, attelée 14 mètres.

L'avant-train de cette prolonge est le même que celui de la prolonge à couvercle ; l'arrière-train diffère très peu de celui de la prolonge à couvercle.

Elle n'a pas de couvercle, et transporte 4 caisses et une roue de rechange de devant de prolonge.

Chargement sommaire.

Hors caisses. — Caisse aux agrès.

Comme pour la prolonge à couvercle.

Caisse n° 1 (cordages et agrès de pont).

Broches diverses.............................. 200
Clameaux à 1 et 2 faces...................... 90
Pointes variées................... 30^k
Marteaux de charpentier........... 4
Cabestans pour fascines........... 4
Cordages de manœuvre de 16^m....... 2   dans la partie
Demi-longes, longes, traits de manœu-   supérieure
   vre.......................... 30   de la caisse.
Sacs à terre..................... 100

Caisse n° 2.

Semblable à la caisse n° 1.

Caisse n° 3 (cordages de pont).

Cinquenelle métallique de 120^m................ 1
Lignes de halage pour hommes.................. 5
Amarres de nacelle........................... 10
Cordages de manœuvre de 50^m et de 25 mètres..... 3
Demi-longes, longes, traits de manœuvre.......... 30

Caisse n° 4 (cordages, agrès de pont, outils de calfat et appareils d'éclairage).

Outils de calfat
Appareils d'éclairage.
Flambeaux Lamarre.................... 50
Gaffes à pointe et à croc.............. 8
Colliers de guindage avec chaînes............. 8
Gabarits de chevalet rapide.............. 4
Coins en bois.................... 16

Commandes de guindage........................ 20
Demi-longes, longes, traits de manœuvre.......... 30
Cordeaux à scies et à tracer.
Pinces...................................... 5

3° 1 caisson à dynamite.

Attelé à 4 chevaux. Transporte environ 300ᵏ de dynamite.

4° 1 prolonge ordinaire chargée d'outils portatifs de rechange.

Attelée à 6 chevaux. Poids de la voiture chargée : environ 2000ᵏ.

Chargement sommaire.

Hors caisses. — Caisse aux agrès.

Comme pour la prolonge à couvercle.

Caisse n° 1 (Bêches et outils du génie, emmanchés).

Etuis de bêche portative...................... 45
Bêches portatives, emmanchées (dans leur étui).... 45
Etuis de hache portative ordinaire.............. 18
Haches portatives ordinaires (dans leur étui)...... 18
Etuis de pelle ronde portative................. 10
Pelles rondes portatives (dans leur étui).......... 10
Etuis de pioche portative..................... 10
Pioches portatives (dans leur étui)............... 10
Manches de pelle ronde...................... 5
Manches de pioche ou hache portative............ 45
Etui de scie égohine portative................. 1
Scie égohine portative (dans son étui)........... 1
Lime tiers point de 0ᵐ,12 de longueur (dans son étui). 1
Etuis de scie articulée et lime tiers-point.......... 20
Scies articulées (dans leur étui)................ 20
Limes tiers point de 0ᵐ,12 de longueur (dans leur
 étui)..................................... 20

Articulation de rechange pour scie articulée....... 0^k,450
Meule de 0^m,36 de diamètre et sa monture........ 1
Etuis de serpe 5

Caisse n° 2 (Bêches et pioches portatives petites, emmanchées).

Etuis de bêche portative....................... 45
Bêches portatives, emmanchées (dans leur étui).... 45
Etuis de pioche portative petite................. 80
Pioches portatives petites (dans leur étui)........ 80
Manches de pioche portative petite.............. 20

Caisse n° 3 (bêches et haches à main portatives, emmanchées).

Etuis de bêche portative....................... 120
Bêches portatives, emmanchées (dans leur étui)... 120
Etuis de hache portative à main................. 32
Haches portatives à main (dans leur étui)........ 32
Manches de hache portative à main.............. 20

Caisse n° 4 (bêches et pics portatifs).

Etuis de bêche portative....................... 110
Bêches portatives, emmanchées (dans leur étui).... 110
Etuis de pic portatif........................... 45
Pics portatifs (dans leur étui)................... 45
Manches de pic portatif........................ 10

5° 1 forge de campagne.

Destinée aux réparations du matériel et au ferrage des chevaux.
Voiture à tournant limité, attelée à 4 chevaux. Poids de la forge chargée : environ 1860 kilogrammes. Longueur sans le timon 4^m,20, avec timon 6^m,90, attelée 9^m,90.

Chargement sommaire.

Hors caisses.

Seau de forge, pot à graisse.......... | sous la voiture.
Pioche de parc.................... 1 { sur le côté gauche de la voiture

Bloc de bigorne de 24 kilos.......... 1 | fixé à l'arrière.

Paire de traits de rechange......... 1 } fixée au coffre d'arrière.

Coffre d'avant.

Fers de cheval.................................. 16
Clous de fer de cheval........................ 4ᵏ
Outils de maréchal ferrant (1)
Chevilles-ouvrières d'avant train.............. 3
Boulons de cercle de roue..................... 60
Boulons de planche de côté.................... 20
Boulons de rancher pour prolonge.............. 4
Ecrous avec rosettes pour boulon.............. 60
Esses de trésaille............................. 10
Crampons de boîte de roue..................... 12
Ecrous d'essieu............................... 2
Esses et rondelles de bout d'essieu........... 4
Clous d'applicage............................. 14
Clous rondelets, pointes, vis à tête ronde ou fraisée.
Crochets de volée............................. 12
Lamettes de volée............................. 5
Lamettes de palonnier......................... 6
Bandes à fourche (pour timon ou volée)........ 4
Liens (de jante, de rais, de timon)........... 40
Chevillettes pour réparations de voiture...... 140

Coffre d'arrière (partie antérieure du coffre).

Houille de forge (2)......................... 120ᵏ

---

(1) Il y a deux collections d'outils par parc, mais seulement une seule
sacoche, destinée à emporter en route une des deux collections, de manière à pouvoir, pendant une marche, faire un ferrage à froid, s'il y a
lieu.

Au moment d'une mobilisation, les deux collections d'outils et la sacoche sont prises en charge par le commandant du parc, qui en fait
rembourser la valeur par le maréchal ferrant au moyen de retenues
mensuelles sur l'abonnement, lesquelles sont versées dans les caisses de
l'Etat.

(2) En campagne, le commandant de chaque parc met à la disposi-

Seau à charbon 1
Boîte à briquet garnie........................... 1
Clefs pour essieu et boulons de voitures de parc.... 5
Outils de forgeron et accessoires de forge.

Coffre d'arrière (partie postérieure du coffre).

Clouières.. 6
Poinçons à main.................................... 4
Bigorne de 48 kilogrammes........................ 1
Etau à griffes...................................... 1
Machine à percer................................... 1
Cisailles 1
Clefs anglaises..................................... 3
Marteaux rivoirs................................... 3
Tricoises... 2
Filières à coussinets avec tourne-à-gauche et tarauds 2
Compas... 2
Etau à main.. 1
Pinces à main...................................... 3
Instruments pour mesurer et tracer
Limes diverses..................................... 31
Burins... 8
Ciseaux 8
Marteaux à frapper devant......................... 2
Tire-cercle de roue................................ 2
Acier corroyé...................................... 31^k
Acier fondu rond................................... 3^{k}400
Fer forgé carré.................................... 20^k
Fer forgé plat..................................... 5^k
Fer forgé rond..................................... 30^k

tion du maréchal ferrant les quantités de charbon qui lui sont nécessaires, et lui en fait la retenue à la fin de chaque mois sur le prix de
l'abonnement, en tenant compte de la quantité de charbon calculée à
raison de tant par ferrage effectué.

En plus 50 kilogrammes de fer en barres pour fers de cheval, que le maréchal ferrant abonnataire se procure à ses frais au moment de la mobilisation.

6° Effets de harnachement d'un parc de corps.

Nous renvoyons au tableau des effets de harnachement d'un parc de compagnie, dont il suffirait de modifier les chiffres d'une manière convenable.

Quatre chevaux haut-le-pied sont harnachés de manière à former un attelage de derrière et un attelage de devant ; le cinquième porte un harnais de bât.

Parc d'une compagnie d'ouvriers militaires de chemins de fer.

1° 2 voitures de sapeurs-mineurs.

Leur chargement diffère de celui des voitures ordinaires de sapeurs-mineurs par la diminution du nombre des outils de terrassier et d'ouvriers en bois, l'augmentation du nombre des outils tranchants et d'ouvriers en fer et l'adjonction d'un sac de poseur de lignes télégraphiques.

2° 2 prolonges ordinaires.

Attelées à 6 chevaux. Chargées d'outils divers destinés à la destruction et à la réparation des voies ferrées. Poids de la voiture chargée : environ 2,000 kilogrammes.

Chargement sommaire.

Hors caisses. — Caisse aux agrès.

Comme pour les prolonges de corps d'armée.
Il y a en plus 2 règles de 2 mètres.

Caisse n° 1 (outils d'ouvriers de chemins de fer).

Burins et ciseaux de serrurier...................... 10
Clefs anglaises............................... 2
Pinces à main diverses 6
Masses à tranche 5
Marteaux, tranches.
Crampons de voie ferrée....................... 79
Objets d'éclairage.
Longes, demi-longes, traits de manœuvre.......... 15
Assortiments d'outils à river..................... 3
Niveau à bulle d'air........................... 1
Bidons à huile avec accessoires.................. 2
Sacs à terre................................. 10

Caisse n° 2 (outils d'ouvriers de chemin de fer).

Pinces diverses.............................. 6
Battes et pioches à bourrer..................... 10
Machine à percer les rails...................... 1
Forets..................................... 4
Longes, demi-longes, traits de manœuvre.......... 30
Haches à main............................... 4
Clefs à boulons et à tire-fonds.................. 10
Drapeaux à main de signal...................... 2
Sac avec outils de poseur de ligne télégraphique.... 1
Sacs à terre................................. 10

Caisse n° 3.

Outils d'ouvriers en bois.

Caisse n° 4 (cordages et objets divers).

Cinquenelle métallique de 100 mètres............. 1
Palan à 3 roulettes avec cordage 1
Cordeaux divers.
Cordages de manœuvre........................ 2
Demi-longes, longes, traits de manœuvre.......... 15

Commandes de guindage........................ 20
Cordage de 20 millimètres 40ᵏ
Pinces à pied de biche........................ 2
Besaigües..................................... 2
Tarières...................................... 8
Paires de griffes à grimper................... 2
Faux 1

3° 2 voitures de sapeurs montés.

Voitures à ressorts, à tournant complet, attelées à 4 chevaux, portant chacune : 6 hommes armés, un assortiment d'outils et une caisse d'artifices. Le chargement des 2 voitures est identique. Poids, les 6 hommes compris : environ 1,600 kilogrammes. Longueur sans le timon 3ᵐ,36.

Chargement sommaire.

Hors caisses.

Accessoires et rechanges, outils divers.

Coffre d'avant.

Caisse aux agrès portant des rechanges, des outils, des piquets d'attache.
Palonnier 1
Haches de bûcheron............................ 3
Pioches de parc 2
Marteau chasse-coin et de cloueur............. 2
Clefs doubles à douille,....................... 2
Paire de griffes à grimper.................... 1
Demi-longes, longes, traits de manœuvre....... 6
Corde à chevaux............................... 1

Caisse sous la banquette de gauche.

Pinces 3
Clef anglaise et clef à molette................ 2
Scie égohine et scie articulée................. 2

Tarières, compas, limes, vrilles.
Trousse de mineur garnie...................... 1
Boîte de 50 capsules de fulminate 1
Cordeau, ficelle, bobine de fil d'argent pour dériva-
    tions télégraphiques.
Sacs à terre................................... 5

Caisse sous la banquette de droite.

Hache à main................................. 1
Pince à pied de biche 1
Marteaux de serrurier......................... 2
Tranches à froid.............................. 2
Burins et ciseaux de serrurier 4
Boîte à briquet et bougies.
Sacs à terre.................................. 5

Caisse mobile.

25^k,350 de dynamite en cartouches et pétards (14 kilogrammes en cartouches, 10 kilogrammes en pétards de 100 grammes, 1^k,350 en pétards de
25 grammes).

4° 1 caisson à dynamite.

Identique au caisson du parc de corps d'armée.

5° 1 forge de campagne.

Identique à la forge du parc de corps d'armée.

Parc du génie d'une armée.

Attelé par 2 compagnies n° 6 du train des équipages militaires.

Accompagné d'un détachement du génie composé de : 1 ouvrier d'état, 1 sous-officier, 2 caporaux et 15 sapeurs-mineurs.

En tout
66 voitures.
{ 47 voitures affectées au matériel de remplacement et de siège.
13 voitures affectées à un équipage de pont à la Birago.
6 voitures affectées au service des conducteurs. }

Ce parc se décompose comme il suit :

7 prolonges à couvercle, chargées comme celles des parcs de corps.

24 prolonges ordinaires, chargées comme celles des parcs de corps, mais les outils presque tous non emmanchés.

2 prolonges ordinaires chargées d'outils portatifs.

2 prolonges ordinaires chargées d'outils de mineurs.

2 prolonges ordinaires chargées d'outils d'ouvriers d'art.

2 prolonges à couvercle chargées d'outils de charronage et de rechanges de voiture.

1 prolonge à couvercle chargée d'engins de sape et de mine.

2 forges pour la réparation du matériel.

3 prolonges à couvercle chargées de sacs à terre.

1 caisson à poudre, renfermant 420 kilogrammes de poudre (6 caisses de 54 kilogrammes, 12 boîtes de 10 kilogrammes).

3 caissons à dynamite.

1 voiture de sapeurs-mineurs portant des instruments de lever et les archives de la direction du parc.

} 47

4 prolonges d'agrès de pont et de cordages, chargées comme celles des parcs de corps.

2 haquets portant chacun un demi-bateau.

3 haquets chargés de 6 chevalets et poutrelles.

3 voitures de madriers de pont et de corps morts.

1 voiture portant une sonnette.

} 13

2 forges de campagne pour le ferrage.

2 prolonges ordinaires.

2 fourragères.

} 6

Gros outils renfermés dans ce parc : 4,200 pelles rondes, 2,135 pioches, 678 pelles carrées, 42 louchets, 180 pics à tête, 805 haches de bûcheron, 1,284 serpes, 20 scies articulées.

L'équipage de pont comprend 7 travées Birago. Les chapeaux et les corps morts se plaçant à $5^m,70$ d'axe en axe, les 7 travées donnent une longueur de pont d'environ 40 mètres.

Renseignements spéciaux sur le matériel des parcs du génie.

Outils de terrassier et tranchants.

Les *manches* de rechange *ovales* sont tous étampés et terminés par un léger bourrelet formant arrêt. Le manche en place doit déborder la douille de $0^m,015$.

Les haches de bûcheron et de charpentier, les pioches et les pics à tête ont le même manche.

Pour emmancher un outil à manche ovale, placer le fer renversé sur un billot creux improvisé avec quelques planchettes, et faire entrer le manche à coup de masse.

Les *manches* de rechange *ronds* sont seulement ébauchés.

Pour emmancher un outil à manche rond (pelle ronde, pelle carrée, louchet), employer un ouvrier en bois et de préférence un charron. L'ouvrier, à l'aide d'un étau ou mieux d'un banc de charron, ajuste avec une plane de charron le bout du manche, qui doit remplir bien exactement la douille, et, pour la pelle ronde, s'étendre exactement contre la concavité de la douille et en s'arrêtant à 1 centimètre environ de son extrémité; il fixe ensuite le manche avec un clou rondelet de 30 millimètres (caisse n° 3 de la voiture de sapeurs-mineurs). — Pour la pelle ronde, veiller à ce que la courbure du manche soit placée de telle sorte que l'outil emmanché n'ait pas de tendance à incliner à droite ou à gauche.

La *serpe* de parc est identique à la serpe portative.

Outils et ustensiles de mineur.

Pistolets de mine, en acier fondu. Il y en a de 3 longueurs :

1 mètre, 0^m,70 et 0^m,50. Le diamant qui termine un des bouts a la forme d'un ciseau à 2 biseaux.

Curettes en fer. Il y en a de 3 longueurs correspondant aux 3 pistolets.

Epinglettes, en cuivre rouge. Il y en a de 3 longueurs corres-pondant aux pistolets : 0^m,90, 0^m,63 et 0^m,45.

Refouloirs en fer, sabotés en cuivre. 3 modèles correspondant aux 3 pistolets : 0^m,80, 0^m,56 et 0^m,40.

Masse carrée, en fer forgé acéré aux 2 têtes. S'emploie avec les pistolets.

Masse à tranche, en fer forgé acéré à la tête et à la tranche. Trois modèles : grosse 160 millimètres, moyenne 150 millimètres, petite 135 millimètres. La grosse s'emploie à frapper sur la tranche à froid pour la destruction des voies ferrées.

Pinces, en fer forgé acéré aux 2 bouts. Trois modèles : 1^m,50, 1 mètre et 0^m,60.

Coins en fer. Deux modèles, de 0^m,20 et de 0^m,16 de longueur.

Ciseau de mineur, en acier. Longueur 0^m,40. Destiné surtout aux démolitions de maçonneries.

Poinçon à grain d'orge. Ne diffère du ciseau de mineur qu'en ce que le taillant est remplacé par une pointe.

Mesure pour la poudre, en cuivre jaune. C'est un cylindre avec poignée, pouvant contenir 1 kilogramme de poudre.

Outils et ustensiles d'ouvriers en fer.

Bigorne, petite enclume dont les 2 bouts se terminent en pointes ou cornes qui servent à arrondir ou couder les pièces de fer. Celle des parcs a 0^m,50 de longueur et pèse 48 kilogrammes.

Bloc de bigorne, en orme ou en chêne; hauteur 0^m,48, poids 24 kilogrammes. Muni de 2 anneaux pour le transport et percé d'un trou central en vue de la conservation du bois : ce trou sert avec les anneaux à le fixer sur les voitures.

Seau de forge, en tôle. Il a un rebord formant portion de couvercle et renferme un flotteur en bois qui arrête les mouvements de l'eau.

Marteau à main et marteau à bigorner. Ces 2 marteaux, maniés d'une seule main, servent à frapper le fer sans l'intermédiaire de chasse ou de poinçon; le premier est le plus fort.

Marteaux à frapper devant, avec lesquels les ouvriers compagnons frappent sur les chasses, les tranches ou les poinçons tenus par le maître forgeur. Deux modèles de mêmes dimensions : le marteau à panne en long, le marteau à panne en travers.

Chasses, servant à transmettre la percussion du marteau sur un point précis de la pièce à travailler. Chasse ronde; chasse carrée.

Tranches, ciseaux emmanchés servant à couper le fer, soit à chaud, soit à froid. La tranche à chaud a un taillant sans biseau, la tranche à froid un taillant à 2 biseaux; celle-ci sert pour la destruction des voies ferrées.

Poinçons à manche, servant à faire des trous dans le fer à coups de marteau. Trois modèles de même longueur : carré, plat, rond.

Poinçons à main. Trois modèles de même longueur : carré, plat, rond.

Pointeaux, petits poinçons servant à marquer sur le fer l'endroit où l'on veut placer la pointe d'un foret. Deux modèles : longueurs $0^m,25$ et $0^m,12$.

Perçoir, cylindre creux en fer dont on forme un porte à faux quand on veut percer une plaque métallique.

Tenailles de forge. La tête est diversement faite suivant la forme et la dimension des fers que l'on veut saisir : tenaille droite, tenaille à crochet, tenaille à boulons, tenaille à poser les liens.

Tire-cercle, pour ferrer les roues. Se compose d'un crochet en fer muni d'une douille dans laquelle on engage un levier en bois. Le cercle chauffé au rouge noir est engagé dans le crochet, et, en agissant sur le levier, on ramène le cercle de manière à faire pénétrer la roue.

Clouières, pour fabriquer les têtes des divers boulons, clous rivés et clous qui entrent dans la construction du matériel et qui sont le plus susceptibles d'être réparés ou remplacés en campagne : les clouières n°ˢ 1, 2, 3 et 4 pour boulons divers de voiture à ressorts et prolonge, la clouière no 6 pour clous de fer de cheval.

Outils d'ajusteur.

Etau à griffes, se fixe contre le bord d'un établi au moyen de 2 griffes et d'une vis de pression; celui de l'outillage de forge de campagne se fixe, soit à l'épars de derrière de la voiture qui porte la forge, soit à tout autre objet pouvant servir d'établi.

Etau à main, petit étau que l'on tient à la main pour limer de petits objets.

Pinces à main, servant à saisir le fer et le fil de fer; 2 modèles : ronde, plate.

Pince coupante, servant à couper le fil de fer. Celle des parcs est une pince coupante du devant, de la forme d'une tenaille de menuisier; celle des outils portatifs est une pince plate coupante de côté et plus petite.

Burins, petits ciseaux en acier servant à inciser le fer. Deux modèles : le burin ordinaire, dont le taillant est dans le sens de la plus grande largeur du métal; le burin bédane qui a le taillant dans le sens de l'épaisseur.

Ciseaux de serrurier, servant à couper le fer à froid. Le ciseau ordinaire a $0^m,25$ de longueur ; celui de $0^m,35$ est destiné à couper les boulons de voiture dont il est difficile de s'approcher.

Cisailles, grands ciseaux à lames courtes et à branches longues servant à couper la tôle et même le fer. Deux modèles : la cisaille à main et la cisaille d'établi. Pour se servir de cette dernière, on fixe ordinairement une des branches, soit dans un trou d'établi, soit dans l'étau; l'autre branche agit comme levier.

Limes. Les limes rudes sont destinées à dégrossir, les limes bâtardes et douces à finir l'ouvrage. Les limes rudes ou carreau se distinguent par leur poids quand elles pèsent plus de 1 kilogramme ; quand elles pèsent moins, on les réunit par paquet de 1 kilogramme. Les limes bâtardes et douces sont désignées par leur longueur. Les parcs comprennent : 1 lime carreau de 3 kilogrammes et 1 lime carrée bâtarde de $0^m,25$; 4 limes plates, dont 2 rudes et 2 bâtardes ; 2 limes rondes dites queues-de-rat ;

4 limes demi-rondes, dont 2 rudes et 2 bâtardes ; 4 limes triangulaires dites tiers-point, dont 2 rudes et 2 bâtardes. — La lime la plus usuelle des parcs et qui se trouve dans toutes les caisses aux agrès, est la lime demi-ronde de 4 au paquet.

Marteau rivoir de serrurier. Même forme, mais dimensions plus faibles que le marteau à main.

Tricoises, servant à arracher les clous ; celles pour ferrer et déferrer les chevaux ont à peu près la même forme.

Pied-de-biche, sert à arracher du bois les clous et les pointes : ne diffère que par la longueur de la pince à pied-de-biche des ouvriers en bois.

Clef anglaise, servant à tourner tous les écrous.

Clefs à écrou, servant à tourner certains écrous de boulons de voiture que l'on ne peut saisir avec les clefs à coulisse à cause de leur position dans des rentrants. Trois modèles : clef simple pour écrou d'essieu de voiture à ressorts, clef double pour écrou de boulon de rancher de prolonge, clef double pour écrou de boulon de rancher de voiture à ressorts.

Archet, servant à imprimer à la boîte à forets un mouvement de rotation alternatif.

Boîte porte-foret, petit cylindre en bois traversé par une tige en fer dans laquelle est ajustée la tête des forets ; la corde de l'archet enveloppe le cylindre de trois tours pour le faire tourner.

Conscience, champignon en bois dans lequel est encastrée la tige du porte-foret, et que l'ouvrier applique contre sa poitrine, pesant ainsi sur le foret dont la pointe acérée porte sur l'objet à percer.

Forets et *fraise à percer à l'archet*. Les forets servent à percer le fer, les fraises à évaser les trous pour y loger la tête des vis, clous ou boulons. Le chargement de la forge comprend 5 forets dont la grosseur varie de 4^{mm},5 à 3^{mm},5 et une fraise de 7 millimètres.

Machine à percer. On la fixe dans l'étau, reposant sur le mors par les talons de la mâchoire fixe. Elle peut aussi s'adapter directement, soit à l'épars de derrière de la forge, soit à un établi quelconque ; dans ce dernier cas, le centre du trou à percer doit se trouver sur l'axe des mâchoires, ce qui donne la position dans laquelle la machine travaille avec le moins de fatigue.

Forets et *fraise pour machine à percer* : 6 forets dont la grosseur varie de 2 en 2 millimètres depuis 10 jusqu'à 20 millimètres ; 1 fraise de 18 millimètres pour vis à bois.

Filières à coussinets, servant à faire les vis : une grande, une petite. Chacune comprend 3 paires de coussinets correspondant au taraudage des boulons de 8, 10 et 12 millimètres pour la petite, de 14, 16 et 18 millimètres pour la grande.

Tourne-à-gauche en fer : un grand, un petit, de même longueurs que les 2 filières. La partie plane centrale de chacun d'eux est percée de 3 trous dont les dimensions correspondent à celles de la tête des tarauds de 8, 10 et 12 millimètres pour le petit, de 14, 16 et 18 millimètres pour le grand.

Tarauds, cylindres en acier sur lesquels on a creusé des pas de vis et qui servent à faire les écrous. Deux assortissements, correspondant aux assortiments de coussinets de chaque filière. Les tarauds de 8, 10 et 12 millimètres se manœuvrent avec le petit tourne-à-gauche, les tarauds de 14, 16 et 18 millimètres avec le grand. Les assortiments comprennent pour chaque diamètre 3 tarauds que l'on fait passer successivement dans l'écrou.

Outils et ustensiles d'ouvriers en bois.

Scie passe-partout, servant à scier les bois en grume. La longueur 1m,400 de la lame a été fixée d'après les dimensions des caisses de prolonge.

Scie de long ; lame de 1m,50.

Scie de charpentier ; lame de 1m,40.

Scie à tenon ou scie à main ; sert surtout pour les ouvrages de menuiserie. Ses montures sont semblables à celles de la scie de charpentier ; il y en a une de 0m,80 et une de 0m,50.

Scie tournante ; lame de 0m,90.

Scie égohine ou à couteau ; longueur 0m,720.

La *galère* (longueur du fût 450 millimètres), la *varlope* (700 millimètres) et la demi-varlope ou *riflard* (600 millimètres) servent à blanchir les bois.

Rabot (230 millimètres); sert spécialement à aplanir les pièces de bois.

Paire de bouvets, comprenant un bouvet pour faire la rainure et un bouvet pour faire la languette des planches de 27 millimètres.

Feuilleret (220 millimètres); sert à faire les feuillures.

Guillaume (350 millim.) ; sert à faire les feuillures profondes.

Rabot creux ou mouchette, servant à arrondir les bois. Le chargement des parcs en comprend 2 de 150 millimètres de longueur de fût, l'un pour manche de pioche, l'autre pour manche de pelle.

Ciseau de menuisier, ciseau plat emmanché dont le taillant est à un seul biseau. Deux modèles, de 15 millimètres et 40 millimètres de largeur de ciseau.

Gouge de menuisier, ciseau à lame concave. Deux modèles, de 10 millimètres et 20 millimètres de largeur.

Râpe à bois. Deux modèles : une plate, une demi-ronde.

Besaigüe, servant à dresser les bois de charpente et surtout à faire les tenons et les mortaises ; longueur 1^m,20.

Bédane, ciseau à un seul biseau très long servant à entailler le bois. Quatre modèles, de 7, 9, 11 et 13 millimètres de largeur de ciseau.

Ciseau bédane, ciseau plat servant également pour faire les grandes mortaises. Deux modèles, de 28 et 34 millimètres de largeur.

Ciseaux de charpentier et charron ; ne diffèrent entre eux que parce que le tranchant du ciseau de charron a un biseau qui n'est pas dans celui de charpentier.

Gouges de charpentier et charron. La gouge ronde sert pour amorcer les trous de tarières. La gouge carrée est un outil de charron.

Tarières creuses : l'une de 15 millimètres, l'autre de 18 millimètres ayant toutes deux la même douille et le même manche.

Tarière torse, dispensant d'amorcer préalablement le trou ; le bois se dégage facilement le long de la lame en spirale, ce qui permet d'accélérer le travail. Celles des parcs ont 23, 29, 32 et 35 millimètres de diamètre.

Tarauds à moyeux, grandes tarières à cuiller servant à percer au centre du moyeu des roues le trou qui doit recevoir la boîte d'essieu. Deux modèles : l'un de 700 millimètres pour la prolonge, l'autre de 650 millimètres pour les voitures à ressorts.

Fût de vilebrequin, pouvant recevoir des mèches, des fraises et un tournevis.

Mèches de vilebrequin : de 5, 7 et 11 millimètres.

Fraise pour clous rivés, sorte de mèche très courte : il y en a de toutes les dimensions.

Fraise pour vis; n'est employée que pour fraiser dans le fer : elle a la forme d'un pointeau conique strié, et sert pour les têtes de vis de tous diamètres en l'enfonçant plus ou moins.

Vrilles : de diamètres variant de millimètre en millimètre de 3 à 9 millimètres.

Pince à pied de biche, servant à arracher les gros clous ; ne diffère de la pince de mineur de 1^m que par la fente en pied de biche.

Pince à arracher les clous, servant principalement lorsqu'on a un grand nombre de clous à arracher, p. e., dans les démolitions de planchers.

Masse à enrayer, servant à garnir les roues de leurs rais ; elle est évidée au milieu, afin d'être moins pesante.

Chasse-boîtes en fer. Deux modèles, correspondant aux boîtes de roues de prolonge et de voiture à ressorts : longueurs 160^{mm}, diamètres 70 et 46 millimètres.

Reinette, servant à marquer les bois ; au milieu est un tourne-à-gauche ou disque muni de fentes pour donner de la voie aux scies.

Serre-rais en fer, servant à resserrer les rais en vue de les assembler avec les jantes. Se compose d'une chaîne terminée à un bout par un anneau, à l'autre par un large crochet.

Crémaillère pour manches d'outils, servant à fixer les manches par leurs extrémités au moyen de 2 pointes autour desquelles ils peuvent tourner, de façon qu'on puisse les tailler sur toutes les faces.

Étampes pour manches, en fonte. Deux modèles, destinés à l'étampage des manches de hache, pic ou pioche.

Limes. Quatre espèces destinées à l'affûtage des scies : le tiers-point de 0^m,18 pour la scie passe-partout et la scie de charpentier ; le tiers-point de 0^m,15 pour la scie à tenon de 0^m,80, la scie tournante et l'égohine ; le tiers-point de 0^m,15 pour la scie à tenon de 0^m,50 ; la lime ovale pour la scie de long.

Meule, de 0^m,36 de diamètre, dont la monture est réduite à un arbre muni de sa manivelle : on l'ajuste sur un chevalet improvisé.

Grès à aiguiser, servant principalement à affûter les ciseaux et les fers de rabot.

Pierre à affiler, servant à compléter l'affûtage des outils et à faire disparaître les inégalités produites par la rupture du morfil ou le grain trop grossier de la meule.

Outils et ustensiles de calfat.

Ciseau à froid, servant à refouler ou à recouper les agrafes et les têtes des clous.

Ciseau de calfat en acier, servant à chasser l'étoupe dans les coutures. Ils diffèrent du ciseau ordinaire en ce que le taillant est à rainure ; le ciseau est dit simple ou double, suivant qu'il y a une ou deux rainures.

Ciseau de calfat en bois, servant à chasser l'étoupe et à la lisser dans la couture avant de placer la tringle.

Maillet de calfat, semblable au maillet de tailleur de pierres.

Fermoir à tige en fer, servant à disjoindre les planches ; ne diffère du ciseau de charpentier que par une plus grande largeur du taillant.

Fermoir à manche, ciseau plat dont le taillant est à 2 biseaux. Il sert à soulever les planches pour les disjoindre et aussi à faire des entailles.

Pince à agrafes, pince plate munie de 2 lames pour couper le fil de fer.

Brosse à goudronner, brosse ronde ordinaire que l'on fixe au bout d'une hampe en bois au moyen d'une tige de fer terminée par un écrou.

Outils et ustensiles d'artificier.

Boîtes à charnières. Les boîtes en cuivre contiennent le pulvérin, celles en fer-blanc le caoutchouc en dissolution ou l'enduit pour joints.

Boîte en caoutchouc, servant à contenir les sels préparés pour la pile plongeante.

Bidon à benzine, contenant la benzine pour dissoudre le caoutchouc lorsqu'on veut souder les bandes ou tubes de caoutchouc recouvrant les ligatures ; ce bidon en fer-blanc est enfermé dans une chape en fer-blanc destinée à retenir au besoin le liquide.

Entonnoir en caoutchouc, pour déverser des substances attaquant les métaux, telles que les sels de potasse préparés pour la pile.

Équipages de pont (1).

Demi-bateau, servant comme nacelle pour le sondage des rivières, pour le passage des hommes ; comme support flottant pour l'établissement des ponts à supports fixes ou mobiles et pour la construction des passerelles. Le chargement du parc d'armée comprend 2 demi-bateaux identiques, transportés chacun sur un haquet, et s'accouplant au moyen de crochets et de boulons à clavette d'assemblage placés, les uns à la partie inférieure, les autres à la partie supérieure de la cloison qui forme l'arrière de chaque demi-bateau. Longueur totale d'un demi-bateau, 5 mètres ; largeur à la cloison d'arrière $1^m,65$.

Gaffe à pointe et à croc. — Rame et gouvernail. — Tolets. — Écope. — Pompe en fer-blanc.

Ancre, de 65 kil. et de $1^m,62$ de longueur ; modèle de l'artillerie.

Cabestan, pour tendre les cordages et les cinquenelles.

Grappin, de 15 kilogrammes.

Piquets ferrés, d'amarrage et de corps morts.

Masses en bois. — Mouton à bras, de 55 kilgrammes. *— Mouton*

---

(1) Voir : Parc du génie d'une armée.

à anses, de 20 kil., pour battre les chapeaux de chevalets dans des fonds peu consistants.

Sonde de batelier, formée par un tronc de cône en fonte dans laquelle est noyé un piton à tige portant un anneau qui reçoit le cordage.

Palan à 3 roulettes, composé de 2 moufles de 3 poulies chacune.

Prélart, pour couvrir les demi-bateaux ; fixé au haquet par des lanières et supporté sur le demi-bateau par des supports de prélart.

Corps mort, de 3ᵐ,20 de longueur et de $\frac{0^m,16}{0^m,16}$.

Chapeau de chevalet, de 5ᵐ,20 de longueur et de $\frac{0^m,22}{0^m,16}$.

Pieds, de 2ᵐ,50, 4 mètres et 5 mètres et de $\frac{0^m,09}{0^m,12}$.

Faux pied, de 1ᵐ,15 et de $\frac{0^m,09}{0^m,115}$.

Poutrelle à griffes, de 6ᵐ et de $\frac{0^m,16}{0^m,12}$.

Semelle ; longueur 0ᵐ,80, largeur 0ᵐ,40, épaisseur 0ᵐ,08.

Chaîne de suspension, de 2ᵐ,25 (40 mailles, 4 mailles torses, 2 embrasses).

Madrier de tablier, de 3ᵐ,20 et de $\frac{0^m,22}{0^m,04}$. — *Demi-madrier*.

Cordages.

Tous à 4 brins, excepté les cordeaux, la ficelle et la ligne en laine qui sont à 3 brins.

Amarres ou *traversières*, servant, soit à relier les bateaux entre eux, soit à les fixer à des pieux plantés sur la rive ; longueur 14 mètres, diamètre 24 millimètress.

Cordages d'ancre, goudronnés ; longueur 80 mètres, diamètre 24 millimètres.

Cordage de palan, que l'on fait passer successivement par la gorge de toutes les poulies des 2 moufles du palan, en l'amarrant par un bout à la petite anse de la première moufle ; longueur 50 mètres, diamètre 20 millimètres.

Lignes de halage pour chevaux : longueur 150 mètres, diamètre 18 millimètres.

Ligne de halage pour hommes : longueur 150 ou 75 mètres, diamètre 9 millimètres.

Bretelle de tirage, servant à équiper les hommes chargés du halage des bateaux ; se compose d'une bande de sangle et de deux cordons de 6 millimètres que l'on allonge au besoin avec des cordages de même grosseur.

Commande de poutrelles, servant dans la construction des ponts de bateaux à breller les poutrelles de 2 travées successives. Elle doit pouvoir embrasser de deux tours les poutrelles accouplées et les crochets correspondants ; une des extrémités est terminée par une double boucle. Longueur 4 mètres, diamètre 9 millimètres.

Commande de guindage. Doit pouvoir embrasser de 2 tours une poutrelle de travée et la poutrelle de guindage : on la fait tendre au moyen d'un billot, après avoir entrelacé les 2 brins ramenés au-dessus de la poutrelle de guindage. Longueur 3 mètres, diamètre 13 millimètres.

Commande de billot, ficelée à chaque extrémité ; sert à arrêter les billots employés pour tendre les cordages. Longueur 1^m,50, diamètre 6 millimètres.

Câble de sonnette : longueur 15 mètres, diamètre 40 millimètres. On fait à l'un des bouts une boucle ficelée.

Tiraudes, attachées au câble de sonnette par une boucle ficelée. Chaque sonnette est munie de 40 tiraudes terminées chacune par une poignée en bois.

Cinquenelles, en fil de fer galvanisé avec âme centrale en chanvre, terminées à chaque extrémité par une boucle fermée au moyen d'une épissure. Deux modèles : $\dfrac{120^m}{9^{mm},6}$, $\dfrac{100^m}{6^{mm}}$.

Cabestan pour fascines, terminé à chaque bout par une boucle où l'on passe les leviers de serrage ; longueur 1^m,10, diamètre 24 millimètres.

Cordages de manœuvre, terminés à une extrémité par une boucle ficelée ; servent à manœuvrer les grosses pièces de bois. Longueurs 50, 25, 16 mètres ; diamètre 20 millimètres.

Trait de manœuvre, terminé à une extrémité par une double boucle ficelée. Sert principalement à maintenir les outils en vrac et les caisses placées sur les voitures ; s'emploie aussi dans la construction des ponts à supports mobiles. Longueur 3m,20, diamètre 16 millimètres.

Longe et *demi-longe*, terminées par une boucle ficelée : ce sont des cordes de manœuvre sans destination déterminée. Longe $\frac{4^{m},70}{12^{mm}}$, demi-longe $\frac{2^{m}50}{10^{mm}}$.

Cordeaux, de 4, 3, 2 millimètres. Le premier sert à monter la scie de charpentier, la scie tournante et la scie à tenon de 0m,80 ; le 3e la scie à tenon de 0m,50 ; le 2e sert pour les tracés. — Le cordeau à tracer de 50 mètres, de l'assortiment des outils portatifs, est terminé à chaque extrémité par une boucle.

Ficelle câblée de 1 millimètre, en pelotes de 3m,50 de longueur.

Ligne en laine de charpentiers, de 5 millimètres.

Appareils d'éclairage.

Flambeaux Lamarre. Tubes en toile caoutchoutée contenant la composition Lamarre (chlorate de potasse 4, nitrate de baryte 4, glu de lin 1) ; un brin de mèche, sortant par l'une des extrémités que ferme une forte ligature, permet de mettre le feu au flambeau ; longueur 0m,75, diamètre 18 millimètres, poids 370 grammes ; lumière blanche d'une intensité de 10 becs carcel ; durée de la combustion, 15 minutes environ.

Ils sont destinés surtout à éclairer les travaux de nuit. Pour éclairer un passage de pont, on obtient assez de lumière en espaçant les flambeaux de 55 mètres. — Par un temps clair leur lumière est visible à au moins une dizaine de kilomètres.

L'homme chargé de tenir un flambeau Lamarre doit l'élever au-dessus de sa tête, le bras incliné en avant à 45°, afin que les gouttelettes de composition fondue qui tombent du flambeau ne puissent pas le brûler. Pour éteindre un flambeau, on le saisit près de la partie enflammée et on le frotte sur le sol. Pour rallumer un flambeau éteint, on taille en pointe l'extrémité éteinte et on l'approche d'un corps en ignition. Lorsqu'on ne veut pas tenir un flambeau à la main, on le fixe (à l'aide de fil de fer qui se trouve dans les caisses auprès des flambeaux) à l'extrémité d'un bâton que l'on enfonce en terre.

Artifices; pile plongeante.

Saucisson en toile, de 0^m,02 de diamètre, exigeant par mètre courant 70 grammes de poudre que l'on introduit au moyen de *l'entonnoir en cuivre jaune* des parcs. Brûle avec une vitesse de 3^m,50 par seconde à l'air libre, de 5^m,50 dans un auget, de 8^m,50 si l'auget est recouvert de terre. — Les augets se font avec 4 petites planches laissant entre elles un vide carré de 0^m,04 de côté; après y avoir développé le saucisson en le fixant de distance en distance par de petites pointes, on cloue le couvercle avec un *marteau en bronze.* On passe au travers de l'extrémité du saucisson qui se trouve dans la boîte aux poudres une cheville en bois pour empêcher le retrait; le feu se donne à l'autre bout avec le Bickford.

Pour réunir 2 saucissons, les fendre latéralement et les recouvrir de pulvérin.

Pour compasser les feux de plusieurs fourneaux, s'arranger de manière que du point de départ à chacun des fourneaux le développement de saucisson soit le même, en tenant compte de ce que chaque coude équivaut à une augmentation de longueur de 0^m,08.

Saucisson Bickford ou fusée lente, formé d'un filet de poudre en grains enfermé dans 2 enveloppes en ficelle s'enroulant en hélice et en sens contraires; diamètre 5 millimètres. L'enveloppe extérieure est goudronnée dans le Bickford ordinaire, recouverte de gutta-percha dans le Bickford imperméable. Vitesse de la combustion : 1 mètre en 90 secondes. — Pour mettre le feu, raviver le bout extérieur par une section bien nette et l'allumer avec un allumeur, de la mèche à briquet, de l'amadou, etc.; ne s'éloigner que lorsqu'on voit fuser le Bickford. Pour amorcer un saucisson avec le Bickford, introduire dans l'extrémité libre du saucisson le bout ravivé du Bickford et lier fortement la toile du saucisson autour de cette fusée.

Cordeau porte-feu imperméable, ou fusée instantanée ; formé de 3 brins de mèche à étoupilles, d'une enveloppe en toile cirée vernie des deux côtés et maintenue par un fil enroulé en hélice, d'une enveloppe de caoutchouc collée avec une dissolution de caoutchouc dans de la benzine, enfin d'un tressage en ficelle. Vitesse de la combustion : environ 100 mètres par seconde, ce qui dispense de compasser les feux, pourvu que les différences de longueur des diverses communications n'excèdent pas de 30 à 40 mètres. — On enflamme ordinairement le cordeau avec du Bickford. Pour faire l'épissure : défaire le tressage en ficelle sur 6 à 8 centimètres ; couper le bout du cordeau de telle sorte que les ficelles dépassent de 5 centimètres environ ; retrousser sur 3 à 4 centimètres l'enveloppe de caoutchouc en l'échauffant à la main pour donner de la souplesse ; couper 3 centimètres de la toile cirée et des mèches à étoupilles, mettre à la place le bout de Bickford coupé carrément et ramener par dessus l'enveloppe de caoutchouc: ramener également les ficelles de tressage et entourer d'un ficelage. Si le caoutchouc ne se retrousse pas facilement, le fendre sur 4 centimètres et appliquer sur les étoupilles le bout du Bickford coupé en sifflet. Si l'épissure devait être imperméable, l'envelopper d'une bande de caoutchouc collée au chatterton ou à la dissolution de benzine avant le rabattement du tressage.

Pour réunir 2 ou plusieurs cordeaux porte-feu, mettre à nu sur une certaine longueur les mèches à étoupilles qu'on entrelace, et, après avoir recouvert d'un peu de pulvérin cette espèce de ligature, l'entourer d'une bande de caoutchouc ou de toile. On peut encore réunir toutes les extrémités dans une petite boîte, chaque cordeau assujetti par une cheville ou une pointe qui le traverse à l'intérieur de la boîte ; celle-ci contient une petite quantité de pulvérin en poudre.

Le cordeau porte-feu, comme le Bickford, se place sans auget ; deux cordeaux peuvent être écartés de moins de 0,^{m}50 sans que le feu se communique de l'un à l'autre, mais il faut éviter qu'un fourneau puisse briser le cordeau d'un autre fourneau. — En détonant, le cordeau porte-feu donne un fort coup de fouet ; il est donc nécessaire de le bien fixer pour l'empêcher de sortir d'une boîte aux poudres, d'une gargousse amorcée, etc.

Enduit Chatterton, en bâtons, formé de 1/3 gutta-percha, 1/3 résine et 1/3 goudron. S'emploie en ramollissant le bout du bâton à la flamme d'une bougie ou même d'une allumette,

Porte-feu ou *allumeur*, petit cylindre de 4 à 5 millimètres de diamètre, formé de papier buvard imprégné d'acétate de plomb et enroulé sur lui-même ; brûle d'environ $0^m,50$ à l'heure en formant une pointe incandescente ferme et par suite très commode pour piquer le centre de la section d'un Bickford. Le porte-feu remplace avec avantage la mèche à canon pour la conservation du feu.

Capsule de fulminate, en cuivre rouge : longueur $0^m,045$, diamètre $0,^m006$ chargement $1^{gr},5$ de fulminate de mercure emprisonné dans un culot métallique dont la tête est percée d'un trou pour la communication du feu. Une goutte de vernis déposée sur ce trou assure la conservation du fulminate sans nuire en rien à l'explosion. Un trait marqué sur la capsule indique la hauteur de la colonne de fulminate.

Pour amorcer la capsule avec le Bickford : raviver le bout de celui-ci en le coupant carrément, l'introduire dans le tube de la capsule jusqu'au contact du culot, le fixer en étranglant légèrement le tube avec une pince ou entre les dents. S'il faut assurer l'imperméabilité du joint, le luter avec du chatterton.

Pour amorcer la capsule avec le cordeau porte-feu : couper carrément le bout du cordeau, enlever le caoutchouc sur 5 à 6 millimètres en respectant la toile cirée ; engager le bout dans la capsule au contact du culot, en insérant le tube entre le caoutchouc et la toile cirée ; rabattre le treillis et faire une ligature. Si l'amorce doit séjourner dans l'eau, luter le joint avec du chatterton avant de rabattre le treillis. En raison du coup de fouet que donne le cordeau en détonant, il est très important de le fixer près de la capsule, afin qu'il ne puisse, ni s'en séparer, ni arracher la capsule de son logement.

Cartouche de dynamite, cylindrique, à enveloppe de papier étamé ; longueur $0^m.12$, diamètre $0^m,03$; renferme 100 grammes de dynamite n° 1 de Vonges, formée de 75 0/0 de nitro-glycérine et de 25 0/0 de silice (randanite). Si la dynamite n'est pas gelée, on amorce cette cartouche en l'ouvrant et en y enfonçant une capsule de fulminate amorcée au Bickford, de telle sorte que le Bickford ne puisse enflammer la dynamite avant la détonation du fulminate ; on relie le Bickford à la cartouche par une ficelle, pour empêcher que la capsule ne se sépare.

Pétard métallique, prismatique à enveloppe en fer-blanc, renfermant 100 grammes de dynamite n° 1 ; longueur 130 millimètres, section $\dfrac{33^{mm}}{20^{mm}}$. Un logement de capsule est ménagé à chaque bout pour le cas où la dynamite serait gelée ; ce pétard est donc la cartouche-amorce des cartouches de papier gelées.

Pétard métallique, cylindrique à enveloppe en fer-blanc, renfermant 25 grammes de dynamite n° 1 ; longueur 0^m,03, diamètre 0^m,03. Un logement de capsule y est ménagé.

Amorce électrique, formée de 2 fils de cuivre traversant, isolés l'un de l'autre, un noyau en bois dur, puis réunis à leur extrémité par une spire de fil de platine iridié (fil de Gaiffe de 1/45 de millimètre de diamètre) dans un petit chapeau en papier où ils sont en contact avec un tampon de fulmi-coton, le tout coiffé d'une capsule de fulminate, le joint recouvert de chatterton.

Pour mettre en place l'amorce, rattacher les 2 fils de l'amorce aux 2 conducteurs par des ligatures ; fixer les conducteurs bien séparément à la boîte aux poudres par des chevilles en bois ou des pointes, afin que les tractions exercées sur les fils ne se transmettent pas à l'amorce ; mettre l'amorce au centre de la charge en grains. Si la charge est dans des récipients, faire une boîte ou gargousse d'amorce de 5 kilogr. de poudre, qui sera suffisante pour rompre les récipients et déterminer l'explosion du fourneau.

Fil simple isolé, formé par un toron caoutchouté de 7 fils de cuivre pur de 0^m,0004. Ce fil simple des parcs sert pour les conducteurs maîtres ; il correspond à un fil de cuivre de 1^{mm},3. Comme il est isolé, on peut le développer simplement sur le sol ou l'enterrer dans de petites rigoles.

Les conducteurs ne doivent présenter aucune solution de con-

4.

tinuité. Pour réunir 2 bouts de conducteurs : mettre leurs extrémités à nu et les nettoyer, les décaper avec du papier de verre ou du sable sur une longueur de $0^m,10$ à $0^m,15$, les juxtaposer et les tordre l'un sur l'autre de manière à bien assurer le contact sur une longueur de $0^m,06$ environ ; pour plus de précaution, envelopper la ligature de fil de cuivre fin. Si la jonction doit être isolée, recouvrir la ligature de chatterton ou de caoutchouc soudé à la benzine.

Les 400 mètres de fil conducteur simple de chacune des caisses de bât n° 3 ou 4 donnent une portée de 200 mètres comme conducteurs maîtres ; à l'extrémité de chacun de ces fils de 200 mètres on peut attacher, pour compléter le circuit, un ou plusieurs conducteurs secondaires en fil plus fin (à se procurer sur place), lesquels sont en partie perdus après les explosions : ceux-ci doivent être autant que possible isolés du sol humide.

Le fil télégraphique (fer) étant pris pour unité, la résistance du fil simple isolé est de 2 mètres par mètre courant.

Câble électrique, formé de 2 fils de cuivre caoutchouté de 1 millimètre, entourés chacun séparément de fil de coton et logés ensemble dans une gaîne en toile. Ce câble est très commode pour l'établissement des conducteurs secondaires, car il dispense des précautions ordinaires exigées pour la pose de ces conducteurs : séparer les deux fils du câble en défaisant l'enveloppe extérieure sur une longueur convenable, et réunir chacun d'eux à l'un des fils maîtres par une bonne ligature. — La résistance du câble est 2,3.

Les amorces des parcs prennent feu dans un circuit de 4000 mètres de fil télégraphique de 4 millimètres, dans un circuit de 2000 mètres de fil simple isolé des parcs et dans un circuit de 1700 mètres de câble; les portés de la pile dans ces 3 cas sont donc respectivement 2000, 1000, 850 mètres.

En général, connaissant la portée du fil télégraphique de 4 millimètres, on en déduit celle d'un fil de fer ou de cuivre quelconque; car, à diamètre égal, le fil de cuivre donne une portée 4 à 5 fois plus grande que le fer, et les portées sont en raison inverse des carrés des diamètres des fils.

Avec 2 piles montées en tension, c'est-à-dire réunies par leurs pôles de noms contraires (+ avec —), les portées ci-dessus sont un peu plus que doublées. — Dans la pratique, il est prudent de réduire de 1/5 les portées calculées comme il vient d'être dit.

Pile plongeante. Comprend un vase cylindrique en gutta-percha et un cylindre plongeur de même substance. Le plongeur renferme 4 alvéoles cylindriques disposées symétriquement autour de l'axe et ayant leurs ouvertures sur la base inférieure. Dans les alvéoles sont 4 éléments zinc-charbon, encastrés par leurs extrémités supérieures dans le massif de gutta-percha qui forme la tête du cylindre, massif dans lequel se trouvent également englobés les conducteurs métalliques établissant l'association en tension de ces éléments. Le plongeur est surmonté de 2 bornes polaires à vis de pression portant l'une le signe +, l'autre le signe —, et d'un anneau de manœuvre. Des ouvertures latérales sont percées dans l'enveloppe extérieure à la partie supérieure des alvéoles.

La pile est accompagnée de 2 boîtes en gutta-percha contenant, l'une du bisulfate de potasse (sel blanc), l'autre du chlorochromate de potasse (sel jaune) ; dans chacune de ces boîtes est enfermée en outre une petite mesure pour le dosage des sels.

Pour *charger la pile*, verser de l'eau dans le vase cylindrique, y enfoncer le plongeur afin d'expulser le liquide en excédent ; puis, dans le liquide restant, faire dissoudre une mesure de sel blanc (10 grammes) et une mesure de sel jaune (3 grammes).

Pour la *transmission du feu*, plonger la pile dans le liquide excitateur pour la décaper, et après l'avoir retirée presque aussitôt, fixer aux bornes polaires les extrémités bien décapées des conducteurs maîtres. A l'ordre donné de mettre le feu, enfoncer vivement le plongeur dans le liquide et appuyer sur le fond du vase. Aussitôt après l'explosion, retirer le cylindre, le bien laver ainsi que le vase récipient et faire sécher à l'ombre.

Pour les explosions *simultanées*, employer la méthode des circuits dérivés : chaque amorce est placée dans un circuit particulier, formé par les 2 conducteurs secondaires qui y aboutissent, et que l'on relie aux 2 conducteurs maîtres en formant ainsi une succession de dérivés. Les fils conducteurs doivent être tous préservés le plus possible des effets de rupture.

Le tableau suivant donne une indication du nombre n d'explosions simultanées que l'on peut obtenir en faisant usage de la pile, des amorces et des conducteurs des parcs, le fil simple isolé servant de conducteur maître, le câble fournissant les conducteurs secondaires ; D représentant la distance de la pile au point de greffe, distance comptée suivant le développement du conducteur maître ; d le développement des conducteurs secondaires.

VALEURS DE D	VALEUR DE n correspondant à $d=$				OBSERVATIONS.
	25 mèt.	50 mèt.	100 mèt.	200 mèt.	
0 mètres..........................	14	13	12	12	Répond au cas où les conducteurs secondaires sont mis en communication immédiate avec les pôles de la pile.
25 —	9	9	9	8	
50 —	7	7	7	6	
100 —	5	5	5	5	Eviter de faire avec une seule pile plus de 4 à 5 explosions simultanées.
150 —	4	4	4	4	
200 —	3	3	3	3	
300 —	2	2	2	2	
400 —	1	1	1	1	
900 —	1	1	1	0	

Le tableau ci-après donne, pour quelques conducteurs que l'on peut trouver dans le commerce, les distances limites correspondantes au nombre des fourneaux à enflammer simultanément avec la pile simple ou double, dans l'hypothèse où les conducteurs secondaires seraient formés par des câbles du parc n'ayant pas plus de 50 mètres de longueur.

NOMBRE des FOURNEAUX.	DISTANCES LIMITES mesurées de la pile au point d'attache des conducteurs secondaires					
	avec le fil simple isolé des parcs et la pile		avec un fil télégraphique de 4mm et la pile		avec un fil de cuivre de 3mm et la pile	
	simple.	double.	simple.	double.	simple.	double.
	mètres.	mètres.	mètres.	mètres.	mètres.	mètres.
1...........	940	2,090	1,880	4,180	4,230	9,400
2...........	395	900	795	1,800	1,790	4,050
3...........	235	540	475	1,080	1,060	2,440
4...........	155	365	320	735	715	1,650
5...........	110	265	225	535	510	1,210
6...........	80	200	165	405	375	910
7...........	60	150	125	305	280	690
8...........	45	200	90	240	205	540

Trousse de mineur : sacoche en cuir avec ceinturon, où sont réunis les objets suivants pour la mise du feu : marteau en bronze, lime tiers-point, couteau d'artificier, ciseaux à découper, vrille de 4 millimètres, pince à main plate coupante de côté, mètre pliant en bois, boîte en cuivre contenant 50 grammes de pulvérin, boîte en fer-blanc contenant 50 grammes de pâte de caoutchouc, morceau de chatterton, boîte d'allumettes amorphes, briquet à feu, pierre à feu, mèche à briquet, amadou, pelote de ficelle, fil de cuivre pour ligatures, pointes en cuivre, capsules de fulminante, porte-feux, morceau de Bickford, papier de verre, papier gris.

Outils de l'infanterie.

1° Outils portatifs. — Outils légers de terrassier et outils de destruction.

Sapeurs d'un régiment. . . . {
6 pics (modèle de l'infanterie).
6 haches (modèle du génie).
1 scie articulée (id.).

Par compagnie. .
outils de terrassier. . . . . . . {
32 bêches (modèle de l'infanterie).
8 pioches (id.).

outils de destruction. . . . . . {
4 pics (id.).
3 haches (id.).
1 scie articulée (modèle du génie).

Chaque escouade a ainsi 3 outils, dont 1 outil de destruction ou 1 pioche, et 2 bêches. Les étuis sont disposés de manière que les outils puissent être portés sur le sac ou au ceinturon.

2° Outils de bât. — Chaque compagnie a un cheval de bât portant sur 2 ellipses : 18 pelles rondes de parc, 12 pioches de parc. Le chargement, y compris le bât, les vivres et le sac de conducteur, pèse environ 130 kilogrammes.

3° Voiture d'outils de pionniers. — Par régiment 1 voiture à un cheval chargée d'outils du modèle des parcs, à savoir :

Pelles rondes emmanchées	50
Pioches emmanchées	25
Haches de bûcherons emmanchées	20
Serpes emmanchées	25
Scies passe-partout	4
Pinces de 0m,60	2
Pince de 1m,20	1
Manches de rechange pour pelle ronde	15
Manches de rechange pour hache ou pour pioche	25
Caisse d'outils d'ouvrier d'art	1

Tous ces outils sont disposés dans les 2 compartiments d'arrière et d'avant de la voiture ; celle-ci porte, en outre, le sac et les vivres du conducteur, le sac d'avoine. Les outils qui manquent aux régiments leur sont fournis par les parcs du génie.

Récapitulation des outils de terrassier et de destruction des diverses fractions constituées d'un corps d'armée.

FRACTIONS CONSTITUÉES.	Bêches ou pelles portatives.	Pioches portatives.	Pics portatifs.	Haches portatives.	Scies articulées et égohines.	Pelles de parc rondes et carrées.	Pioches de parc.	Pics de parc.	Haches de bûcheron et de charpentier.	Serpes.	Scies passe-partout.	TOTAL des outils de terrassier.	TOTAL des outils de destruction.
Compagnie d'infanterie	32	8	4	3	1	18	12	»	»	»	»	70	8
Bataillon d'infanterie (ou de chasseurs)	128	32	16	12	4	72	48	»	»	»	»	280	32
Régiment d'infanterie	384	96	54	42	13	266	169	»	20	25	4	915	158
Demi-compagnie de sapeurs-mineurs avec son parc	25	25	»	19	3	102	50	3	12	21	1	202	59
Division d'infanterie (avec sa demi-compagnie de sapeurs-mineurs)	1561	409	216	187	55	1166	726	3	92	121	17	3862	691
Corps d'armée (2 divisions d'infanterie, 1 bataillon de chasseurs, 2 compagnies de sapeurs-mineurs) sans le parc du génie du corps d'armée	3300	900	448	424	120	2608	1600	12	208	284	36	8408	1532
Parc du génie du corps d'armée	»	»	»	»	»	1218	525	35	210	315	28	1743	588

Dynamite affectée à la cavalerie.

Le parc d'artillerie d'un corps d'armée (4° section) comprend 2 chariots de batterie modèle 1858, attelés à 4 chevaux, pour le transport de la dynamite affectée à la cavalerie. Le chargement de chacun de ces chariots comprend :

Coffre d'avant-train.	2,160 amorces (en boîtes de 30) ; Briquets, marteaux, pinces de treillageur, clous d'épingle, pelotes de ficelle ; 300 signaux à percussion (1).
Coffre d'arrière-train.	750 cartouches métalliques de 200 grammes, en caisses de 75 cartouches ; 120 feuilles d'amadou (6 par caisse) : 2,000 mètres de Bickford (450 mètres par caisse) ; 100 sacs à terre.

De plus, un chariot de batterie, attelé à 6 chevaux et chargé comme ci-dessus, transporte la dynamite pour chaque division de cavalerie indépendante. Il marche avec l'une des 3 batteries à cheval attachées à la division.

Le parc d'une armée transporte 40 caisses, chargées, comme celles des chariots, de 750 cartouches de 200 grammes.

Équipages de ponts des pontonniers.

Équipage de pont de corps d'armée. — Se compose de 2 divisions et 1 réserve, en tout 38 voitures, à 6 chevaux, attelées par une compagnie du train d'artillerie.

---

(1) Un signal à percussion est une boîte cylindrique en zinc remplie de composition rouge Lamarre et montée à l'extrémité d'un manche en bois ; le feu est mis à la composition par la détonation d'une amorce modèle 1874 que vient frapper un clou. Mode d'emploi : décoiffer le signal, dégager le clou de la gaine de caoutchouc où il est au repos, l'enfoncer dans la boîte au point indiqué par un repère et le frapper sur un corps dur, le talon de botte p. e.; tenir le signal à la main, le bras tendu horizontalement. Durée de la combustion, environ une minute.

Une division comprend (18 voitures).
{
1 section de culées (1 haquet, 1 chariot de parc).
1 section de chevalets (1 haquet, 1 chariot de parc).
4 sections de bateaux (chacune 2 haquets et 1 chariot de parc).
1 section de forge (1 forge, 1 chariot de parc).
}

La réserve comprend 1 haquet, 1 chariot de parc.

La section de culées porte 2 culées, la section de chevalets 2 travées de chevalets, la section de bateaux 2 travées de bateaux.

Les éléments essentiels du chargement de l'équipage de corps sont : 16 bateaux, modèle 1853, à 4 rames ou gaffes, de $9^m,43$ de longueur. Un bateau peut transporter 25 fantassins, ou 6 cavaliers, les chevaux suivant à la nage à droite et à gauche ; une portière de 2 bateaux peut recevoir 60 fantassins, ou 8 chevaux avec leurs cavaliers ;

2 nacelles, à 4 rames ou 2 gaffes, de 9 mètres de longueur ;

4 chevalets Birago à 2 pieds de 3 mètres de longueur ;

4 corps morts ;

poutrelles
{
de culée, de $6^m,30$ de longueur et de $\dfrac{0^m,12}{0^m,12}$ 43

à griffes, de 6 mètres de longueur   id. 44

ordinaires, de 8 mètres   id.   id. 55

fausses, de 2 mètres   id.   id. 14
}

392 madriers, de $3^m,90$ de longueur et de $\dfrac{0^m,333}{0^m,04}$;

Plus une série de cordages, engins, outils, etc., et 130 flambeaux pour les travaux de nuit.

L'équipage de corps peut donner le passage, sur des rivières n'excédant pas 100 mètres de largeur, à toutes les troupes et à toutes les voitures de l'artillerie de campagne, et au besoin à l'artillerie de siège. La voie des ponts est de $2^m,96$.

Plus exactement, il donne 120 mètres environ de pont, en pontant les 4 chevalets et les 16 bateaux.

Une division seule, pontant ses 2 chevalets et ses 8 bateaux, donne 64 mètres de pont.

Équipage de pont d'armée. — Se compose de la réunion de 2 équipages de ponts de corps d'armée.

Équipages militaires proprement dits.

Les voitures affectées au génie sont : le fourgon modèle 1874, à 2 chevaux ; la voiture régimentaire modèle 1874, à 1 cheval.

Les chevaux d'attelage sont fournis par voie de réquisition.

Les harnais des attelages sont : le harnais en cuir fauve, à bricole, pour la conduite en guides des fourgons ; le harnais de circonstance, pour les voitures régimentaires.

Demi-compagnie divisionnaire du génie (1)	1 voiture régimentaire à bagages	3 caisses à bagages 1 cantine à vivres 3 couvertures 1 boîte à livrets 1 caisse de comptabilité	112^k
	1 voiture régimentaire à vivres	4 caisses de biscuit 1 caisse de conserves. 2 sacs de vivres de campagne 2 sacs d'avoine	466^k
Compagnie de réserve et parc de corps du génie (1)	1 voiture régimentaire à bagages	8 caisses à bagages 2 cantines à vivres 1 boîte à livrets 7 couvertures 1 caisse de comptabilité	222^k
		8 caisses de biscuit	300^k
	1 voiture régimentaire à vivres	1 caisse de biscuit 2 caisses de conserves 4 sacs de vivres de campagne 4 sacs d'avoine	492^k
		7 sacs d'avoine (2)	498^k

(1) Il serait bon que les sergents, destinés à diriger en campagne en qualité de vaguemestres les équipages des compagnies du génie, eussent fait un stage aux sapeurs-conducteurs.

(2) Le surplus de l'avoine est chargé sur les voitures du parc.

Le détail du chargement des voitures à vivres est le suivant :

Caisse de biscuit	Biscuit	48^k,500
	Caisse	14^k,000
	Poids brut	62^k,500

Caisse de conserves	Viande contenue dans 36 boîtes	36^k,000
	36 boîtes de 225 grammes	8^k,100
	Caisse	12^k,400
	Poids brut	56^k,500

Sac de riz ou légumes, de sel et de sucre (poids net).	80 kil.
Sac de café torréfié	40 —
Sac d'avoine	70 —
Poids d'un sac vide	1^k,100

Chaque voiture régimentaire peut contenir 666 rations de pain ordinaire en vrac.

Chaque fourgon régimentaire peut contenir 950 rations de pain ordinaire en vrac.

Dans aucun cas le chargement d'une voiture régimentaire ne doit dépasser 550 kilogrammes, celui d'un fourgon 900 kilogrammes.

Au moment de l'entrée en campagne, les voitures emportent en principe : 2 jours de biscuit, 2 jours de sel, sucre et café, 1 de riz, 1 de légumes secs, 1 de viande de conserve, 2 jours d'avoine.

Les *accessoires et rechanges* affectés aux équipages ci-dessus sont :

	Demi-compagnie divisionnaire.	Réserve et parc du génie.
Boîtes à graisse	2	4
Seaux d'abreuvoir	1	1
Clefs d'écrou n° 2	2	3
Pelles	2	2
Pioches	2	2
Écrous d'essieu n° 2	2	2
Traits du harnais de circonstance	4	8
Ferrures complètes (dans le coffret des voitures)	2	4

Les *collections d'effets de pansage* sont achetées sur la masse d'entretien des équipages et tenues prêtes pour le cas de mobilisation.

Les équipages ci-dessus n'ont pas de *matériel de campement* spécial, les animaux devant être attachés avec ceux des parcs du génie (1).

Pour *charger* ou *décharger* une voiture régimentaire non attelée, caler d'abord les roues, faute de quoi le mouvement que l'on imprime à la voiture, en plaçant ou en retirant les colis, peut la faire basculer et briser les bras de limonière ; abaisser ensuite la fourragère, enlever le hayon de derrière et relever les rideaux de la couverture ; placer ou retirer les colis avec soin ; garnir les intervalles des colis de paille, foin, cales, etc., et éviter la dégradation des couvertures et des fourragères. Le chargement doit autant que possible ne pas dépasser la hauteur des planches des côtés et des hayons. Veiller à ce que les chevillettes soient bien engagées dans les tourillons des ridelles lorsque le hayon est fermé, et que les chaînes de fourragère soient arrêtées à la même longueur lorsqu'elles maintiennent la fourragère.

Les conducteurs des voitures régimentaires marchent à pied à côté de leur chevaux ; dans les montées ils peuvent se placer sur le devant de la voiture, afin de faire équilibre au chargement placé en arrière et qui tendrait à soulever le cheval ; dans les descentes rapides, ils soutiennent leurs chevaux en tenant les rênes près du mors, des hommes saisissent alternativement les rais de chaque roue pour ralentir la vitesse. Les fourgons ont un système d'enrayage mécanique, avec manivelle près du siège du conducteur.

Les conducteurs des équipages régimentaires ont le fusil et

______

(1) Les états-majors attachent les chevaux de leurs équipages régimentaires au moyen de collections de matériel de campement du modèle de la cavalerie, distribuées à raison de une pour quatre chevaux au minimum. La collection sert pour quatre chevaux et comprend : une corde de 5^m,50, quatre piquets dont un de rechange, quatre entraves et une masse en fer

portent au bras gauche un brassard distinctif : pour le génie, en drap bleu foncé avec grenade écarlate. Les conducteurs des voitures des états-majors portent le brassard de leur arme.

Les brassards sont fournis par le service de l'habillement et posés dans les ateliers de réparations des corps.

Les conducteurs des chevaux et voitures de réquisition n'appartenant pas à l'armée reçoivent un brassard en toile cachou, avec plaque métallique portant en exergue : *Réquisitions militaires.*

Entretien du matériel en campagne.

I. — HARNACHEMENT.

Les *réparations* ont lieu par le mode indiqué au chapitre : *Gestion du matériel.*

Pour le *graissage* des cuirs fauves et des ferrures non peintes ou étamées, on emploie la graisse Dubbing composée de parties égales en poids d'huile de pied de bœuf et de suif de mouton fondus ensemble. Laver d'abord les cuirs à l'eau pure, puis au savon noir lorsque l'eau ne peut donner un nettoyage complet ; avant que les harnais soient complètement secs, étendre la graisse avec un chiffon de laine, et frotter ensuite jusqu'à siccité complète avec un autre chiffon bien sec. Cette opération est à faire tous les 40 jours ; en outre de temps en temps on passe la pièce de drap grasse sur les parties qui en ont besoin.

En route, en cas de rupture d'une courroie ou d'une partie quelconque d'un harnais, percer des trous en nombre suffisant, aux 2 extrémités brisées, à l'aide d'un poinçon, et les relier entre elles le plus solidement possible en passant une ficelle dans les trous autant de fois qu'il est nécessaire ; arrêter les bouts de cette ficelle par un nœud fait sur la face opposée au toucher du cheval. Quand un trait s'affaiblit et qu'on ne peut le changer, on doit le mettre à l'attelage de devant.

A l'arrivée au gîte, enlever à l'intérieur des bricoles, des sellettes et des bâts les traces de sueur ; faire sécher à l'air ces diverses parties de harnais ; battre les panneaux avec une baguette.

Au bivouac, on place généralement les harnais derrière leurs attelages ; mais en cas de boue et de pluie, il convient de les abriter dans ou sous les voitures.

II. — Voitures.

Les *laver* de temps en temps à grande eau, et lorsque la boue adhère trop fortement, l'enlever à l'aide de brosses ; ne pas essuyer les roues après le lavage, mais éponger l'eau qui pourrait séjourner près des joints et pénétrer dans les assemblages.

Graisser les roues tous les 5 jours, avec la muciline du commerce, ou à défaut avec du vieux oing, ou encore avec une graisse quelconque fondue avec de l'huile si elle est trop dure : 120 grammes de graisse par essieu.

Pour graisser une roue de voiture à 4 roues, caler 2 des roues de la voiture : celle qui est opposée à la roue à graisser et celle qui est placée du même côté que cette dernière. Relever la voiture, au moyen d'un cric ou à bras, de manière que la roue puisse être retirée de la fusée. Dévisser l'écrou ou enlever l'esse et la rondelle d'essieu, suivant l'espèce de voiture ; retirer la roue ; nettoyer la fusée, en se servant d'un couteau si la graisse est trop dure ; graisser la fusée, principalement à l'extrémité. Replacer la roue avec soin, de manière à ne pas refouler la graisse au collet de la fusée ; replacer l'écrou et descendre la roue jusqu'à terre sans à-coup.

Pour une voiture à 2 roues, opérer de même, en laissant reposer à terre les bouts des bras de limonière.

Réparations provisoires. — *Rais* dont les pattes et les broches *jouent dans leurs mortaises* de moyeu ou de jante : arroser fréquemment les bois pour les faire gonfler, les entourer de torons de paille humide, enfoncer des coins en bois dans les interstices, remplir les vides avec des chiffons ou de l'étoupe en continuant à mouiller la roue. Ou mieux : coincer entre les jantes et le moyeu 4-8 rais de secours opposés les uns aux autres et fortement reliés avec les rais disloqués au moyen de garnitures de cordes ou de fil de fer.

Rai fendu : le consolider par une garniture de corde ou de fil de fer couvrant et débordant la fente ; ou mieux, l'entourer de fer feuillard fixé avec des clous d'applicage.

Rai brisé : ajuster les parties brisées de manière qu'elles coïncident le plus exactement possible ; clouer dessus et dessous, au besoin sur les côtés, des planchettes assez longues pour déborder la rupture ; lier fortement ces planchettes à l'aide d'une garniture de corde ou de fil de fer.

Rai entièrement cassé : adapter un rai de secours que l'on relie à l'aide de garnitures avec les tronçons du rai cassé.

Jantes disjointes : relier les 2 rais qui comprennent le joint par une courroie que l'on serre avec un garrot ; planter quelques pointes pour empêcher la courroie de s'échapper vers le moyeu.

Cercle de roue brisé : tourner vers le bas la portion intacte du cercle, et la relier au moyen de cordes avec la voiture de manière à empêcher la rotation de la roue. Si la voiture a un sabot d'enrayage, engager la partie intacte du cercle sur ce sabot et l'y fixer avec une courroie et un garrot.

Dans les voitures des parcs, les 2 frettes en fer de bout de moyeu d'une roue, posées à chaud, sont maintenues en place par des caboches, des clous d'applicage ou des vis à bois ; les 2 cordons en fer qui embrassent le bouge, ou partie centrale du moyeu, posés à chaud, sont maintenus par des caboches, gros clous dont la tête est taillée en biseau. La boîte de roue en bronze, logée dans le canal central du moyeu et destinée à recevoir la fusée d'essieu, porte du côté du gros bout du moyeu 2 oreilles encastrées dans le bois du moyeu et maintenues chacune par un crampon. Le cercle de roue est fixé à la couronne circulaire par des boulons. Le remplacement de tous ces clous, vis, crampons et boulons se fait facilement à l'aide des rechanges et outils du parc.

Roue entièrement hors de service : à défaut de roue de rechange, alléger, s'il est possible, le chargement et, pour emmener la voiture à destination, placer obliquement sous la fusée d'essieu un arbre de soutien d'environ 0ᵐ,45 de diamètre, dont une extrémité repose à terre, l'autre bout fortement lié à l'avant de la voiture ; l'arbre est réuni à la fusée d'essieu au moyen de cordes, et, au besoin, soutenu par une autre corde reliée à l'arrière de la voiture.

Pour *enlever le timon* d'une voiture de parc, retirer la chevillette-clef et tirer alors sur le timon : si le têtard, gonflé par l'humidité, vient difficilement, le tirer à soi avec de petits mouvements latéraux ; s'il tient encore, desserrer les écrous des boulons qui réunissent les brides à la fourchette.

Pour *mettre un timon en place*, l'enfoncer franchement jusqu'à l'arrêtoir qui limite sa course et fixe sa position. Si pour introduire le têtard gonflé d'humidité on est obligé d'enlever un peu de bois, on doit plus tard, quand il reprend du jeu dans la fourchette, l'y consolider fortement pour éviter sa rupture.

Pour la réparation provisoire d'un *limon*, d'une *limonière*, d'un *armon*, d'une *volée*, d'un *palonnier*, opérer comme pour un rai fendu ou brisé.

Rupture d'un *brancard*, d'une *entretoise*, d'un *épars* : placer, au-dessous ou sur les côtés de la partie brisée, une ou plusieurs pièces de bois suffisamment longues et résistantes, et les fixer solidement à l'aide de vis ou de pointes.

Réparations à l'aide de la forge de campagne. — Le coffre d'avant de la forge renferme des *liens de jante, de rais, de timon*. Les placer à chaud à l'endroit de la brisure, ramener les 2 oreilles du lien l'une vers l'autre pour embrasser le bois, et engager dans les trous des oreilles une chevillette dont on recourbe le bout.

Les liens servent aussi pour réparer les cercles de roues.

Les *liens doubles* s'emploient pour les jantes brisées vis-à-vis d'un rai. On peut aussi réparer une jante à l'aide de bandes de fer plat que l'on fixe latéralement avec des vis ; ou encore, on peut fixer une jante fendue au moyen de clous rivés.

Le coffre d'avant de la forge renferme aussi des *bandes à fourche* pour réparations de timon ou de volée.

Le retrait des bois, les influences atmosphériques, les efforts supportés par une roue dans le service, finissent par produire la disjonction des jantes et la séparation entre les épaulements des rais et la couronne circulaire et le moyeu : il faut alors *châtrer* la roue. Pour cela, on retire les boulons et le cercle ; on enlève à l'un des bouts d'une jante 10 à 15 millimètres de bois en donnant un trait de scie autour du goujon d'assemblage ; si cela est insuffisant, on fait la même opération au joint diamétralement opposé ; on frappe alors sur les jantes pour les resserrer ; on chauffe le cercle sur un feu de bois ; on le raccourcit de la quantité convenable en le martelant, ou bien en le coupant et en le resoudant ; on le replace à chaud ; on le refroidit en jetant de l'eau froide dessus ; on remet en place les boulons et les écrous.

Le *carrossage* des essieux (inclinaison vers le sol du bout de la fusée) a pour but d'empêcher les roues de s'appuyer sur les esses de bout d'essieu, de les casser et de tomber ; il a pour effet de placer l'ensemble d'une roue dans une position oblique. Cette disposition, qui aurait l'inconvénient de faire travailler obliquement le rai inférieur qui porte tout le poids de la roue, est corrigée par l'agencement oblique des rais par rapport à l'ensemble de la roue : la face de la couronne circulaire opposée à la voiture dépasse ainsi le cercle du bouge, qui marque l'alignement de ce côté, d'une quantité appelée *l'écuanteur* (50 mill. pour la plus grande roue des parcs du génie, comptés après la pose du cercle de roue). Chaque châtrage a pour effet d'augmenter l'écuanteur, et de fermer le cône formé par les rais, jusqu'à une certaine limite qui ne saurait être dépassée. Les roues du génie peuvent toujours être châtrées 3 fois.

Enrayage improvisé. — 1° On peut réunir une roue à la voiture au moyen d'une chaîne entourant la jante et s'appuyant sur un rai. Cette disposition a l'inconvénient de laisser la même partie du cercle porter sur le sol : cette partie s'échauffe, peut enflammer la jante et, en tout cas, se déforme de telle sorte que la roue cesse de tourner rond, comme on dit ; de plus le rai sur lequel porte la chaîne fatigue et finit par casser.

2° Autre procédé : suspendre au moyen de 2 cordes sous la voiture, parallèlement aux essieux et un peu en avant des cercles des roues de derrière, une perche d'enrayage de 0^m,10 à 0^m,12 de diamètre et de la longueur des essieux ; relier le milieu de cette perche au moyen d'une commande avec le milieu d'une forte traverse reliée aux angles postérieurs du coffre et prenant toute la largeur de celui-ci ; l'extrémité de gauche de cette traverse est fixée pour faire pivot, celle de droite est attachée lâche pour permettre un mouvement d'environ 0^m,50 vers l'avant ou l'arrière. Pour enrayer, ramener en arrière l'extrémité de droite de la traverse et la fixer à l'angle postérieur droit du coffre.

Voiture renversée. — Une voiture peut être relevée rapidement à bras d'hommes, si son chargement est facile à enlever, p. e. : s'il consiste en caisses.

Si l'on ne peut qu'alléger le chargement et que l'effort simultané d'un grand nombre d'hommes ne suffise pas pour relever la voiture, on creuse devant les roues inférieures un logement d'environ 0^m,30 de profondeur destiné à recevoir ces roues relevées ; on passe autour de chacun des deux moyeux un cordage que l'on ramène entre les rais par dessus la voiture et ensuite entre les rais des roues supérieures ; on fait effort sur ces 2 cordages, pendant que des hommes agissent sur le coffre au moyen de forts leviers ; on relève la voiture lentement et on la ramène sur roues sans à-coup.

Gestion du matériel en campagne.

Réception. — Le matériel des parcs est délivré aux compagnies mobilisées par les entrepôts des écoles régimentaires.

Si le *harnachement* n'était pas en bon état, les officiers, qui auraient à le prendre en charge, exigeraient qu'il y fût fait sans retard, par le bourrelier abonnataire de l'entrepôt, toutes les réparations incombant à l'abonnement ; ou bien, en cas d'urgence, ils exigent qu'il leur soit remis une somme équivalente au montant de ces réparations, le major défendant les intérêts des compagnies, le commandant de l'école ceux de l'entrepôt.

Il est essentiel que le harnachement soit parfaitement ajusté.

ce que l'on cherche à obtenir en faisant des permutations entre les pièces des divers harnais de l'entrepôt.

Pour le matériel, contrôler surtout les *voitures*. S'assurer si les chaînes de bout de timon et de sabot d'enrayage ont la longueur voulue ; si les roues entrent bien dans les sabots. Voir si les hayons de derrière et de devant s'engagent bien dans les tourillons des ridelles ; si les têtards des timons de rechange entrent bien dans les fourchettes. Frapper sur les rais, particulièrement vers les pattes et les broches, pour s'assurer qu'ils ne sont pas fendus ; sur les jantes, pour s'assurer qu'il n'y a pas d'éclats à leurs joints ; sur les cercles de roues, les frettes et les cordons des moyeux pour voir s'ils s'appliquent bien sur les bois. *Examiner* si les épaulements des rais portent bien sur les moyeux et les couronnes circulaires ; sinon, exiger que les roues soient châtrées. S'assurer que les boîtes de roues jouent bien. Essayer les clefs à écrous et les écrous de rechange. Voir s'il ne manque pas de clavettes, rondelles, esses ou lanières. Faire *serrer à fond tous les boulons et toutes les vis*. Faire graisser les bandes circulaires et les fusées d'essieu.

Pour les *outils*, faire affûter avant le départ les outils tranchants et faire donner de la voie aux scies.

Gestion. — En campagne, les compagnies, qui ont en charge les outils portatifs et le matériel des parcs, ne touchent aucune prime d'entretien, l'entretien se faisant au moyen de réparations et de remplacements par les parcs de corps d'armée ou d'armée ; mais les compagnies n'en sont pas moins responsables des dégradations et pertes non justifiées par un service commandé, ou qui, provenant du fait de négligence ou de malveillance des hommes porteurs des outils, pourraient leur être imputées sur la solde ou sur la masse individuelle.

La comptabilité du matériel est la même qu'en temps de paix, les commandants des parcs faisant fonctions de chefs du génie, les commandants du génie des corps d'armée étant ordonnateurs.

Les parcs de corps d'armée servent de réserve pour assurer la fourniture des outils divisionnaires et de ceux nécessités par des entreprises excédant les moyens des parcs des compagnies. Un officier est chef de ce parc , et le commandant du génie du corps lui attache, comme comptable garde-magasin, l'un des adjoints du génie de l'état-major du corps d'armée.

S'il y a un parc du génie de l'armée, il alimentera à son tour les parcs de corps d'armée. Le commandant du génie de l'armée donne les ordres relatifs à la gestion de ce grand magasin, doté sur les fonds de guerre d'un budget convenable. Des délégations de crédits sur ce budget permettent aux commandants du génie (ordonnateurs) des corps d'armée de mettre les compagnies à même de recourir au besoin à l'industrie locale pour les réparations urgentes de leur matériel.

Le *harnachement*, contrairement à ce qui a lieu pour le matériel proprement dit, se trouve soumis au contrôle de l'intendance à partir du jour où il est mis en service dans une compagnie ; à partir de ce jour, la compagnie qui le prend en charge a droit à une prime d'entretien.

Le harnachement d'un parc de corps d'armée est pris en charge par le capitaine commandant la compagnie de réserve.

Les réparations en campagne (1) sont confiées à un bourrelier avec lequel le capitaine commandant la compagnie de réserve passe un marché pour les harnais des compagnies et du parc du corps. Ce bourrelier fournit les matières à un sapeur ouvrier en cuir pour réparer les harnais des demi-compagnies divisionnaires. Le marché cesse d'être exécutoire pour les demi-compagnies pendant le temps où leur éloignement les oblige à recourir au régime de clerc à maître.

Les outils et les caisses des bourreliers sont acquis à l'avance par les écoles qui, au moment de la mobilisation, les délivrent contre remboursement aux bourreliers des parcs de corps.

Les marchés pour l'abonnement du régime de campagne doivent être préparés en temps de paix par les soins des majors des

---

(1) Note ministérielle du 22 janvier 1879 réglant les dispositions à prendre pour l'entretien en campagne du harnachement de l'artillerie et des équipages militaires. Tarif du 30 juin 1878 pour les réparations.

régiments, ainsi que les tarifs y relatifs. Ils stipulent quelles sont les réparations qui seront exécutées par voie d'abonnement. Les autres seront payées d'après les tarifs en vigueur, augmentés de 25 0/0. On doit avoir soin d'emporter des imprimés ou au moins des modèles de bulletins de réparations.

L'abonnement est payé chaque mois d'après un état spécial. Le décompte en est fait d'après le nombre des harnais existants; le nombre des journées est calculé comme si chaque mois était de 30 jours, et le prix de la journée s'établit en divisant le prix annuel par 360.

Les réparations nécessitées par des cas de force majeure, lorsqu'elles ne sont pas de celles qui peuvent être attribuées à l'usure naturelle, doivent être constatées par le sous-intendant militaire. A cet effet, le capitaine établit un rapport qu'il adresse au sous-intendant avec un bulletin spécial.

S'il y a eu perte d'effets de harnachement par cas de force majeure, on se conforme aux prescriptions des articles 39, 40 et 44 du règlement du 19 novembre 1871 sur la comptabilité-matières (1).

---

(1) Art. 39. — Les événements de force majeure doivent être constatés par un procès-verbal dressé dans les vingt-quatre heures, soit par le sous-intendant militaire, si l'événement est arrivé dans le lieu de sa résidence, soit par l'autorité qui le supplée, dans les autres localités.

Tout procès-verbal dressé par un suppléant légal doit être homologué sans retard par le sous-intendant.

Art. 40. — Lorsqu'un événement de force majeure n'a pu être constaté de visu par le sous-intendant militaire ou par son suppléant, il est néanmoins constaté par un procès-verbal; mais dans ce cas l'acte est rédigé sous forme d'enquête.

Art. 41. — Les procès-verbaux doivent faire connaître :

1° Les quantités existant en magasin ou en route au moment de l'événement, d'après les livres, états de situations et pièces justificatives ;

2° Celles qui ont été conservées, perdues ou avariées;

3° Les démarches faites ainsi que les précautions prises par le comptable ou l'agent comptable des matières, soit pour les préserver de l'événement, soit pour les soustraire à l'ennemi par des dépôts chez des particuliers ou par la remise aux autorités locales ; dans ce dernier cas, le procès-verbal doit relater l'ordre donné pour l'abandon ou la destruction du matériel, ou les circonstances qui ont commandé la mesure adoptée.

DEUXIÈME PARTIE

Transports par chemins de fer.

Le commandant du corps d'armée envoie l'ordre et l'*itinéraire*; le sous-intendant du service de marche délivre autant de *bons* de chemin de fer qu'il y a de réseaux différents et la *feuille de route du détachement* (1).

Un *officier préposé au chargement* est désigné par le commandant de la troupe pour se mettre en rapport avec le chef de gare. 1° Il prend connaissance des dispositions arrêtées pour l'embarquement et le voyage : train par lequel doit partir à l'avance, s'il y a lieu, le logement; abord de la gare et accès des quais ou trottoirs désignés pour embarquer hommes, chevaux et matériel (2); emplacement pour la formation avant l'embarquement; mesures de police à prendre pour maintenir l'ordre et faire observer les consignes et défenses; accessoires pour l'embarquement, tels que ponts volants ou rampes; nombre d'auxiliaires militaires à adjoindre aux hommes d'équipe pour charger les bagages. 2° Il arrive une demi-heure avant la troupe avec les bagages; dirige le vaguemestre et les voitures sur le point d'embarquement des voitures; reconnaît le train; note l'affectation et la

---

(1) Un train militaire peut emporter la moitié des troupes et du parc du génie d'un corps d'armée.

Pour le personnel et le matériel d'un corps d'armée mobilisé, il faut environ cent trains.

(2) Pour l'embarquement simultané des chevaux et du matériel d'un train militaire de quarante voitures, dont chacune occupe 6m,50 à 7 mètres, il faudrait un quai de 300 mètres de longueur et de 4 mètres de largeur au moins.

contenance de chaque wagon dans leur ordre : locomotive avec tender, fourgon du chef de train, une partie des voitures de la troupe, voitures des officiers, seconde partie des voitures de la troupe, fourgon pour les bagages, s'il y a lieu, wagons pour voitures et chevaux, voiture à frein.

Un *sous-officier adjoint* numérote au fur et à mesure, à la craie, chacun des wagons et trucs, en suivant pour les hommes, les chevaux et le matériel une série distincte de numéros ; il ajoute, en regard des numéros d'ordre, la contenance des wagons.

Les *inscriptions* se font : 1° pour les wagons à voyageurs, sur le grand marchepied, entre les portières ; 2° pour les wagons à chevaux, sur le grand côté, à la place réservée à cet effet. Après l'embarquement, inscrire à côté du numéro d'ordre le numéro de la compagnie, reproduire toutes les inscriptions de l'autre côté des véhicules.

Le *chef de la troupe* prescrit la composition du logement et le train qu'il doit prendre, les mesures pour assurer les subsistances le jour du départ et pendant le trajet, la tenue, les mesures pour le transport des bagages à la gare par l'administration militaire, les interdictions.

Les troupes, avant le départ, reçoivent le pain de table pour toute la durée d'un trajet de moins de 48 heures ; dans un trajet plus long, une nouvelle distribution est faite à une station d'étapes. On emporte un repas froid, sur l'ordinaire, pour chaque journée à passer en chemin de fer. Aux stations haltes-repas, il est distribué chaque jour un repas chaud, chaque nuit un café chaud, distributions qui remplacent les rations de vivres et de chauffage qui auraient été dues pour la journée de la perception.

Le dernier repas des chevaux doit avoir lieu 2 heures au moins avant le départ ; faire boire après ce repas.

On emporte des fourrages pour 2 jours au plus ; après le 2° jour, les distributions doivent être assurées par l'administration militaire. Ration de fourrages en chemin de fer : 5 kilogrammes foin, 2 kilogrammes avoine. Laisser 2 bottes de foin dans chaque wagon à chevaux. Réserver un repas d'avoine pour faire manger le plus tôt possible après le débarquement.

Sont alloués en outre : 2ᵏ,500 paille de litière par cheval, 12 kilogrammes ou 7ᵏ,500 paille pour bottillons à faire à l'avance par le corps. Un bottillon pour 5 selles dans les wagons spéciaux, ou pour 4 dans les wagons à chevaux. Longueur d'un bottillon 1ᵐ,30 ou 0ᵐ,80 ; tour 1ᵐ,25 ; 3 liens.

Chevaux. — S'embarquent aux quais au moyen de ponts volants ; en pleine voie au moyen de rampes mobiles. Ils sont toujours dessellés et n'ont que la couverture et le surfaix. Les chevaux de trait conservent leurs harnais, les bricoles relevées pour éviter toute dégradation ou blessure. On répand de la litière sur les ponts volants et le plancher des wagons. On les fait entrer en commençant par les plus dociles ; on couvre la tête aux récalcitrants, et on les amène au wagon après plusieurs tours sur eux-mêmes.

Par wagon, 2 gardes d'écurie assis sur l'extrémité des bottillons porte-selles ou sur des strapontins; pendant la route, ils donnent le foin à la main : les bottes sont remplacées aux haltes. L'avoine est distribuée dans les musettes à la halte du repas. Pour abreuver, on passe les seaux aux gardes d'écurie par les fenêtres des wagons.

Le foin est toujours embarqué dans un wagon couvert spécial.

1° *Dans le sens parallèle à la voie.* Par wagon, 8 chevaux (2 rangs de 4), les têtes tournées vers le milieu du wagon, attachés par leurs longes aux anneaux des traverses du plafond, chaque rang limité par une corde-poitrail attachée aux anneaux des montants de porte des wagons. — *Selles*, étiquetées à l'avance, rangées dans l'intervalle, avec les deux bottes de foin et les sacs d'avoine, sur 2 piles établies chacune sur un bottillon de 1ᵐ,30.— Les gardes d'écurie débrident lorsque les chevaux sont calmés et le train en marche. Les *brides*, soigneusement attachées, sont placées sur les selles.

2° *Dans le sens perpendiculaire à la voie.* Mode applicable aux wagons de moins de 5ᵐ,40 de long, ne portant pas d'indication de contenance : calculer la contenance en admettant qu'un cheval dessellé ou un cheval de trait avec ses harnais occupe une largeur de 0ᵐ,65. — Porter d'abord dans des wagons spéciaux les *selles*.

les sacs d'avoine et les porte-manteaux, les y ranger le long des grands côtés par piles de 5 ou 6 selles, chaque selle de dessous placée d'aplomb sur un bottillon de 0^m,80. — Chevaux rangés la tête opposée à la porte. Les hommes les attachent court par leurs longes aux anneaux de muraille du wagon, les débrident et emportent les *brides* qu'ils gardent avec eux.

Voitures. — Sont embarquées à l'avance, par des hommes de la troupe aidés de quelques hommes d'équipe, sous la surveillance de l'officier préposé au chargement. Le corps a dû se pourvoir à l'avance de bottillons de paille de 0^m,80, à raison de **2** par truc, pour amortir le choc des roues sur les planchers.

Voitures régimentaires modèle 1874 : se placent **2** sur un truc, les limonières au centre reposant sur le plancher et croisées.

Fourgon modèle 1874 : se charge autant que possible sur un même truc avec une voiture régimentaire. L'avant de chaque voiture est placé au centre du truc, les roues touchant les longs côtés, la limonière de la voiture à 2 roues entre le corps de la voiture et la roue de l'avant-train de celle à 4 roues.

Voitures de sapeurs-mineurs : 1 par truc de petite dimension, 2 par truc d'au moins 5^m,30 sur 2^m,83. Pour ce dernier chargement, si l'on ne dispose pas d'une grue, opérer comme il suit :

1° A quai, par le petit côté (1 sous-officier, 9 hommes). Engager la 1re voiture, l'avant-train en arrière, les roues touchant le bord intérieur du truc à droite ; la pousser au bout de la plateforme, tourner l'avant-train sur place jusqu'à ce que son essieu soit dans l'axe de la voiture ; enlever le timon. Engager la 2e voiture, l'avant-train en avant, après avoir enlevé le timon, les roues près du bord de gauche, jusqu'à ce que la roue de droite touche celle de la 1re voiture qui se trouve en avant et en travers du truc; faire pivoter l'avant-train, la roue de gauche en avant, de manière qu'elle se trouve entre la roue et le corps de la 1re voiture, l'essieu dirigé suivant l'axe de la caisse. Si la 2e voiture n'est pas assez avancée, soulever les roues de l'avant-train au moyen de leviers et les porter en avant jusqu'à ce que les roues de derrière soient sur le wagon.

2° **A quai, par le grand côté** (1 sous-officier, 12 hommes). Relier le truc au quai par 2 ponts volants placés vers l'extrémité du truc du côté où sera l'avant-train après le chargement. Engager un peu obliquement la 1re voiture par l'arrière, faire monter les 2 roues jusqu'au rebord sans faire franchir, placer l'avant-train parallèlement au truc, enlever le timon. Faire franchir aux roues d'arrière-train le rebord du truc, puis, en même temps qu'on fait monter les roues de l'avant-train, riper tout l'arrière-train sur le truc, vers le rebord du côté du quai, en le faisant tourner de manière à le placer parallèlement au grand côté du truc. Opérer d'une manière analogue pour la 2e voiture.

3° **En pleine voie, par le petit côté** (1 sous-officier, 15 hommes). Relier le truc au sol par une rampe mobile. Attacher 2 cordes de 8 à 10 mètres au brancard du coffre ou à l'essieu de l'arrière-train près des moyeux. Engager à bras les roues d'arrière sur la rampe, enlever le timon ; 2 hommes calent successivement les roues d'arrière au fur et à mesure qu'elles montent ; tirer sur les cordes pour faire gravir à la voiture la rampe, et faire franchir le rebord par les roues d'arrière-train bien ensemble, etc.

Voitures de parcs de corps d'armée et d'armée : chargements analogues.

Caisses de bât : en les embarquant, avoir soin d'éloigner les amorces de la dynamite ; p. e : en plaçant les caisses n°s 3 et 4 sur d'autres wagons que les caisses blindées.

Quand tout le matériel est chargé, on le fixe au moyen de cales et de jarretières ; on brelle les roues et les timons au moyen de cordages dont les trucs sont munis : c'est ce qui s'appelle *prolonger le train*. Ce soin revient aux employés de chemin de fer.

Bagages. — Sont embarqués par des hommes de la gare, aidés par quelques hommes de corvée pris dans la troupe à embarquer.

Troupe. — Dans les wagons à voyageurs, 10 places pour 8 hommes. Dans les wagons à marchandises aménagés pour le transport des hommes, le chiffre de contenance inscrit sur les wagons est applicable au génie avec une réduction de 2/10.

Arrivée de la troupe au point d'embarquement 3/4 d'heure avant le départ. L'officier préposé au chargement remet au commandant un état indiquant : composition du train, contenance, affectation et numéros des véhicules. Fractionnement de la troupe en groupes de 8, ne comprenant chacun pas plus de deux porteurs de pelle. En marche par le flanc, chaque groupe devant son wagon, halte et front sans dédoubler A la sonnerie : *Garde à vous, en avant*, ôter les sacs, les fusils dans la saignée du bras, ramener les cartouchières en avant. Un homme monte en wagon, on lui passe successivement les sacs à manche de pelle ; il fait couler les manches d'outils jusqu'au bout et place ces sacs sous chacune des 2 banquettes, le manche d'outil contre la séparation ; les autres sacs sont placés successivement, 2 à plat sur chaque banquette, les manches d'outils appuyés contre la portière, les uns la pattelette en dessus, les autres la pattelette en dessous. Les 2 derniers sacs sont dressés sur les précédents et appuyés contre la paroi du wagon, la pattelette en dehors. Puis les hommes prennent (place, le fusil entre les jambes, la crosse sur le plancher,

Commandant du détachement. — Il remet, à son arrivée à la gare, au chef de gare le *bon*, après avoir signé la mention relative à l'exécution ; en échange il reçoit le *billet collectif*, et cet échange a lieu à chaque changement de réseau. Il redemande, pendant la route, au chef de train le bon susdit, s'il y a lieu à mutations ou à observations.

Les mutations sont inscrites au dos du billet collectif, signées par le chef du détachement et le chef de la gare où a lieu la mutation.

Le commandant, avant de monter lui-même en wagon, passe une inspection rapide du train, accompagné de l'officier préposé au chargement, du chef de gare et du chef de train.

Haltes et stations. — 1° De 5 à 10 minutes. L'officier préposé au chargement s'assure rapidement que tout est en ordre dans le train.

2° De 10 à 15 minutes. Les officiers rapidement à hauteur des wagons de la troupe ; sentinelles pour empêcher de circuler sur les voies et de sortir de la gare. A la sonnerie *Halte*, les hommes descendent à volonté, sans armes, par la portière du côté du trottoir. **Trois** minutes avant le départ : *En avant*, remonter. Visite des chevaux et du matériel par l'officier préposé au chargement.

3° Aux haltes où doit être donné un repas chaud, la troupe est conduite en armes et sac au dos par les officiers de semaine, dans le cas où le repas n'est pas tenu prêt à la gare même.

Arrivée. — Les hommes, prévenus à la station précédente par les agents du chemin de fer, sont prêts. Le chef du détachement fait reconnaître la gare et ses issues, placer les sentinelles nécessaires, désigner le détachement des bagages. A la sonnerie : *Garde à vous, marche*, les hommes descendent, se forment comme pour l'embarquement, et sont conduits hors de la gare où les compagnies se reforment. Un sous-officier, avec un agent du chemin de fer, visite le train. Le vaguemestre et les auxiliaires au quai de déchargement : débarquer d'abord les chevaux d'officiers, puis les voitures et les bagages.

Arrivé à destination, le chef du détachement remet à son chef hiérarchique le *billet collectif* ainsi qu'un *bulletin de renseignements*.

S'il s'agit d'un transport de concentration, les troupes doivent toucher en débarquant le pain de table nécessaire pour les aligner à 2 jours, comme elles l'étaient au départ.

Orientation.

1° Au moyen de *guides* : gardes champêtres, cantonniers, douaniers, forestiers, chasseurs, bergers, facteurs, voituriers, etc. Proverbe : « Le plus mauvais guide vaut mieux que la plus belle carte. »

2° Au moyen de *cartes*.

Sur la carte de France au $\frac{1}{80,000^e}$, les clochers représentés par un petit cercle avec un point noir au milieu ont servi de points trigonométriques, et par conséquent s'aperçoivent de loin dans la campagne ; inversement, si leurs sommets sont accessibles, ce son des observatoires excellents.

Les voies de communication en France se classent en : routes nationales, routes départementales, chemins vicinaux de grande communication, chemins vicinaux de moyenne communication ou d'intérêt commun, chemins vicinaux ordinaires, chemins ruraux ou d'exploitation, sentiers. Les signes conventionnels de la carte au $\frac{1}{80,000^e}$ (ancienne édition) ne distinguent guère que les 4 premières classes, encore le classement a-t-il souvent varié ; les chemins vicinaux ordinaires aussi bien que les chemins ruraux y sont représentés par un simple trait plein, les sentiers par un trait pointillé.

Sur la nouvelle édition zincographique mise à jour, les routes nationales et départementales ainsi que les sentiers sont figurés comme dans l'ancienne édition. Les chemins carrossables y sont représentés par 2 lignes pleines parallèles plus rapprochées que pour les routes départementales ; les voies romaines par 2 lignes parallèles en traits discontinus ; les chemins dont la viabilité n'est pas certaine par 2 lignes parallèles, l'une pleine et l'autre en traits discontinus ; les chemins d'exploitation par une ligne pleine.

D'ailleurs au point de vue militaire, il importe surtout de connaître le degré de praticabilité d'une voie pour les différentes armes et sa largeur : or, la largeur est variable dans une même classe, et le degré de praticabilité dépend du plus ou moins bon état d'entretien. Les routes et chemins jusqu'aux chemins vicinaux ordinaires sont empierrés ; ces derniers peuvent ne pas l'être.

Le numérotage des routes nationales roule sur toute la France, celui des routes départementales sur tout un même département ; les chemins de grande ou moyenne communication ont chacun leur numérotage distinct qui roule sur tout un département ; les chemins vicinaux ordinaires (peu nombreux) ont leur numéro d'ordre par commune.

Les bornes kilométriques des routes et chemins ont un point d'origine assez variable : pour Paris, c'est Notre-Dame ; pour d'autres localités c'est l'hôtel de ville, l'église principale ou un point remarquable. Le numérotage des bornes se suit tant que la route ne change pas de numéro d'ordre. — Lorsqu'une route nationale est embranchée sur une autre route nationale, le numérotage de ses kilomètres commence à la bifurcation, mais la route du numéro d'ordre le moins élevé continue sa série de numéros. Ce principe s'applique également aux routes départementales et aux chemins vicinaux. Lorsqu'une route nationale en rejoint une autre d'un numéro moins élevé, par suite plus ancienne, et lui emprunte une partie de son parcours, le numérotage de la première cesse sur tout le parcours commun pour reprendre ensuite à partir du point de séparation.

3° Au moyen de la *boussole*. La déclinaison, actuellement occidentale, diminue d'environ 9' par an. Au 1er janvier 1879, elle était : Paris et Lille 16°56', Laon 16°28', Mézières 16°04', Nancy et Metz 15°13', Belfort 14°34', Strasbourg 14°25'.

4° A l'aide d'une *montre* et de l'observation du *soleil* : 6 heures du matin, soleil est ; 9 heures du matin, soleil sud-est ; midi, soleil sud ; 6 heures du soir, soleil ouest.

5° Au moyen de l'*ombre portée* par l'observateur : le soleil est vers le sud quand cette ombre est très petite.

6° Au moyen des *églises*, généralement orientées est-ouest, l'autel à l'est, le clocher à l'ouest.

7° La *nuit*, au moyen de la *polaire*, petite étoile brillante à l'extrémité de la queue de la Petite Ourse : on la trouve en prolongeant, du côté de la convexité du timon de la Grande Ourse, la ligne formée par les 2 roues de derrière du Chariot de 4 à 5 fois sa longueur.

8° La *nuit*, au moyen de la *lune* et d'une *montre* : la pleine lune est à 6 heures du soir, à l'est ; à minuit, au sud ; à six heures du matin, à l'ouest. Dans son premier quart, la lune est à 6 heures du soir, au sud ; à minuit, à l'ouest. Dans son dernier quart, elle est à minuit à l'est, à 6 heures du matin au sud. (Pendant la période croissante, la lune a la forme d'un D ; elle est visible au coucher du soleil. Pendant la période décroissante, elle a la forme d'un C : elle se lève de plus en plus tard après le coucher du soleil).

Avant-postes.

Partie fixe protégeant contre toute surprise. Partie mobile : patrouilles et rondes.

Force, un tiers à un quart de la troupe à couvrir : pour un corps d'armée, 1 brigade ; pour une division, 1 régiment ; pour une brigade, 2 bataillons ou escadrons ; pour un régiment, 1 bataillon ou escadron ; pour un bataillon, 1 compagnie ; pour une compagnie, 1 section.

Similitude des *dispositifs* d'avant-postes, de marche, de combat en 1re ligne :

Avant-postes	*Marche*	*Combat*
Sentinelles.	Eclaireurs.	Tirailleurs.
Petits postes.	Pointe d'avant-garde.	Renforts.
Grand'gardes.	Tête d'avant-garde.	Soutiens.
Réserve d'avant-postes.	Gros de l'avant-garde.	Reserve.

Sentinelles : doubles en général, fournies par un tiers ou un quart de l'effectif des petits postes ; *petit poste*, 1 ou 2 escouades ou 1 section ; *grand'garde*, 1 compagnie, détachant 1 section ou 1 peloton en petits postes.

Eloignement des avant-postes : calculé pour que le canon ennemi ne puisse pas atteindre la troupe à couvrir et que celle-ci ait le temps et l'espace nécessaires pour prendre ses dispositions. Pour un corps d'armée, les sentinelles à 5 ou 6 kilomètres des cantonnements ou bivouacs les plus avancés ; pour une brigade, à 3 ou 4 kilomètres ; pour un bataillon ou une compagnie, à quelques centaines de mètres.

Echelonnement : petits postes à 200 mètres au plus des sentinelles doubles ; grand'gardes à 7 ou 800 mètres au plus des petits postes ; réserve à 1,000 ou 1,200 mètres au plus des grand'gardes. Distances plus grandes pour les avant-postes de cavalerie.

Espacement : sentinelles doubles espacées de 300 mètres au plus, petits postes de 700 à 800 mètres au plus, grand'gardes de 1 kilomètre au plus.

Numérotage de la droite à la gauche des grand'gardes, des petits postes de chaque grand'garde, des sentinelles doubles ou vedettes de chaque petit poste.

A la disposition du commandant des avant-postes un *détachement de cavalerie*, et, s'il y a lieu, *de l'artillerie*.

Troupes à désigner pour fournir les avant-postes : en stationnement de marche, l'avant-garde ou l'arrière-garde et les flancs-gardes ; en station, de préférence les troupes que leur position désigne naturellement pour ce service.

Commandant des avant-postes. — Relève du commandant du corps principal à couvrir, reçoit de lui le mot et les instructions.

Reconnaît rapidement le terrain, désigne l'emplacement de la réserve et en détache les grand'gardes avec leurs instructions. Visite et rectifie les grand'gardes après leur placement ; place des relais de cavaliers pour se relier avec les grand'gardes et le corps principal ; se tient à la réserve, ou, à défaut, à une grand'-garde. Envoie au commandant du corps principal un rapport avec croquis sur l'établissement des avant-postes ; fixe les heures des rapports des grand'gardes ; vérifie ceux-ci en les transmettant. Prévient, en cas d'attaque, le commandant du corps principal en lui faisant connaître la force de l'assaillant, et ne se retire que sur un ordre.

Réserve d'avant-postes. — Force : un tiers ou la moitié ou même les trois quarts de l'effectif total des avant-postes.

Etablie au bivouac ou, autant que possible, dans un village, sur une bonne position centrale près de la route principale de l'ennemi ou d'un nœud de communications. Conserve avec elle ses équipages ; distributions sur place. Troupe toujours prête à prendre les armes, chevaux toujours sellés ; la nuit personne ne se déshabille. Sonneries en cas d'alarme seulement.

Fournit, outre les grand'gardes, les postes spéciaux et les patrouilles de reconnaissance jugés nécessaires, et une garde de police ; la fraction de jour fournit des vigies.

Grand'gardes. — Le commandant d'une grand'garde reçoit du commandant des avant-postes le mot, les instructions et les indications sur la position à prendre. Arrivé sur le terrain, il s'oriente, envoie un quart de sa troupe en patrouilles de découverte, un quart en petits postes, en donnant à chaque chef ses instructions ; choisit l'emplacement définitif de la grand'garde, laquelle reste sous les armes jusqu'après l'établissement des petits postes ; prescrit s'il y a lieu des travaux de défense. Visite et rectifie les petits postes, interroge les gens du pays. Après la rentrée des patrouilles de découverte, il envoie au commandant des avant-postes un croquis avec légende indiquant les dispositions prises et les renseignements recueillis. Il doit envoyer des rondes et en faire lui-même.

Fractionnement : un quart petits postes, trois quarts grand'-garde dont deux tiers au repos ou en patrouilles de découverte et un tiers de garde spéciale, sous le commandement d'un officier, pour fournir la sentinelle devant les armes et celles nécessaires pour observer les signaux des petits postes.

La grand'garde est au bivouac ou dans des rez-de-chaussée bien disposés ; ni sonneries, ni cris ; les feux bien dissimulés. La soupe des petits postes est faite à la grand'garde ; les fourriers seuls peuvent s'éloigner pour aller à la réserve recevoir les denrées qui sont envoyées à la grand'garde par les soins du commandant des avant-postes. — Le déplacement pour la nuit, s'il y a lieu, se fait à la chute du jour, en prévenant les petits postes et le commandant des avant-postes.

Consigne générale : avis à donner aux postes voisins et au commandant des avant-postes des mouvements de l'ennemi.

Consignes spéciales, données seulement par le commandant des avant-postes ; ont droit à en avoir communication : les généraux, les officiers de l'état-major du corps d'armée, de la division et de la brigade, et les officiers supérieurs sous les ordres directs desquels est la troupe de service aux avant-postes.

Défense de sortir des lignes : les porteurs de laissez-passer sont envoyés par le commandant de la grand'garde au poste d'examen. Les gens qui veulent entrer dans les lignes doivent se faire connaître au poste d'examen qui les fait conduire au commandant de la grand'garde : celui-ci les envoie, s'il y a lieu, au commandant des avant-postes.

Alerte donnée par un petit poste : un officier va reconnaître : ne prévenir le commandant des avant-postes et les grand'gardes voisines que si l'attaque paraît sérieuse.

Coup de feu sur la ligne des sentinelles : envoyer des explications au commandant des avant-postes et aux grand'gardes voisines.

En cas d'attaque, recueillir les petits postes ou se porter à leur secours, suivant les ordres reçus ; défense opiniâtre ; retraite seulement sur l'ordre du commandant des avant-postes.

Le matin, après la rentrée des patrouilles, *rapport* au commandant des avant-postes et informations données aux grand'-gardes voisines.

Relèvement des petits postes : en station, au point du jour, après le repas du matin et avant la tombée de la nuit ; en stationnement de marche, la nuit.

Relèvement d'une grand'garde : son commandant renseigne son successeur et parcourt le terrain avec lui.

Petits postes. — *Emplacements* masqués, mais permettant la surveillance et une communication facile avec les sentinelles et les grand'gardes.

Le *chef de petit poste* reçoit du commandant de sa grand'garde le mot d'ordre et le mot de ralliement, les signaux de reconnaissance, les instructions sur son service et sa surveillance, les renseignements sur l'ennemi, etc. Il répartit son poste : 3/4 sentinelles (4 poses), 1/4 patrouilles. Il place la 1re pose des sentinelles sous la protection de patrouilles de 3 hommes, donne aux sentinelles le mot de ralliement, les signaux, etc.

Puis, former les faisceaux, sacs à terre ; garder l'équipement ; défense de faire du feu, de fumer, de crier, de dormir. Un homme, relevé toutes les demi-heures, observe et répète les signaux des sentinelles. Envoyer un homme à la grand'garde faire savoir que le service est installé.

S'il faut changer d'emplacement pour la nuit, occuper à la dé-

robée le nouvel emplacement reconnu ; relever ensuite les sentinelles.

La soupe est mangée à la grand'garde au relèvement.

Consigne générale : informer les postes voisins et les grand'-
gardes des mouvements de l'ennemi at lui opposer une première
résistance ; empêcher de franchir la ligne sans autorisation ; envoyer au poste d'examen tous les inconnus qui veulent entrer.

Découverte de l'ennemi : aux armes, sans bruit. Le chef de
poste va reconnaître personnellement ; il envoie un homme prévenir la grand'garde, si l'ennemi est en force ; s'il n'a affaire
qu'à une petite patrouille, il tâche de l'attirer dans une embuscade
pour lui faire des prisonniers.

Coup de feu sur la ligne : envoyer des explications à la grand'-
garde.

Petit poste attaqué par une force supérieure : résiste sur place
ou se replie en combattant sur la grand'garde, suivant les ordres
reçus.

Postes d'examen.— Etablis sur les principales voies de communication, par les soins des grand'gardes les plus voisines.
Un officier chef de poste. Mêmes consignes générales que les
petits postes. Consignes spéciales : vérifier les laissez-passer,
constater l'identité des personnes qui franchissent. la ligne, et
faire conduire les suspects à la grand'garde.

Parlementaire (1). — Le chef de poste va le reconnaître,
expédie ses dépêches au commandant de la grand'garde, qui en
délivre reçu et les fait parvenir au commandant des avant-postes;
au retour du reçu, le parlementaire et son trompette, qui ont dû
rester le dos tourné à la ligne des sentinelles, sont renvoyés sans
délai.

Si le parlementaire demande à être introduit, il est conduit au

---

(1) Un officier envoyé en parlementaire emmène, outre son escorte,
un trompette et un brigadier porteur d'un drapeau blanc qui le pré-
cèdent de 25 mètres. A petite portée des sentinelles, il s'arrête, fait
sonner 3 appels, puis remet ostensiblement son sabre au fourreau. Au
retour il doit s'en aller au pas.

poste d'examen avec son trompette, les yeux bandés, pour attendre l'ordre d'introduction ; puis, les yeux bandés, à la grand'garde ; de là, un officier l'accompagne à la réserve et ensuite auprès du commandant du corps principal et au quartier général. Retour par le poste d'examen, où le trompette a été retenu. Défense absolue de communiquer avec le parlementaire et son trompette.

Vigies. — Postes d'observation, fournis par les grand'gardes ou la réserve, commandés par un sous-officier ou un officier ; établis en des points dominants. En arrière de la ligne, le poste ne comprend que quelques hommes : en avant de la ligne, poste assez fort pour pouvoir résister, ou mieux quelques cavaliers prêts à sauter en selle. Consignes spéciales données par l'état-major.

Sentinelles. — Placées sur les grandes lignes du terrain à peu près parallèles au front des troupes à couvrir, et de manière à voir sans être vues. Elles sont formées de groupes de 2 hommes. Le chef de leur petit poste leur communique les consignes, le mot de ralliement et les signaux.

Sac au dos, fusil chargé : défense de fumer et de s'envelopper la tête. La nuit, un des 2 hommes explore le terrain jusqu'au groupe voisin, pendant que l'autre observe. Indices : nuages de poussière, fumée, feux, roulement de voitures, aboiements insolites, etc. Un des 2 hommes va prévenir le poste.

Personnes voulant franchir la ligne : Halte-là ! Halte-là ! Feu ! Prévenir le poste.

Parlementaire : l'arrêter à 100 mètres, face à l'extérieur ; prévenir le poste.

Déserteurs ennemis : faire signe de déposer les armes, sinon : *Feu !* Prévenir le chef de poste, qui les fait conduire à la grand'garde où ils sont interrogés ; de là ils sont envoyés au commandant des avant-postes et à celui du corps principal.

Rondes et patrouilles. Le jour, les laisser passer sans formalité. La nuit : *Halte-là ! Halte-là ! Feu !* ou *Halte-là ! Qui vive ? —* *France ! Ronde ou patrouille ! — Avance au ralliement !*

Approche de l'ennemi : prévenir le poste. Si l'ennemi est en force, faire feu à bonne portée, résister sur place ou se replier.

suivant les ordres reçus. S'il ne s'agit que d'une patrouille, les sentinelles la laissent approcher et cherchent à l'envelopper et à l'enlever à l'aide du petit poste.

Sentinelle surprise : Feu! Feu! sans hésiter.

Chaque fois que les interpellations doivent se faire par signaux, ce sont les sentinelles qui font les premières un signal, auquel il doit être répondu par un signal convenu.

Si l'on ne connaît pas le mot, répondre : *France !* Le chef du petit poste prévenu vient reconnaître.

Avant-postes irréguliers. — Une troupe peu nombreuse se couvre par des postes de 4 hommes établis auprès des chemins.

En terrain très accidenté, on remplace les sentinelles doubles et les petits postes par des postes de 4 hommes placés à 3 ou 400 mètres en avant des grand'gardes : un homme en sentinelle, les autres cachés à quelques pas en arrière. Sentinelles relevées toutes les heures, postes toutes les 4 heures.

Dispositions diverses. — Les généraux et les chefs d'état-major peuvent seuls déplacer et employer les avant-postes des troupes sous leurs ordres.

Lorsque les généraux visitent les avant-postes, la garde de police à la réserve et les gardes de surveillance dans les grand'gardes prennent les armes et rendent les honneurs, sans batterie ni sonnerie. Les petits postes et les sentinelles de première ligne ne rendent pas d'honneurs.

Marches.

Compagnie isolée. — La veille du départ, un ordre de détail fixe l'heure du départ du logement (s'il y a lieu), l'heure du départ de la compagnie, la tenue, l'alimentation, le nom des hommes qui doivent entrer à l'ambulance ou de ceux dont les sacs doivent être portés pendant la marche, etc. Les vivres et les fourrages sont distribués, autant que possible, la veille du départ.

Les chevaux reçoivent avant le départ 1/4 de la ration d'avoine.

Le premier (aux champs) est battu une heure avant le départ. Une demi-heure avant le départ, on fait atteler le parc et charger les fourrages ; le vaguemestre fait atteler les voitures régimentaires. Au rappel, la compagnie se forme à la place prescrite, pour l'inspection des officiers : on fournit au commandant du génie en double un état numérique des présents comprenant les mutations, et on remet à la gendarmerie les noms des manquants.

Dispositif de marche. Eclaireurs : 2 hommes. — 100 mètres. — Pointe : 1 escouade. — 200 mètres. — Tête : 1 escouade. — 250 mètres. — Gros d'avant-garde : 1/2 section. — 300 mètres. — Compagnie, parc et équipages : 3 sections, moins une escouade ; 6 voitures, 2 chevaux de bât, 1 cheval haut-le-pied. — 200 mètres. — Arrière-garde : 1 escouade. — 100 mètres. — Pointe d'arrière-garde : 2 hommes, 1 sous-officier. Le guide, s'il y en a un, à la tête d'avant-garde. L'arrière-garde recueille les traînards, et prête main forte aux voitures en détresse.

Ce dispositif de sûreté en marche suffit également pendant les petites haltes. Si l'on doit s'arrêter plus longtemps, on s'établit en *halte gardée* : les éclaireurs en sentinelles, la pointe en petit poste, etc.

Ordre de marche : par le flanc à rangs doublés sur la droite de la route, les voitures sur une file, avec intervalles de 1 mètre, suivies des chevaux de bât et des chevaux haut-le-pied.

Vitesse sur un bonne route : le kilomètre en onze minutes,

Des *haltes horaires*, de 10 minutes, ont lieu après 50 minutes de marche : elles se font en dehors des villages, en des endroits abrités, les faisceaux formés sur le côté droit de la route, les sacs à terre.

A la première halte, on resserre les sangles des chevaux qui se sont dégonflés, mais aux haltes suivantes, il est bon de ne pas les resserrer, même si elles prennent du jeu. A chaque halte, on fait assurer les selles et les charges et visiter les pieds des chevaux.

Pendant la route, les sapeurs-conducteurs restent à cheval, sauf dans les montées. Les traits doivent toujours rester également tendus, même dans les descentes et les tournants, pour éviter que les chevaux de derrière ne s'empêtrent. Les hommes haut-le-pied sont chargés de la manœuvre des sabots d'enrayage dans les descentes (1). Dans les descentes, les conducteurs du timon dirigent seuls les voitures, les autres empêchent leurs chevaux de tirer ; dans les descentes rapides, on peut dételer les chevaux de devant.

Toute voiture, à laquelle il arrive un accident, quitte la file sous la conduite d'un gradé, qui la ramène à sa place de colonne aussitôt qu'il a pu la faire remettre en état de marcher.

Un cheval ou une voiture qu'on est obligé d'abandonner dans une localité sont confiés, contre reçu, à l'intérieur, au maire ou à la gendarmerie, et en pays ennemi aux représentants de l'autorité municipale, en les prévenant qu'ils en demeurent responsables.

Si l'étape est de plus de 22 kilomètres, on fait, vers les 2/3 du chemin, une *grand'halte* d'une heure, dans un village, à moins que la proximité de l'ennemi ne s'y oppose. Les chevaux sont débridés, les sangles desserrées, les chevaux de bât débâtés ; on donne un peu de foin, un quart d'heure après l'on fait boire et l'on donne 1/4 de la ration d'avoine.

A la dernière halte avant d'arriver à destination, on commande tout le service : gardes, corvées, distributions, etc (2).

---

(1) A défaut d'hommes haut-le-pied, la manœuvre du sabot est faite par le conducteur de derrière dans une voiture à 4 chevaux, par le conducteur du milieu dans une voiture à 6 chevaux.

Pour enrayer, dégager le T du trou à T, décrocher le sabot du crochet porte-sabot et le poser à terre, parallèlement à la voiture de manière que la roue puisse venir s'engager entre les oreilles.

Pour désenrayer, dégager la clef de la maille à talon et de la grande maille pour allonger la chaine et permettre au sabot d'échapper. On désenraye sans arrêter, on laisse le sabot trainer à terre, et l'on attend qu'il ne soit plus chaud pour l'accrocher par l'anneau de suspension au crochet porte-sabot ; on passe le T dans le trou à T et l'on engage la clef dans la grande maille et dans la maille à talon.

Par un fort verglas, si les sabots fonctionnent mal, on peut faire retenir les voitures par des cordages de retraite.

(2) « Rien ne dégoûte plus le soldat, quand il s'est installé au gîte, que de se voir arraché brusquement à son repos, et dans l'obligation de refaire son paquetage pour se rendre à un service commandé après coup. » (Lieut.-colonel Pierron. *Les Méthodes de guerre actuelles et vers la fin du XIXe siècle*).

Soupe : mangée une fois par jour. Soupe le matin, si le départ a lieu vers 9 heures ; en route, boisson hygiénique des petits bidons ; à la grand'halte, café ; le soir, café ou soupe à l'oignon ou au lard et viande froide. Soupe le soir, si le départ a lieu avant 9 heures ; en ce cas, avant le départ, café ou repas de conserves; à la grand'halte, repas de viande cuite la veille (1). Si la viande fraîche a été distribuée la veille du départ, on la place pendant la marche sur une voiture en l'enveloppant d'herbes ou de feuillage.

Division d'infanterie en 1ʳᵉ ligne sur une seule route. — La colonne est fractionnée en groupes dont les têtes font, après 50 minutes de marche, des *haltes simultanées* de 10 minutes, pendant lesquelles on reprend les distances en serrant sur la tête dans chaque groupe. Les montres des chefs de corps sont exactement réglées sur l'heure du quartier général au moment du passage au *point initial* de la division, où se tient un officier d'état-major.

La vitesse moyenne de la marche est de 3600 mètres à l'heure (halte horaire comprise), soit 1 kilomètre en 13 à 14 minutes, ou 72 mètres en 1 minute de marche effective.

L'ordre du général de division fait connaître : la direction suivie par la colonne, la longueur probable de l'étape, les difficultés de la route et les points où l'on trouvera de l'eau, le point initial de la marche et les heures où chaque groupe doit y présenter sa tête de colonne, l'heure de la première halte horaire, le lieu et la durée de la grand'halte, la place où se tiendra le commandant de la colonne pendant la marche, la répartition des cantonnements à l'arrivée, etc.

Le capitaine commandant la demi-compagnie divisionnaire du génie, connaissant la distance de son cantonnement ou bivouac au point initial fixé, et l'heure où la tête d'avant-garde doit se présenter à ce point, pourra fixer l'heure de la mise en marche de sa troupe.

---

(1) Il est interdit de consommer les vivres du sac sans un ordre exprès du commandement.

Celle-ci occupe en colonne une longueur de 72 mètres, y compris l'allongement de 1/4 ; la durée de son écoulement est d'environ 1 minute (102 caporaux et soldats occupant 35 mètres ; 1 voiture à 4 chevaux et distance, 12 mètres ; officiers montés, 4 mètres ; 1 mulet de bât, 3 mètres ; total 54 mètres, plus 18 mètres d'allongement).

Le sergent vaguemestre ne fait atteler les voitures régimentaires que pour le moment où elles doivent rompre, suivant l'ordre donné par le capitaine commandant la force publique, pour prendre leur place, dans la colonne du *train régimentaire*, derrière les 14 voitures du quartier général.

Dans le cas où l'ordre de la division aurait prescrit un ravitaillement préalable du train régimentaire, le lieutenant officier d'approvisionnement conduirait, à l'heure fixée, les 2 voitures, avec des hommes de corvée, au centre de distribution indiqué, où elles trouveraient une section du *convoi administratif* de la division qui aurait rejoint pendant la nuit : elles y compléteraient leurs deux jours de vivres pendant l'écoulement de la colonne de combat, l'officier d'approvisionnement remettant au comptable du convoi un récépissé, visé par le sous-intendant, des denrées qu'il reçoit en bloc et signant le registre des visites comme officier de distribution ; les hommes de corvée resteraient avec le train régimentaire pendant la marche.

Pendant la marche, les éclopés qui reçoivent la permission de s'arrêter laissent leur fusil à un camarade : ils sont recueillis par la voiture d'ambulance qui se trouve à la queue du gros de la division. Les traînards qui refusent de marcher sont remis par les gendarmes à cheval du détachement de police au détachement de prisonniers placé en tête du train régimentaire.

Ordre de marche normal.

3. Avant-garde.

Pointe. | Peloton de cavalerie, s'éclairant lui-même.
Distance : 500 mètres.

Tête d'avant-garde.
1 compagnie du bataillon tête d'avant-garde.
Distance : 300 mètres.
Les 3 autres compagnies du bataillon suivies chacune de leur cheval porteur d'outils.
La demi-compagnie du génie avec son parc.
Distance : 600 à 800 mètres.

Gros de l'avant-garde.
État-major de la 1re brigade et un peloton de cavalerie.
État-major, 2e et 3e bataillons du régiment d'avant-garde.
Batterie ou batteries montées.
Détachement d'ambulance (14 mulets, 5 voitures Masson).
Campement de la division, ou bien section d'infanterie.
Distance : 3,000 à 3,500 mètres.

Gros de la division.
État-major de la division et escorte.
Peloton de cavalerie.
1er bataillon du 2e régiment.
Batteries restantes de la division.
État-major, 2e et 3e bataillons du 2e régiment.
État-major de la 2e brigade et 3e régiment.
4e régiment moins l'arrière-garde.
Le reste de l'ambulance (58 mulets, 25 voitures).
Section de munitions d'artillerie (34 voitures).
— d'infanterie (35 voitures).

} Train de combat

Détachement de police, avec un médecin, des gendarmes à cheval et une voiture d'ambulance.
Distance : 800 mètres.

<table>
<tr><td>Arrière-garde.</td><td>{</td><td>Une ou deux compagnies, avec quelques cavaliers.</td></tr>
</table>

Distance : 1,500 mètres au moins.

<table>
<tr><td>Train régimentaire.</td><td>{</td><td>Force publique escortant les prisonniers.
142 voitures de vivres et bagages, appartenant aux états-majors et aux corps.</td></tr>
</table>

Avec des régiments à l'effectif de 3,000 hommes, la longueur de la colonne de combat (colonne de division sans train régimentaire) est d'environ 14 kilomètres ; la durée de son écoulement est de près de 3 heures et demie (1).

La longueur de la colonne du train régimentaire est de 2 kilomètres, la durée de son écoulement de 30 minutes environ.

Le *train régimentaire* est placé, pendant la marche, sous le commandement de l'officier de gendarmerie vaguemestre de la division, qui a pour le seconder les vaguemestres des corps et ses gendarmes à cheval. Les voitures, à moins d'ordres contraires, rejoignent les corps à la fin de l'étape (2).

Le *convoi administratif* (139 voitures), commandé par le capitaine de la compagnie du train attachée à la division, est fractionné en 4 sections égales, portant chacune 1 jour de vivres pour la division (3). Une section de ce convoi marche autant que possible à portée de ravitaillement, soit à 10 kilomètres de la queue du gros de la colonne.

Corps d'armée en 1ʳᵉ ligne sur une seule route (environ 35,000 hommes, 9,100 chevaux, 1,680 voitures dont un tiers

---

(1) Si au lieu de 12,000 fusils, la division n'en compte que 9,500 ou 7,000, la colonne se réduit à 13 kilomètres ou 12 kilomètres. Pour ces trois cas, les temps nécessaires au déploiement de la colonne sont respectivement 3 heures, 2 heures 45 minutes, 2 heures 30 minutes.

(2) La demi-compagnie du génie sera donc rejointe par ses voitures environ 4 heures après l'arrivée au gîte.

(3) Ces 4 jours de vivres, ajoutés aux 2 portés par le train régimentaire et aux 4 jours de vivres du sac, forment l'approvisionnement au départ.

Pendant le cours de la campagne, les hommes portent dans le sac : 1 repas dans l'étui-musette, 2 jours de biscuit et vivres de campagne, 3 de viande de conserve. Les chevaux portent 1 jour d'avoine.

marchant avec la colonne de combat). — La longueur de l'étape ne saurait dépasser 22 kilomètres.

Les brigades alternent pour le service d'avant-garde qui, en station, devient service d'avant-postes. Les divisions alternent dans la colonne, les brigades dans les divisions. Les bagages de chaque division, de chaque brigade et de chaque corps prennent tous les jours, dans la colonne et dans les groupes du train divisionnaire ou du corps d'armée, l'ordre de marche de leur division, brigade et corps respectifs.

D'après les divers points initiaux fixés par la voie de l'ordre et les données ci-après, on calculera le mouvement des demi-compagnies divisionnaires, du campement, de la compagnie de réserve et du parc du corps, des équipages régimentaires.

La compagnie de réserve du génie occupe dans la colonne une longueur de 149 mètres ; la durée de son écoulement est de 2 minutes (5 officiers montés, 12 mètres ; compagnie de 200 hommes, 73 mètres (1) ; 2 voitures à 4 chevaux, 24 mètres ; 2 mulets de bât, 3 mètres ; total 112 mètres, plus 37 mètres d'allongement).

Le parc du corps occupe une longueur de 212 mètres ; la durée de son écoulement est de 3 minutes (9 voitures à 6 chevaux, 126 mètres ; 2 voitures à 4 chevaux, 22 mètres ; distances et chevaux haut-le-pied, 22 mètres ; total 170 mètres, plus 42 mètres d'allongement).

Ordre de marche normal.

Brigade de cavalerie, avec 1 batterie à cheval.	En 2 échelons éclairant à 1|2 ou 1 ournée de marche en avant.

---

(1) Un homme dans le rang (en bataille) occupe 0ᵐ,70. Si on fait par le flanc en doublant les files, chaque rang de 4 prend en profondeur un espace double du précédent, soit 1ᵐ,40. La longueur d'une compagnie est donc égale au quart de son effectif multiplié par 1ᵐ,40, plus 2ᵐ,80 pour tenir compte des 4 sergents guides de section.

7

Pointe. | Peloton de cavalerie, s'éclairant lui-même.
Distance : 500 mètres.

Tête d'avant-garde.
1 compagnie d'infanterie.
Distance : 300 mètres.
Les 3 autres compagnies du même bataillon.
La demi-compagnie du génie de la 1re division avec son parc.
Distance : 600 à 800 mètres.

Gros de l'avant-garde.
Etat-major de la 1re division et escorte.
Etat-major de la 1re brigade.
Etat-major, 2e et 3e bataillons du 1er régiment.
2 batteries montées.
2e régiment.
Détachement d'ambulance (20 mulets, 10 voitures).
12 voitures à vivres de la cavalerie.
Campement.
Distance : 4,000 mètres.

(Dans cet intervalle peuvent marcher les bouchers et le bétail, le personnel des réquisitions).

Gros du corps d'armée.
2me brigade de la 1re division, ayant en tête un peloton de cavalerie, le bataillon de chasseurs et 2 batteries montées.
Ambulance de la 1re division, moins le détachement d'avant-garde.
Détachement de police.
Distance : 500 mètres.
Artillerie de corps (4 batteries montées de 90mm, 4 batteries montées de 95mm, 1 batterie à cheval).
Distance : 500 mètres.
2me division d'infanterie, ayant en tête un peloton de cavalerie, la compagnie de ré-

Avant-garde.

Gros du corps d'armée (suite).	serve du génie et la demi-compagnie divisionnaire. Ambulance de la 2e division. Parc du génie du corps d'armée. Détachement de police. Distance : 300 mètres. 1er échelon du parc d'artillerie (2 sections de munitions d'infanterie, 4 d'artillerie).
	Distance : 500 mètres.
Arrière-garde.	1 bataillon du dernier régiment. 1 peloton de cavalerie.
Trains régimentaires (439 voitutures).	Distance : au moins 1,800 mètres. Ambulance du quartier général (50 mulets, 49 voitures). Distance : 300 mètres. Train du quartier général du corps d'armée (le génie à la queue). Distance : 600 mètres. Train de la 1re division. Distance : 600 mètres. Train de la 2e division.

La profondeur de la colonne de corps d'armée, sans la cavalerie, les trains et les sections de munitions, est d'environ 27 kilomètres; la durée de son écoulement est de 6 heures et demie (régiments de 3,000 hommes) (1).

La longueur de la colonne des trains régimentaires est de 6 kilomètres et demi : la durée de son écoulement, 1 heure 50 minutes.

Chacun des 3 groupes de ces trains est commandé par un capitaine de gendarmerie ; lorsqu'ils sont réunis pour la marche, le

(1) Si au lieu de 25,000 fusils, le corps d'armée n'en compte que 20,000 ou 15,000, la colonne se réduit à 25 kilomètres ou 23 kilomètres. Pour ces trois cas, les temps nécessaires au déploiement sont respectivement : 6 heures, 5 heures 30 m., 5 heures.

commandement supérieur en appartient au prévôt du corps d'armée.

Le *convoi administratif du corps d'armée* (494 voitures) comprend les 2 convois administratifs des 2 divisions et le convoi du quartier général, lequel porte aussi 4 jours de vivres de réserve pour les troupes non endivisionnées. Il est sous le commandement du chef d'escadron du train. Il se fractionne le plus souvent en échelons, dont le premier est à environ 15 kilomètres de la queue de la colonne de combat.

La place de l'équipage de pont varie suivant les circonstances.

Le parc d'artillerie, moins les sections de munitions, suit ordinairement le corps d'armée à 1 ou 2 journées de marche.

Passages de défilés. — La tête de chaque groupe conserve l'allure réglementaire dans le passage et la ralentit pendant quelque temps lorsqu'elle est arrivée à 300 ou 400 mètres du débouché.

Si le défilé est tel que son passage entraînera un allongement considérable, la tête de chaque groupe est **arrêtée** au delà du défilé, dès qu'elle a laissé derrière elle l'espace nécessaire pour contenir le groupe, et est remise en marche assez tôt pour que les dernières subdivisions ne soient pas obligées de s'arrêter après avoir effectué leur passage. Le commandant de la colonne ordonne une nouvelle halte au 1er groupe, dès que toutes les troupes ont franchi le défilé, et remet toute la colonne en marche lorsque chaque groupe a repris sa distance ; la série des haltes horaires recommence après cette halte exceptionnelle.

Au passage des ponts militaires, l'infanterie rompt le pas, les officiers mettent pied à terre. La cavalerie marche par 2, les chevaux conduits par la bride, les cavaliers sur les côtés extérieurs ; chaque escadron met pied à terre à 100 pas au moins à l'entrée du pont et remonte à cheval quand la queue se trouve à 100 pas au delà de la sortie ; on évite de trotter ou de galoper après la sortie, afin que les chevaux qui sont encore sur le pont ne s'impatientent pas. L'artillerie et les voitures passent sur une file, les conducteurs à cheval pour mieux gouverner leurs attelages et tenant le milieu du pont ; les servants à droite et à gauche des attelages et des voitures, parce que les pièces chargent le pont plus que les chevaux et que ceux-ci sont plus rassurés en voyant des hommes à côté d'eux.

Une armée de 150,000 hommes met 10 heures pour passer une rivière sur 3 ponts.

Marches exceptionnelles. — 1º *Marches forcées*. Exemples. *Infanterie :* A 4 heures et demie du matin, café. Départ à 5 heures et marche de 5 heures à 10 heures (20 kilomètres). Repos de 10 heures à 2 heures, soupe. Marche de 2 heures à 6 heures (15 kilomètres). Repos de 6 heures à minuit : à 11 heures et demie café et repas de conserves. Marche de minuit à 5 heures. Total : 50 kilomètres en 24 heures.

Cavalerie, artillerie à cheval : Départ à 6 heures du matin. Marche de 6 heures à 11 heures (30 kilomètres). Repos de 11 heures à 3 heures, soupe et avoine. Marche de 3 heures à 7 heures (20 kilomètres). Repos de 7 heures à minuit, soupe et avoine. Marche de minuit à 6 heures (30 kilomètres). Total : 80 kilomètres en 24 heures.

Pour ces marches, demander toujours un supplément de ration.

2º *Marches par une chaleur excessive.* Marche du point du jour à 9 heures du matin ; dans les petits bidons du café étendu d'eau et non sucré. De 9 heures à 4 heures repos et soupe. A 4 heures reprise de la marche ; à l'arrivée, le café. Pendant la marche, la pointe ou un officier monté invitent les habitants des villages traversés à mettre des cruches d'eau devant leurs portes.

3º *Marches de nuit.* Faire jalonner la route aux embranchements par des caporaux. Si la marche est faite dans le voisinage de l'ennemi, éviter les commandements bruyants, faire attacher convenablement les marmites, bidons, gamelles, etc. Faire serrer les voitures, les faire marcher dans la même voie ; veiller à ce que les conducteurs ne s'endorment pas et ne laissent pas les chevaux s'empêtrer. Au moment d'une halte, un officier monté longe la colonne en prévenant qu'on va s'arrêter et arrête ensuite la tête ; l'ordre de se remettre en marche est communiqué successivement en commençant par la queue. — La nuit, une colonne un peu forte fait au plus 3 kilomètres à l'heure.

4° *Marches en pays de montagnes.* La vitesse de la marche au fond d'une vallée ou à la descente d'un col est à peu près celle d'une marche ordinaire. Celle pour s'élever du fond de la vallée à un col s'obtient en comptant 2 heures ou 1 heure et demie de marche pour chaque distance de 4 kilomètres mesurée sur la carte entre le point de départ et le col, suivant que celui-ci est dans une direction perpendiculaire ou à 45° par rapport aux crêtes.

5e *Marches en pays difficile par les fortes neiges.* En tête un troupeau de bœufs avec des guides du pays, pour ouvrir un passage et tasser la neige ; puis des gens du pays avec pelles, pioches, haches pour frayer un sentier. Emporter des poteaux indicateurs pour jalonner au besoin la direction. Les chevaux reçoivent une ferrure à planche, les cavaliers sont munis de spatules en bois pour curer les pieds des chevaux.

Ou encore, faire confectionner des triangles chasse-neiges que l'on charge de poids et que l'on fait traîner par des attelages de bœufs ; le triangle de tête a 0^m,50 de base, les suivants 1 mètre, 1^m,50 et 2 mètres, de manière à obtenir une voie pour voitures (1).

En cas d'ouragan, tout le monde pied à terre ; marcher en colonne serrée sur toute la largeur du chemin.

Cantonnements et bivouacs.

Cantonnements. — L'ordre du corps d'armée fixe le canton-

---

(1) On peut faire franchir un pas difficile à une voiture par la *manœuvre des pans de roue.* A chaque roue de devant fixer une longe en

nement de la réserve du génie, les ordres des divisions ceux du génie divisionnaire.

Le *campement* ou logement d'une compagnie du génie se compose d'un lieutenant, du fourrier, d'un caporal et de 2 hommes.

A l'état-major du génie d'un corps d'armée, on peut désigner un des adjoints pour s'occuper du logement, sous la direction du commandant du quartier général.

Cantonnement ordinaire, loin de l'ennemi : 4 à 6 hommes par habitant. Si les chevaux sont abrités, un cheval prend la place de 4 hommes.

Dans les villages, le nombre des feux ou familles est ordinairement égal à celui des maisons, et il y a en moyenne par feu 4 habitants et 15 places de chevaux.

Pour les grandes unités, afin de tenir compte des places absorbées par les officiers, il faut moitié de places en plus de l'effectif à loger.

Cantonnement resserré, à proximité de l'ennemi : des localités relativement peu importantes abritent des régiments, des brigades et même des divisions. En cantonnement resserré, on abritera une vingtaine d'hommes par maison.

On doit échelonner les cantonnements dans le sens de la profondeur, afin de leur donner de la sécurité et pour se rapprocher de l'ordre de marche.

Préparation du cantonnement. D'après la loi du 3 juillet 1877 sur les réquisitions militaires, on doit trouver à la mairie de chaque commune de France un état indicatif des ressources de cha-

---

embrassant par un nœud allemand un des rais et la jante qui est le plus près du sol, à la partie postérieure de la roue ; faire passer le reste du cordage sur la circonférence de la roue : des hommes en nombre égal tirent ensemble sur chaque longe en même temps que l'attelage fait effort. On peut aussi faire tendre les longes par des chevaux.

Lorsque les roues d'une voiture sont embourbées de manière que la manœuvre des pans de roue ne puisse la faire avancer, on abat le terrain en talus devant chaque roue et on le recouvre avec des madriers (*Règlement sur les manœuvres des pontonniers*).

que maison pour le logement ou le cantonnement des troupes. Le chef du logement indique au maire l'effectif, par corps, des officiers, des hommes et des chevaux à loger, et répartit rapidement avec lui la commune entre les divers corps, en la fractionnant en lots nettement délimités par des rues. Les fourriers inscrivent à la craie sur chaque porte le nombre d'hommes et de chevaux que la maison doit loger, ainsi que l'indication de la fraction à laquelle ils appartiennent ; les noms des officiers sont inscrits sur les portes de leurs logements ; les officiers et la garde de police autant que possible au centre de la compagnie ; le parc du corps auprès d'une route à la lisière du cantonnement.

En pays ennemi, le chef du logement fait la répartition à l'aide des renseignements fournis par la municipalité ou par une reconnaissance sommaire.

Installation au cantonnement. Les troupes n'entrent au cantonnement que lorsque le chef du logement vient prévenir que tout est prêt (1).

Les hommes sont installés de préférence dans les rez-de-chaussée. Ils ont droit à l'abri, à une place au fourneau, au feu en hiver et à la lumière.

Dans une localité où sont établies des troupes de divers régiments ou de diverses armes, l'officier le plus élevé en grade prend le commandement. Après l'installation, chaque corps envoie un officier ou un sous-officier qui se met à la disposition du commandant du cantonnement et va toujours prendre ses ordres en cas d'alerte.

---

(1) Sans cette précaution, les troupes se logent à faux ; à peine sont-elles établies qu'on vient les déplacer : l'homme qui a défait son havre-sac est obligé de le refaire, de le remettre sur son dos, et cette fatigue, qu'on lui impose gratuitement, l'irrite plus que **toute autre**, parce qu'on aurait pu la lui éviter et qu'il sent un urgent besoin de repos (Lieut.-colonel Pierron. — *Les Méthodes de guerre actuelles et vers la fin du XIXe siècle*).

Fanions et lanternes de distinction des quartiers généraux.

GRADES.	FANIONS.	VERRE de la lanterne de marine.
Général commandant en chef d'une armée........	Pavillon tricolore avec cravate tricolore.	Blanc ou incolore.
un corps d'armée..........	Pavillon tricolore sans cravate.	Id.
la 1re division d'infanterie d'un corps d'armée	Pavillon écarlate divisé dans sa hauteur par une bande blanche..............	Rouge.
la 2e division d'infanterie d'un corps d'armée............	Pavillon écarlate divisé dans sa hauteur par deux bandes blanches	Id.
la brigade d'artillerie, id....	Flamme moitié écarlate, moitié bleue....	Vert foncé.
la brigade de cavalerie, id...	Flamme moitié bleue, moitié blanche ...	Id.
l'artillerie ou le génie d'une armée.................	Pavillon écarlate et bleu de ciel assemblés en diagonale...............	Rouge.
une division de cavalerie indépendante	Pavillon bleu de ciel et blanc assemblés en diagonale...............	Id.
Ambulances...............	Pavillon fond blanc, bordé écarlate, avec croix écarlate au milieu	2 lanternes : une rouge, une blanche.

7.

Bivouacs· — Le dispositif de bivouac doit avoir pour base le dispositif de marche légèrement modifié.

On place les bivouacs en arrière des positions avantageuses pour le combat, à mi-côte, en laissant les avant-postes sur les crêtes : en cas d'attaque, on se porte en avant pour soutenir les avant-postes. Si l'on bivouaquait sur les crêtes, on serait exposé aux vues lointaines de l'ennemi, mal abrité contre le vent, sans eau, sans localités à proximité pour les réquisitions, enfin trop en dehors des routes qui suivent généralement les vallées. On place les bivouacs à proximité d'une route, mais non à cheval sur une route, afin d'éviter les alertes. Autant que possible on couvre le bivouac par une localité qui se prête à la défense. L'infanterie bivouaque sur le côté le plus exposé (Général Lewal).

Une compagnie peut bivouaquer, suivant le terrain dont elle dispose, soit déployée, soit en colonne. Le chef du campement jalonne rapidement le bivouac avant l'arrivée de la troupe.

Compagnie déployée. Former les faisceaux, reculer de 6 mètres, s'installer sur 2 lignes, les escouades paires en 2me ligne ; les sous-officiers à la droite de leurs sections, le sergent-major et le fourrier à la gauche de la compagnie au 1er rang ; les feux des cuisines à 15 mètres en arrière de la 2me ligne ; les officiers à 20 mètres en arrière des cuisines, leurs chevaux auprès d'eux ; la garde de police à 10 mètres en arrière de la ligne des officiers ; les voitures et les chevaux à 10 mètres en arrière de la garde de police, le sergent garde-parc et le vaguemestre à la droite de la ligne des chevaux et des voitures, les conducteurs et le fourrage à gauche ; les latrines à 60 mètres au moins des lignes, en avant pour la troupe, en arrière pour les officiers. La garde de police, composée d'une escouade, fournit une sentinelle devant les armes et une sentinelle au parc.

Compagnie en colonne. Colonne de pelotons à 9 mètres d'intervalle ; former les faisceaux, faire déboîter le peloton de droite à droite, le peloton de gauche à gauche, à 6 mètres en dehors des faisceaux, et s'établir sur les lignes des faisceaux ; dans chaque section les sous-officiers à l'extrémité extérieure ; le sergent-major et le fourrier derrière les sous-officiers et à 10 mètres en arrière de la ligne des faisceaux de la dernière section ; les cuisines à 15 mètres en dehors du flanc opposé au vent ; les officiers à 10 mètres en arrière des sections, etc.

Pour le *parc du génie d'un corps d'armée*, mettre les voitures à 3 mètres les unes des autres sur 2 ou 3 lignes, en laissant au moins 10 mètres entre les bouts des timons d'une ligne et le derrière des voitures de la ligne précédente, afin de pouvoir atteler commodément à 6 chevaux. Les harnais des chevaux de devant d'une voiture sont placés sous les chaînes du timon, ceux des chevaux de derrière sous le têtard du timon. Les cordes à chevaux sont tendues à 10 mètres des côtés et du derrière du parc (1). Les conducteurs bivouaquent derrière leurs attelages.

Une *demi-compagnie* bivouaque déployée.

Service dans les cantonnements et bivouacs. — Le commandant de la colonne désigne une place d'armes pour les réunions générales en cas d'alerte. Chaque commandant de compagnie

---

(1) Chaque *voiture à ressorts* des parcs du génie porte : 1 corde à chevaux de 13 mètres, une masse de campement en fer, 4 piquets d'attache en fer torses et à vis avec anneau à la tête. Les piquets ont 0^m,35 de longueur. Pour l'installation de la corde, enfoncer les piquets à coups de masse et en les tournant, passer la corde dans les anneaux et l'arrêter aux deux bouts.

Chaque *prolonge* porte : 1 corde à chevaux de 16 mètres, terminée d'un côté par une maille en fer et de l'autre par une chaînette à T ; une masse de campement en bois fretté ; 4 piquets (2 de 0^m,90, 2 de 1^m,50) en bois de 0^m,09 de diamètre, armés d'un sabot et d'une frette à anneau. Pour installer la corde à chevaux, on l'engage par son T dans les anneaux des frettes, et on la soutient à 0^m,80 environ au-dessus du sol au moyen des 2 grands piquets enfoncés solidement et d'aplomb ; elle est ensuite tendue aussi fortement que possible, à l'aide des 2 petits piquets qu'on chasse en terre jusqu'à leurs anneaux, à 1 mètre environ en dehors et dans le prolongement des deux premiers. Pendant qu'on enfonce le dernier petit piquet, il faut que plusieurs hommes, lui tournant le dos, tirent fortement sur la corde, car il importe qu'une fois installée la corde soit bien tendue de peur que les chevaux ne s'y empêtrent. Ainsi établie, la corde suffit pour attacher 16 chevaux placés d'un seul côté, et au besoin 25 à 30 chevaux placés de part et d'autre.

indique vers le centre du cantonnement de sa troupe un point de ralliement que tous les hommes doivent connaître afin de pouvoir s'y rendre isolément au premier signal, même la nuit; au bivouac, c'est l'emplacement des faisceaux.

Chaque chef de service envoie son adresse au quartier général et y entretient un planton permanent.

Dans les cantonnements on placarde une affiche apparente indiquant le poste de police, le poste de correspondance, le logement des chefs, l'ambulance, etc. Aux carrefours et aux issues, des signes indicateurs (poteaux, flèches sur les murs) doivent marquer la direction des cantonnements voisins, des quartiers généraux, des ambulances, des magasins, etc.

Dans tous les grades, le service de semaine est remplacé par le service de jour.

Le commandant d'un cantonnement ou d'un bivouac fixe les heures des rapports, du réveil, des appels, de la garde, de la soupe, du service des chevaux, des distributions, des corvées de propreté, etc. L'appel du matin, une demi-heure après le réveil, et l'appel du soir, une demi-heure après la retraite, sont faits par les caporaux devant le logement de l'escouade, sous la surveillance des sous-officiers et de l'officier du jour. L'appel de la journée se fait à la place de ralliement, en armes et sac au dos; tous les officiers y assistent.

L'officier de jour d'une compagnie du génie a la surveillance de la garde de police qui est en même temps poste de discipline; il va aux distributions comme officier d'approvisionnement.

La fraction constituée de jour pourra être une section ou une demi-section, dont une escouade pour la garde de police et le reste pour le piquet.

Au bivouac, les chevaux sont surveillés par des gardes d'écurie se relevant de 2 heures en 2 heures; en cantonnement, les chevaux sont surveillés directement par leurs conducteurs, et il n'est organisé de garde que pour les écuries de plus de 12 chevaux.

Les ordinaires sont gérés par compagnie, les aliments préparés par escouade.

Le général en chef et les commandants de corps d'armée peuvent seuls autoriser la nourriture chez l'habitant.

Tous les soirs le paquetage doit être fait, les troupes prêtes à marcher.

Au *rapport journalier*, les commandants du génie doivent être à même de rendre compte de la situation intérieure des compagnies et des parcs : effectif, présents sous les armes, détachements, absents, indisponibles, malades, pertes par le feu ou les maladies, entrées aux ambulances et hôpitaux, pertes dans les cadres pour causes diverses, munitions, vivres, chevaux, chaussure, ferrure, moyens de transport, effets, matériel de campement, outils, réquisitions faites, etc.

Tours de service. — Le 1er tour, ou service extérieur, comprend :

1o En marche : les avant-gardes, les flancs-gardes, les arrière-gardes, pouvant devenir les unes et les autres avant-postes à l'arrivée au gîte ; en station : les avant-postes ;

2o Les autres postes extérieurs ;

3o Les travaux à faire par des fractions armées ;

4o Les détachements nécessaires à la protection de ces travaux, et, en général, tous les services dans lesquels les troupes commandées peuvent être appelées à combattre.

Le 2me tour, ou service intérieur, comprend :

1o Les gardes de police, les gardes des magasins, hôpitaux et autres établissements, les plantons et les ordonnances : service habituel fourni par la fraction de jour ;

2o Les gardes d'honneur ;

3o Les travaux à exécuter par des fractions sans armes ;

4o Les détachements qui assistent aux exécutions.

Le 3me tour, ou service individuel, comprend :

1o Les gardes d'écurie ;

2o Les distributions ;

3o Les corvées intérieures de toute nature.

Reconnaissances spéciales, rapports, ordres, dépêches.

—

Les reconnaissances spéciales ont généralement pour but :

1° D'apprécier les distances, l'état des chemins et les travaux qu'il exige, la configuration du terrain et les facilités ou les obstacles qu'elle présente, afin de régler en conséquence la marche des colonnes et des différentes armes ;

2° D'explorer dans toutes leurs parties les positions à occuper successivement, soit pour appuyer les attaques, soit pour se maintenir en cas de résistance ou d'offensive de la part de l'ennemi, soit pour assurer la retraite ;

3° De reconnaître l'emplacement et la force des postes principaux ou retranchés de l'ennemi, la configuration de ses positions, les défenses qu'il peut y avoir établies, la difficulté ou les moyens de les aborder ;

4° Enfin d'évaluer autant que possible les forces de l'ennemi sur chaque point.

Les reconnaissances spéciales sont faites par des officiers chargés du service d'état-major, par des officiers d'artillerie ou par des *officiers du génie ;* elles sont l'objet d'une instruction particulière du commandement, instruction à communiquer au commandant du corps principal dont les avant-postes doivent être dépassés. Celui-ci y ajoute les indications qu'une connaissance plus particulière des dispositions de l'ennemi et des localités peut le mettre à même de donner ; il donne au besoin des ordres pour que la réserve d'avant-postes fournisse les troupes nécessaires.

S'il faut se porter sur un point culminant ou tout autre, pour en chasser les postes ennemis, l'officier chargé de la reconnaissance demande préalablement l'agrément du commandant du corps principal qui lui a confié des troupes ; il ne peut rien entreprendre sans l'avoir obtenu.

« La reconnaissance la mieux commandée est celle qui rapporte le plus de documents utiles, qui ramène tous ses chevaux et ses hommes en bon état, et non celle qui, oubliant son but, fait des tours de force au lieu de tours d'adresse ; l'officier qui commande celle-ci est, à mon avis, gravement coupable et doit être exemplairement puni. » (De Brack).

« L'officier envoyé en reconnaissance ne peut remplir utilement son importante mission que s'il est tout à la fois topographe et tacticien. » (Général Berthaut).

Appréciation des distances. — Les distances parcourues se mesurent au pas, ou d'après le temps employé à les parcourir à une allure déterminée. Les itinéraires sur une carte se mesurent au curvimètre.

Ce qui suit est relatif à l'appréciation directe des distances.

Conditions qui font estimer les distances au-dessous de leur valeur réelle : terrain d'aspect uniforme, dépourvu de points de repère ; sol très mouvementé, coupé de ravins ou couvert d'arbres et d'habitations ; transparence de l'air, p. e. après une pluie ; le soleil à dos de l'observateur ; coloration vive et franche des objets ; objets relativement élevés ; position dominante de l'observateur.

Conditions qui font estimer les distances au-dessus de leur valeur réelle : coloration faible ou terne des objets ; temps sombre et brumeux, poussière et vent violent ; le soleil en face de l'observateur ; le crépuscule ; le clair de lune ; etc.

. Ainsi, un champ vert paraît plus rapproché qu'une terre labourée ; une haute futaie qu'un taillis ; une ville avec tours et maisons élevées, qu'un village à constructions basses ; une localité que l'on domine, qu'une autre dont on n'aperçoit que des sommets d'édifices ; etc.

Évaluation des distances à vue. — Par un temps clair, appliquer les règles suivantes qui, pour une bonne vue et jusqu'à 1,200 mètres, ne donnent lieu qu'à une erreur de 1/15 à 1/10 de la distance. A 4,000 mètres, on peut encore compter les fenêtres d'une maison. A 2,000 mètres, l'infanterie apparaît comme une ligne noire doublée de la ligne brillante des armes ; la cavalerie, sous forme d'une ligne plus épaisse et dentelée par le haut. A

1,200 mètres, on distingue nettement les hommes et les chevaux. A 1,000 mètres, on peut compter les pièces de canon. A 800 mètres, on distingue les mouvements des jambes et la ligne des coiffures de l'infanterie, les têtes des chevaux de la cavalerie. A 600 mètres, la silhouette supérieure des hommes se dessine et l'on distingue les mouvements des jambes des chevaux. A 500 mètres, on distingue la tête et la coiffure d'un homme. A 300 mètres, les figures, les différences de couleur de l'habillement (le blanc se perçoit dès 1,000 mètres).

Méthode de mesure directe. — Tenir verticalement, à une distance constante l (1) de l'œil, une réglette graduée en millimètres, viser un objet de hauteur connue H, faire glisser l'ongle du pouce le long de la réglette jusqu'à ce qu'une de ses parties h soit la hauteur apparente de l'objet. Distance cherchée $D = \dfrac{l\,H}{h}$.

Ou bien, faire une deuxième observation à une distance $D + d$, d étant mesurée sur le prolongement de la direction visée : $D + d = \dfrac{l\,H}{h'}$. On en conclut : $D = d\,\dfrac{h'}{h - h'}$.

Évaluation par la propagation du son. — Compter le nombre de secondes et de fractions de secondes qui s'écoulent entre l'instant où l'on voit l'éclair d'un coup de canon et celui où l'on entend la détonation. La durée d'une seconde s'apprécie en prononçant vivement, mais à haute et intelligible voix, les noms des six premiers chiffres ; chaque sixième de seconde correspond à une distance de 56 mètres.

Par une nuit tranquille, la marche non cadencée d'une compagnie d'infanterie s'entend à 400 mètres, la marche cadencée à 600 mètres ; la marche d'un escadron ou d'une batterie, au pas à 550 mètres, au trot ou au galop à 800 mètres ; des cavaliers isolés s'entendent à 100 ou 150 mètres.

Organisation du service des reconnaissances. — Nous

---

(1) l s'obtient par l'expérience, ou en attachant à la réglette une courroie que l'on tend en tenant le bout libre entre les dents.

prendrons comme exemple l'organisation du service des reconnaissances dans la retraite d'une division, d'après l'ouvrage de M. le général Berthaut : *Des Marches et des combats.*

« Le général de division fait faire les reconnaissances par deux officiers d'état-major, dont l'un reconnaît le terrain à droite de la route, et l'autre celui qui s'étend à gauche. Le général leur adjoint un officier d'artillerie et un officier du génie ; l'un des deux officiers d'état-major, désigné comme chef de reconnaissance, est chargé de la direction du travail.

« Le travail comprend la reconnaissance proprement dite du terrain, et, en outre, la préparation de la mise en état de défense des positions successives.....

« On commence par étudier l'organisation de la défense des points les plus importants du front et des flancs, et on donne aux travaux le développement que comporte le temps dont on peut disposer.....

« L'officier du génie reconnaît avec les officiers d'état-major les points à fortifier, ainsi que l'emplacement et la nature des travaux à exécuter ; il est plus spécialement chargé de l'organisation défensive des villages, hameaux, fermes, etc., et de la préparation des travaux de destruction des ponts ; des détachements de sapeurs du génie, transportés sur des voitures, sont mis, à cet effet, à sa disposition en temps opportun. »

Le général de division réunit ces officiers la veille du départ e leur donne les instructions les plus nettes et les plus précises.

« Il prévient en même temps les commandants de la brigade de tête et du régiment de queue du gros des troupes, qu'ils auront à fournir les travailleurs que ces officiers demanderont, et même à suspendre, s'il y a lieu, momentanément leur marche pendant l'exécution des travaux. »

Les officiers préparent leurs croquis en reportant de la carte sur une feuille de papier et à l'échelle du $\frac{1}{40,000^e}$ ou à celle du $\frac{1}{50,000^e}$:

« 1° Le tracé des chaînes de hauteurs, des cours d'eau, des

vallées, ravins, etc., qui semblent, par leur situation et leur direction, pouvoir servir de ligne de défense ;

« 2° Les villages, hameaux, fermes, châteaux, bois, marais, etc., qui constituent des points d'appui pour ces lignes de défense ;

« Le réseau des routes et chemins (1) qui conduisent des positions occupées par les troupes aux positions suivantes ; les chemins transversaux, les lieux habités, les bois, les marais, etc., en un mot les obstacles isolés de toute nature qui sont situés près des routes et chemins, et peuvent être utilisés comme points d'appui pendant le mouvement rétrograde.

« Chaque croquis doit, autant que possible, contenir une ligne de défense, le terrain en avant de cette ligne et toutes les routes et chemins qui le traversent, le terrain en arrière avec les routes et chemins par lesquels les troupes peuvent se retirer, et les obstacles qui peuvent leur servir de points d'appui pour se dégager des étreintes de l'ennemi.....

« On prépare autant de croquis qu'il est nécessaire pour atteindre le terme de la marche... »

Les officiers peuvent n'avoir pas le temps de rédiger les *rapports* nécessaires pour compléter ces croquis. En ce cas « on peut indiquer la nature et l'état des divers objets par quelques mots écrits sur les lignes ou sur les figures qui les représentent sur le croquis.

---

(1) Pour la représentation des routes et chemins que l'on a reconnus, on peut adopter les conventions suivantes indiquées au *Journal militaire* (partie supplémentaire, 5 juillet 1878) :
Les routes et les chemins entretenus d'une manière permanente, carrossables partout et en toute saison, ayant la largeur suffisante pour que 2 voitures puissent s'y croiser aux grandes allures (6 mètres environ), seront représentés par 2 *traits pleins*. Les chemins praticables aux voitures, mais médiocrement entretenus, traversant des ruisseaux sans ponts, ayant des parties marécageuses, etc., seront représentés par un *un trait plein* et *un trait en éléments de ligne*. Toutes les autres voies sans exception seront marquées à *un seul trait*. Les sentiers seront représentés par *un trait en éléments de ligne*. Dans les pays de montagnes, les chemins muletiers seront tous marqués par *un trait plein*.

« Par exemple, sur une route, on écrit *mauvais pas*, au point où elle est défoncée ; on indique de même les points où elle est en tranchée ou en chaussée ; sur la lisière d'un bois, on écrit *hautes futaies* ou *taillis épais impénétrables ;* sur un ruisseau, qu'il est *infranchissable ;* sur un gué, *passage pour l'infanterie* ou *pour la cavalerie*, suivant la hauteur de l'eau ; sur un pont, qu'il est en *pierre* ou en *bois*, *solide* ou *non* ; sur l'enceinte d'un village, *murs solides* (hauteur en mètres), *haies épaisses* ou *palissades légères*, etc.... »

En outre, on joint au croquis une courte *notice* explicative, caractérisant le terrain divisé à cet effet en sections numérotées en chiffres romains et circonscrites par les routes principales et les principaux chemins transversaux, par exemple :

« *Section I.* Terrain labouré ; sol ferme et accessible aux troupes de toutes armes, excepté au N.-E. où se trouvent un bois impénétrable et des vignes praticables seulement à l'infanterie.

« *Section II.* Prairie coupée à l'est et à l'ouest par un ruisseau à bords marécageux et par de nombreux fossés pleins d'eau ; sol mou ; les troupes de toutes armes ne peuvent le traverser que par les chemins *a* et *b* ; ponts en bois sur le ruisseau ; on a réuni sur place les matériaux nécessaires pour les incendier...

« *Section V.* Terrain descendant par une pente de $\frac{1}{20}$ vers le ruisseau de......, traversé par la route *f*, empierrée, en bon état, fossés secs peu profonds ; à droite et à la naissance de la pente, un petit bois *g*, futaies et broussailles ; lisière du côté de l'ennemi facile à défendre, bat le terrain en avant, longueur 400ᵐ ; terrain entre le bois *g* et le ruisseau, cultivé, découvert, ferme, praticable à l'infanterie et à la cavalerie ; à gauche de la route *f* et à hauteur du bois *g*, un bois *h* descend jusqu'au ruisseau et s'étend au loin sur la gauche ; futaies et taillis ; praticable à l'infanterie ; lisière favorable à la défense, découvre le terrain en avant ; pont en pierre de deux arches sur le ruisseau. Ruisseau torrentueux, peu d'eau en ce moment, largeur 20ᵐ, coule entre des berges à pic de 1ᵐ,50 à 2ᵐ de hauteur, ne peut être franchi que par des tirailleurs d'infanterie ; ne peut néanmoins servir de ligne de défense, le terrain sur la rive opposée étant découvert et sans appui : l'infanterie peut prendre position à la lisière des bois *g* et *h* pour couvrir le passage de la colonne ; on prépare la destruction du pont.

« Lorsque la préparation du croquis est terminée, le chef de la reconnaissance donne à ses adjoints les explications ou instructions qu'il juge nécessaires à la bonne exécution du travail, et il leur indique les points où ils devront se réunir pour s'entendre sur l'appréciation générale des ressources défensives du terrain reconnu, et pour contrôler rapidement leurs travaux avant de les envoyer au général de division ; ces points de réunion sont généralement ceux où la route principale que suit la colonne coupe les lignes de défense ou traverse une localité importante. »

Les officiers chargés d'une reconnaissance « sont accompagnés par des sous-officiers d'artillerie et du génie et par le nombre de cavaliers nécessaires pour les escorter et pour porter les renseignements au général de division. »

« La reconnaissance des positions d'arrière-garde et de leurs points d'appui, bien qu'elle soit faite simultanément par quatre officiers, exigera néanmoins un temps assez considérable, en raison de son importance, du soin avec lequel elle doit être exécutée, et de l'accord à établir entre les officiers relativement à l'emplacement et à la nature des travaux à construire. Il est donc nécessaire que les officiers chargés de cette reconnaissance puissent devancer la colonne, de manière que les points les plus importants du travail soient arrêtés au moment de l'arrivée des troupes, afin que l'exécution des travaux puisse commencer immédiatement sur toutes les parties de la position et soit achevée en temps opportun.... »

Reconnaissance des positions (1). — « En principe, tout officier chargé de reconnaître une position que l'on veut occuper

---

(1) Général Berthaut. *Des Marches et des combats*

défensivement, doit, s'il arrive *par derrière* cette position, la *traverser* et *se porter en avant du front* jusqu'à distance du tir très efficace de l'artillerie, c'est-à-dire à environ 3,500ᵐ ; arrivé à cette distance, il se retourne et s'avance vers la position dont il fait la reconnaissance en se plaçant au point de vue de l'attaque.

« Il étudie avec le plus grand soin le terrain qu'il parcourt et particulièrement les ondulations, les dépressions du sol et les obstacles de toute nature qui peuvent dérober les troupes assaillantes aux vues de la position ; il trace sur son croquis, aussi exactement que possible et à la place qu'ils occupent, les contours des parties du terrain qui sont *invisibles* pour les défenseurs ; il en couvre l'intérieur de hachures pour attirer l'attention du commandant de l'arrière-garde sur ces points que la défense devra, le cas échéant, faire fouiller par les feux de l'artillerie ou de l'infanterie : il indique leur distance (mesurée par un cavalier au pas) à la crête de la position.

« Tout en parcourant le terrain en avant, l'officier examine attentivement l'aspect que présente la position ; il note les points de la crête d'où les feux des défenseurs seraient particulièrement gênants pour l'assaillant, soit parce qu'ils battent le revers d'une ondulation de terrain ou d'un couvert quelconque, soit pour toute autre cause ; quand il se rapproche de la position, il place également sur son croquis les points situés sur les abords et dont les feux seraient les plus dangereux pour l'attaque ; il note enfin les points faibles qu'il y a lieu de fortifier pour les rendre moins accessibles à l'ennemi.

« L'ensemble de tous ces points forme, en quelque sorte, le canevas des dispositions à prendre sur la crête et sur les abords de la position.

« Dans les mouvements rétrogrades, les officiers arrivent toujours *par devant* les positions défensives ; ils peuvent donc, dès qu'ils n'en sont plus qu'à une distance de 3 ou 4 kilomètres, commencer immédiatement leur travail ; ils opèrent comme nous venons de le dire.

« Lorsqu'ils arrivent près de la position, ils ont déjà une idée générale de la manière dont la crête et les abords doivent être occupés ; ils complètent leur opinion à cet égard quand ils sont sur la position même, et ils n'arrêtent les dispositions définitives qu'après en avoir étudié avec soin les différentes parties. »

Il faut examiner successivement : le terrain en avant, les abords, le front, les flancs, l'intérieur et le terrain en arrière.

Le terrain en avant. La reconnaissance est terminée lorsque les officiers arrivent sur la position.

« On fait mesurer au pas du cheval la distance qui sépare le pied de la position de certains points situés sur le terrain en avant et qui sont faciles à distinguer, comme par exemple un groupe d'arbres, un buisson, une haie, un chemin transversal, l'extrémité d'un champ de vignes ou de toute autre culture très apparente, etc. ; lorsque les troupes arrivent sur la position, le commandant de l'arrière-garde fait connaître ces distances aux chefs de bataillons ; ceux-ci les donnent aux officiers qui commandent les troupes placées sur la crête et sur les abords de la position ; ces distances servent à régler le tir des défenseurs. »

Les abords. « ...... Ils sont généralement inaccessibles sur certains points et accessibles sur d'autres... »

« Quelle que soit leur constitution, les abords doivent être assez découverts pour permettre aux défenseurs de la crête d'apercevoir nettement les mouvements que l'ennemi peut exécuter sur le terrain en avant.

« Les obstacles qu'ils présentent doivent, à moins qu'ils ne soient infranchissables, pouvoir être organisés défensivement et constituer des points d'appui ; les officiers étudient avec soin tous ces obstacles au point de vue du parti que la défense peut en tirer ; ils indiquent les travaux de toute nature à exécuter pour en augmenter la force et ceux à construire, s'il y a lieu, en arrière pour protéger la retraite des défenseurs et empêcher l'ennemi de déboucher ; si la position est couverte par un cours d'eau, ils en étudient les points de passage, ponts ou gués, en vue de leur destruction ou de leur mise hors de service, et ils choisissent les points à occuper en arrière pour empêcher l'ennemi de les réparer ou d'enlever les matériaux au moyen desquels on les a rendus impraticables, etc., etc.

Le front. « L'étendue du front dépend à la fois de l'effectif des troupes qui doivent occuper la position et de la nature des abords. Si les abords sont facilement accessibles, le front doit être assez restreint pour qu'on puisse avoir des forces sérieuses sur tous les points ; si, au contraire, ils sont formés en certains endroits par des pentes rocheuses, ou couverts par un obstacle infranchissable, comme un marais par exemple, on peut sans inconvénients donner une plus grande extension au front, parce qu'on peut garder les points forts avec peu de monde et avoir des troupes suffisantes sur tous les autres (1). »

Les flancs « ..... Les flancs doivent être, par leur constitution même, susceptibles d'une grande force de résistance... On fortifie les parties les plus faibles.

« Lorsque l'un des flancs n'est pas suffisamment appuyé par les accidents du terrain, on en rapproche les réserves d'infanterie et la cavalerie, et on construit des tranchées-abris sur les points les plus favorables à la défense.

« Le terrain en avant des flancs doit également être reconnu et à une distance convenable, tant sous le rapport des communications que sous celui de la puissance défensive, afin de pouvoir apprécier avec plus de certitude, d'une part la possibilité pour l'ennemi de tourner la position dans un temps donné ou de l'attaquer en flanc, et de l'autre les dispositions que doit prendre la défense pour faire échouer cette entreprise.

L'intérieur. « Il est nécessaire que les troupes puissent se porter facilement d'une aile à l'autre et d'arrière en avant ; le terrain dans l'intérieur de la position doit donc être praticable aux troupes de toutes armes en dehors des chemins et ne présenter aucun obstacle continu et infranchissable ; si on y trouve des

---

(1) On estime qu'il faut en moyenne 5 à 7 hommes par mètre courant sur une position défensive, et environ 9 hommes du côté de l'attaque.

fossés et des haies qui gênent le mouvement des troupes, on y fait pratiquer, de distance en distance, de larges brèches qu'on signale d'une manière aussi apparente que possible par des jalons; ce terrain doit, en outre, être assez profond pour qu'on puisse placer les réserves hors de la portée des feux de l'infanterie ennemie, et présenter des points d'appui actifs tels que bouquets de bois, villages, fermes et châteaux, que l'on met en état de défense ; on remplace, s'il y a lieu, les points d'appui naturels par des tranchées-abris.

Les derrières. « Lorsque l'arrière-garde quitte sa position, les troupes de première ligne doivent se reporter rapidement en arrière pour se dégager des étreintes de l'ennemi ; elles exécutent leur mouvement rétrograde sous la protection de la réserve ou des troupes qui ont le moins souffert et qui occupent, à cet effet, des positions préparées à l'avance ; le terrain situé immédiatement derrière la position ne doit donc pas être coupé par un obstacle transversal continu qui oblige les troupes à passer un défilé ; il doit présenter, au contraire, des débouchés nombreux et faciles ; toutefois, une forêt percée de nombreux chemins est favorable au mouvement de retraite en ce que les troupes y trouvent très promptement un abri, et que la réserve, placée à la lisière, peut arrêter l'ennemi assez longtemps pour que l'arrière-garde puisse se reformer en colonne et gagner du terrain en arrière. »

Reconnaissance des bois (1). — « La reconnaissance des bois situés sur une position défensive doit faire connaître :

« 1° L'importance tactique du bois, en raison de sa situation sur la position et de la nature du terrain adjacent ; .

« 2° Si le terrain en avant du front et des flancs est vu, dans toutes ses parties, par les défenseurs placés à la lisière ;

« 3° La nature, la forme et le développement de la lisière ; les points qu'il est important d'occuper fortement, en raison de l'action que les troupes peuvent y exercer sur le terrain adjacent;

---

(1) Général Berthaut. *Des Marches et des combats.*

les moyens d'obstruer les parties saillantes de la lisière, ainsi que les routes et chemins qui pénètrent dans le bois ;

« 4° La nature du sol du bois et des chemins, au point de vue du mouvement des troupes ;

« 5° Les dispositions à prendre, dans une clairière, pour occuper la lisière opposée à celle par laquelle l'ennemi doit déboucher et pour mettre en état de défense les fermes et habitations qui peuvent s'y trouver ;

« 6° Les routes, chemins, sentiers et ravins qui se dirigent de la lisière du côté de l'ennemi à la lisière opposée ;

« 7° L'emplacement des tranchées à construire, s'il en est besoin, en arrière du bois. »

Reconnaissance des villages (1). — « L'officier d'état-major se borne à faire connaître :

« 1° La valeur tactique du village en raison de sa situation sur la position et de l'action que ses défenseurs peuvent exercer sur le terrain adjacent ;

« 2° La forme générale de l'enceinte extérieure et du village ; la possibilité de les organiser défensivement ; les points où l'on peut trouver les matériaux nécessaires ;

« 3° Le nombre de compagnies d'infanterie qu'exige la défense (2) ;

« 4° Les dispositions à prendre par l'artillerie pour battre les abords du village.

« Quant aux détails de la mise en état de défense des différentes parties du village, ils sont indiqués dans un croquis à grande échelle (3), avec notice explicative établie par l'officier du génie

---

(1) Général Berthaut. *Des Marches et des combats.*
(2) Le nombre des défenseurs peut être calculé à raison d'un homme par mètre courant de lisière, mais le quart de cet effectif est tenu en réserve intérieure. En outre une réserve extérieure spéciale se tient à la gorge du village, prête à agir par les ailes. — Les compagnies chargées de la défense occupent des secteurs nettement limités par des rues ou chemins.
(3) Pour établir ce croquis, on se servira avec avantage du plan cadastral, si on peut le trouver à la mairie ou chez le maître d'école.

qui est spécialement chargé de cette étude. Ce croquis est envoyé au général de division avec celui qui est fait, par l'officier d'état-major, pour l'ensemble de la position. Le général de division et le commandant de l'arrière-garde peuvent ainsi se rendre facilement compte des dispositions prises pour assurer la défense du village ; le croquis est remis, en temps opportun, à l'officier chargé de la défense, afin de le renseigner le plus promptement possible sur les mesures prises, et de lui permettre de répartir rapidement ses troupes dans le village ; cet officier peut faire, a ces dispositions. les modifications de détail qu'il juge nécessaires ».

Nous renvoyons d'ailleurs au chapitre des *Travaux de champ de bataille* pour le détail des dispositions défensives.

La même marche est à suivre pour la reconnaissance des fermes, châteaux, etc. (1).

Reconnaissance des cours d'eau (2). — « La reconnaissance des cours d'eau qui constituent des positions d'arrière-garde doit porter sur les points suivants :

« 1° La configuration topographique du terrain en avant ; sa nature : les chemins qui conduisent au cours d'eau : les couverts, bois, villages. etc.. qui peuvent masquer les mouvements de l'ennemi et lui permettre d'arriver sans être vu sur le bord de la rivière ;

« 2° La nature du terrain qui borde le cours d'eau du côté de

---

1 La force de la garnison à placer dans un bâtiment isolé dépend surtout du nombre des fenêtres et créneaux. En général, si l'on dispose d'un homme par mètre courant du périmètre du bâtiment. on pourra faire une défense énergique et on aura en même temps le nombre de travailleurs nécessaires pour mettre le bâtiment en état de défense dans l'espace de deux heures.

Pour une ferme, une gare de chemin de fer. on calculera le nombre de défenseurs de l'enceinte extérieure à raison d'un homme par mètre courant. et celle du réduit comme il vient d'être dit pour un bâtiment isolé. Ces deux groupes de défenseurs nettement séparés doivent avoir chacun leur chef responsable.

(2) Général Berthaut. *Des Marches et des combats.*

l'ennemi (on indique s'il est solide ou non, accessible ou non aux troupes de toutes armes) ;

« 3° Le cours d'eau ; sa direction, sa largeur, sa profondeur, sa vitesse (1) ; la nature du fond (sables, roches, vase ou tourbe) ;

« 4° La nature et la configuration des berges (on indique s elles sont formées par des terres, des sables ou un terrain rocheux ; si elles sont basses ou escarpées et, dans ce dernier cas, leur hauteur) ;

« 5° Les villages, bâtiments, murs, digues, lisières de bois, situés sur les bords du cours d'eau ; les avantages que l'attaque et la défense peuvent en tirer selon qu'ils sont placés sur l'une ou l'autre rive ;

« 6° Les moyens de passage. Les ponts et passerelles (on fait connaître la nature de leur construction et les moyens de les détruire) ;

« Les barrages (leur utilité ou leurs dangers au point de vue de la défense) ;

« Les gués (leur emplacement, leur largeur et leur profondeur (2) ; les points où l'on trouve les matériaux nécessaires pour les rendre impraticables) ;

« 7° La configuration topographique du terrain qui s'étend en arrière du cours d'eau ; sa nature ; les chemins qui conduisent à la rivière ; les villages, hameaux, fermes, bois, qui peuvent servir de couverts et de points d'appui à la défense :

« 8° Les affluents. Leur valeur comme appui des flancs de la défense (3).

« Les officiers chargés de la reconnaissance font connaître les

---

(1) La vitesse au thalweg se mesurera à l'aide d'un flotteur et d'une montre à secondes. La vitesse moyenne est environ les 4/5 de la vitesse à la surface au thalweg.

(2) Ne doit pas dépasser 0^m,80 pour l'artillerie si l'on ne veut pas séparer les coffres des voitures, 1 mètre pour l'infanterie et 0^m,80 si le courant est rapide, 1^m,20 pour la cavalerie.

(3) Des deux rives d'un affluent, celle qui est du côté de l'aval du fleuve commande généralement la rive opposée, car c'est de ce côté là que la pente générale du terrain a jeté les eaux, qui ont affouillé la rive et l'ont escarpée.

dispositions qu'ils ont prises pour organiser la défense des points de passage et mettre les divers échelons de l'arrière-garde à l'abri des feux de l'ennemi ; ils donnent, en outre, des renseignements sur la nature du cours d'eau jusqu'à environ 3 kilomètres en amont et en aval des flancs de la position à occuper ; ils indiquent les points de passage qui devront être détruits et gardés par la cavalerie, et ils font connaître si les chemins qui aboutissent à ces points de passage du côté de l'ennemi sont praticables à l'artillerie ».

Reconnaissance des passages sur les cours d'eau (1). — On présentera le rapport de reconnaissance sous forme de tableau descriptif divisé en colonnes, comme il suit :

Colonne 1. — Désignation du lieu où se trouve le passage (commune, hameau, lieu dit, nom du passage ; à défaut, le désigner par sa distance en amont ou en aval à un point remarquable).

2. Voie de communication traversant le cours d'eau (route, chemin de fer, canal).

3. Description du passage :

    1° Ponts : en pierre, en bois, en fer, suspendus, passerelles, etc.; nombre et dimensions des arches ou travées ; praticabilité aux différentes armes et aux charrois, etc.

    2° Bacs et trailles : nature, dimensions ; nombre d'hommes, de chevaux, de voitures qu'ils peuvent porter : durée de l'aller et du retour, etc.

    3° Gués : profondeur, largeur, nature du fond ; influence des saisons, des pluies, etc.

    Profils et croquis cotés.

4. Largeur du passage.

5. Longueur totale du passage.

6. Observations diverses : destruction, réparation, abords, facilités pour l'établissement de passages supplémentaires voisins,

---

(1) *Journal militaire* (partie supplémentaire), 5 juillet **1878.**

ressources locales en personnel et en matériel pour ces travaux, etc.

Reconnaissance des routes et chemins — Nous supposerons qu'il s'agit ici d'une reconnaissance complète, du genre de celles qu'on peut être appelé à faire sur un théâtre probable d'opérations, mais avant les opérations elles-mêmes.

Au contact de l'ennemi, les rapports sur les reconnaissances des routes et chemins ne comprendront que les seuls renseignements utiles en vue de l'opération projetée.

Rédiger le rapport sous forme de tableau descriptif divisé en colonnes d'après les indications suivantes :

Colonne 1. — Croquis au 1/20,000ᵉ ou au 1/40,000ᵉ de la route et du terrain voisin. A défaut de croquis, mettre dans cette colonne les noms des localités traversées.

2. Distances entre les points remarquables qui se succèdent sur la route.

3. Désignation des points remarquables : changement dans la direction ou la nature de la route, dans la nature du sous-sol ; origine d'un défilé, d'une pente d'enrayage, d'un mauvais pas ; ponts ; gués ; bâtiments ; embranchements de chemins, etc.

4. Profil longitudinal indiquant les longueurs et les raideurs des pentes, les pentes d'enrayage et celles qui obligent à renforcer les attelages (1), l'état de viabilité de chaque partie.

5. Profils transversaux, donnant les modes de construction de la route et les largeurs des défilés, ponts, chaussées, tranchées, etc.

6. Vues des objets de remarque, arbres, croix, clochers, fermes, villages. Profils longitudinaux des ponts, des rivières aux gués et aux bacs.

---

(1) Pentes :
- 1/24, les voitures peuvent à la rigueur trotter à la montée.
- 1/12, les voitures peuvent monter au pas.
- 1/6, il faut renforcer les attelages à la montée et enrayer à la descente.
- 1/4, il faut doubler les attelages à la montée et enrayer à la descente.

8.

7. Détails descriptifs : état d'entretien de la route ; degré de praticabilité pour les différentes armes ; possibilité de marcher en dehors de la route et sur quel front. Chemins de colonnes parallèles à la route. Nature du sous-sol ; influence du temps sur l'état de la route. Terrain traversé ; villages, habitations ; défilés formés par les bois, hauteurs, cours d'eau, marais, moyens de les tourner. Positions pouvant favoriser une marche en avant ou en retraite ; facilités ou difficultés pour le déploiement des différentes armes.

Reconnaissance des chemins de fer (1). — En tête du rapport, *Renseignements généraux sur la ligne :* ligne principale, ou embranchement, ou chemin d'intérêt local ; nombre de voies, matériel roulant, trafic, importance stratégique, etc.

Puis, le corps du rapport sous forme de tableau descriptif divisé en colonnes :

Colonne 1. — Noms des stations et haltes. Au-dessous du nom de chaque station donner les détails relatifs à son importance et à ses ressources : nombre et largeur des voies de garage ; quais d'embarquement pour hommes, chevaux et voitures ; grues ; réservoirs d'eau ; bâtiments de la gare ; magasins ; dépôt des locomotives ; hangars aux voitures ; ateliers, etc. ; distance de la station à la localité desservie.

2. Désignation des points remarquables de la voie. Passages à niveau, supérieurs, inférieurs ; ponts, viaducs, tunnels, etc.

3. Désignation des routes, chemins, cours d'eau que traverse la voie.

4. Ponts de la voie, viaducs, tunnels. Subdiviser cette colonne en 3 autres : nature de la construction (pierre, bois, fer, etc.) ; nombre des arches ou travées, leurs dimensions ; longueur totale du passage.

5. Déblais, remblais, pentes, paliers, etc.

Observations diverses. Profils et croquis Constitution technique de la voie.

---

(1) *Journal militaire* (partie supplémentaire), 5 juillet 1878.

Reconnaissances statistiques (1). — Etablir les ressources des localités sous forme de tableaux divisés en colonnes comme il suit :

Colonne 1. — Noms des localités. Pour chaque commune indiquer le canton et l'arrondissement dont elle fait partie, ainsi que les hameaux qui en dépendent.

2. Classification des communes suivant les occupations des habitants : agricoles, viticoles, forestières, industrielles, etc.

3 et 4. Population $\begin{cases} \text{agglomérée.} \\ \text{totale.} \end{cases}$

5. Maisons.

6, 7. Chevaux, mulets.

8, 9. Voitures.... $\begin{cases} \text{à 2 roues.} \\ \text{à 4 roues.} \end{cases}$

10, 11, 12. Bêtes à cornes, moutons (2), porcs.

13, 14. Moulins.... $\begin{cases} \text{Nombre.} \\ \text{Montures en 24 heures et en quintaux métriques.} \end{cases}$

15, 16. Fours (3). $\begin{cases} \text{Nombre.} \\ \text{Nombre de kilog. de pain qu'ils peuvent cuire en 24 heures.} \end{cases}$

17, 18, 19. Nombre de places disponibles pour le logement .... $\begin{cases} \text{Officiers.} \\ \text{Troupe.} \\ \text{Chevaux.} \end{cases}$

20, 21. *Id.* pour le cantonnement ...... $\begin{cases} \text{Hommes.} \\ \text{Chevaux.} \end{cases}$

22. Observations sur les ressources :

1° En eau : ruisseaux, fontaines, mares ou étangs; débit; indiquer s'ils tarissent, etc.;

---

(1) Ces reconnaissances appartiennent plutôt à la préparation de la guerre qu'à la période même des opérations.

(2) Rendement de la viande : bœuf 60 0/0, environ 750 rations de 300 grammes; vache 56 0/0; mouton 53 0/0, environ 50 rations de 300 grammes ; veau 60 0/0.

(3) Compter 8 à 12 fournées par 24 heures, et 22 pains de 1 kil. 500 par mètre carré de sole.

2º Pour le cantonnement : châteaux, usines, hospices, ca-
sernes, etc.;

3º Pour les subsistances (1) : blé, seigle, farine, avoine,
orge, foin, paille, légumes frais et secs, sel, vin, eau-de-
vie, tabac, etc.; marchés, etc.;

4º Pour les besoins divers des troupes : combustible, cuirs,
draps, etc.

Ressources pécuniaires : contributions, revenus.

Ouvriers de diverses professions : maréchaux ferrants,
charrons, charpentiers, menuisiers, cordonniers, tail-
leurs, bourreliers, maçons, etc.

Outils divers. Matériaux de construction.

Reconnaissance de l'ennemi. — *1º Indices divers.* La présence d'une troupe dans un village peut se reconnaître de loin à
la fumée qui, à une heure insolite, s'élève simultanément d'un
grand nombre de cheminées.

Un nuage de poussière flottant au-dessus d'un bivouac ou cantonnement est l'indice d'un départ imminent; une fumée intense,
c'est la préparation de la soupe qui précède la mise en marche.

La nuit, avant la levée d'un bivouac, les feux sont ranimés et
projettent alors une lueur plus vive; si cette lueur a des intermittences, c'est qu'une troupe est en marche entre le bivouac et

---

(1) Poids de l'hectolitre : blé 75 kil., seigle 67 kil., orge 58 kil.,
avoine 48 kil.

Le mètre cube de foin en piles ou en meules pèse 100 kil., le mètre
cube de paille 84 kil.

Le mètre cube de foin non pressé pèse 65 kil., le mètre cube de paille
62 kil.

100 kil. de blé tendre à bluter à........ 20 0/0 donnent 144 rations.
    —   dur   —   .... 12 0/0   —   172   —
100 kil. de farine de blé tendre blutée à 20 0/0   —   186   —
    —   —   dur   —   12 0/0   —   200   —

On mélange habituellement 1/2 ou 2/3 de blé tendre avec 1/2 ou 1/3
de blé dur.

On peut obtenir un pain encore très bon en mettant jusqu'à 1/4 de
seigle.

l'observateur ; lorsque la flamme est claire et immobile, le bivouac est abandonné, ou bien les feux sont simulés.

2° *Mouvements des troupes*. Pour se rendre compte des mouvements d'une troupe éloignée, on vise et on repère ses **2** ailes par rapport à **2** points fixes. Mais si l'on ne peut observer le mouvement que d'une station unique, il faut se défier des illusions suivantes : de **2** colonnes en mouvement à des distances différentes de l'observateur, la plus éloignée paraît marcher en sens inverse de l'autre ; des troupes qui s'avancent en échelons paraissent parfois se trouver sur la même ligne ; inversement une ligne peut paraître former des échelons.

Le reflet des armes d'une troupe qui fait face à l'observateur est plus brillant que pour une troupe qui lui tourne le dos. Le reflet des armes a des intermittences pour l'observateur placé sur le flanc d'une colonne en marche.

3° *Evaluation des effectifs*. Pour évaluer l'effectif d'une colonne ennemie en marche, « on s'en rapproche le plus possible et on cherche à gagner ses flancs pour voir distinctement la colonne, ou tout au moins l'étendue du nuage de poussière qu'elle soulève sur son passage. L'élévation et l'épaisseur de ce nuage font généralement connaître l'espèce de troupes dont se compose la colonne : la poussière soulevée par l'infanterie est épaisse et peu élevée ; celle que produit la cavalerie est moins épaisse et plus haute ; celle enfin que soulève l'artillerie est épaisse et élevée. La longueur de la colonne, qu'on peut déterminer approximativement au moyen de la carte topographique, permettra en outre d'en apprécier l'effectif. Mais si les coureurs sont placés de manière à voir la colonne, ou seulement une partie de la route en avant d'elle, ils pourront donner sur sa composition et son effectif des renseignements beaucoup plus exacts ; ils noteront, à cet effet, le temps que chaque espèce de troupe mettra pour défiler devant un point déterminé de la route. Si, par exemple, ils ont vu défiler devant le point de repère choisi (un arbre isolé, une maison, l'entrée d'un bois ou d'un village) d'abord des troupes d'infanterie pendant 35 minutes, puis de l'artillerie pendant 25 minutes.

puis, enfin, de l'infanterie pendant 45 minutes, ils en conclu-ront, en admettant une vitesse de marche de 4 kilomètres à l'heure, que la longueur de l'infanterie est de 4300 mètres, qui se réduit, en raison de l'allongement du quart, à environ 4000 mètres, et que celle de l'artillerie est de 1600 mètres, qui se réduit à 1200 mètres ; ce qui donne, pour l'effectif de la colonne, 10,000 hommes d'infanterie (10 bataillons) et 5 batteries (1). »

La nuit il faudrait s'approcher jusqu'à 400^m environ pour pou-voir distinguer à l'oreille la marche de l'infanterie de celle de la cavalerie ou des colonnes de voitures.

La connaissance de la longueur du front et de la profondeur d'un bivouac pourrait servir à évaluer la force de la troupe bi-vouaquée. Ainsi, chez les Allemands, l'infanterie bivouaque en colonne sur le centre par colonnes de compagnies, les cuisines en arrière ; la cavalerie en colonne de régiment, les cui-sines sur le flanc ; les batteries derrière leur parc rangées sur deux lignes, les cuisines en arrière. Un bataillon occupe 450^m de front et 280^m de profondeur jusqu'aux latrines ; un régiment de cava-lerie $\frac{160^m}{210^m}$; une batterie $\frac{88^m}{176^m}$; une colonne de voitures autant de fois $\frac{88^m}{176^m}$ qu'il y a de sections de 12-18 voitures. On laisse 8^m entre les bataillons d'un même régiment, 16^m entre les régi-ments. Si le bivouac comprend 2 lignes, le front de la 2me ligne pour l'infanterie est à 120^m en arrière des cuisines, ce qui porte la profondeur du bivouac à 580^m.

L'effectif d'une troupe cantonnée pourrait s'évaluer approxima-tivement d'après le nombre des maisons du cantonnement ou le chiffre de la population : par exemple, les Allemands, en canton-nement ordinaire, admettent 4-6 hommes par feu ou un homme par habitant.

La force de l'ennemi occupant une position défensive peut s'é-valuer d'après le développement du front de la position. Ainsi,

---

(1) Général Berthaut. *Des Marches et des combats.*

les Allemands admettent 5-10 hommes par pas de 0ᵐ,75 : l'effectif total ainsi calculé comprend 1/6 de cavalerie, 1/9 d'artillerie (20 artilleurs par pièce). On peut compter une division d'infanterie allemande pour un peu moins de 2ᵏ de front ; un corps d'armée pour 7ᵏ 1/2, si la position est naturellement forte.

Format et rédaction des rapports. — Pour le format des rapports et des enveloppes dans lesquelles on les expédie, on se conforme au modèle A de l'Instruction pratique sur le service de l'infanterie en campagne. Chaque officier doit être muni des imprimés nécessaires.

La mention de la *vitesse* du cavalier porteur, qui est indiquée sur l'enveloppe, peut s'interpréter de la façon suivante : vitesse ordinaire, moitié du chemin au pas, moitié au trot, soit 10ᵏ à l'heure ; vitesse accélérée, tout le chemin au trot, 15ᵏ à l'heure ; vitesse rapide, tout le chemin au galop, 20ᵏ à l'heure.

« Les rapports expédiés dans une journée par un chef doivent toujours être numérotés. Celui qui les reçoit a ainsi le moyen de constater aisément s'il lui en manque ou s'ils lui sont tous parvenus. » (Verdy du Vernois).

Toute reconnaissance exige un rapport écrit ; le style de ce rapport doit être clair, simple, positif ; l'officier qui le fait y distingue expressément ce qu'il a vu par lui-même des récits dont il n'a pu vérifier personnellement l'exactitude.

Pour les reconnaissances spéciales et les reconnaissances offensives, il est fait, outre le rapport, un lever à vue des localités, des dispositions et défenses de l'ennemi.

Dans la rédaction d'un rapport, on mentionne, s'il y a lieu, la carte dont on s'est servi. Si le nom d'une localité peut donner lieu à confusion, on y joint le nom d'une localité voisine. Afin d'éviter toute obscurité, on se servira des expressions géographiques : nord, sud, rive droite, rive gauche, amont, aval, etc., et non des expressions vagues : *en avant de, en arrière de*, etc. On écrira les heures en toutes lettres, en les répétant en chiffre entre parenthèses, et en mentionnant s'il s'agit du matin ou du soir.

Les renseignements donnés plus haut dans ce chapitre peuvent servir de guides pour la rédaction des rapports sur les reconnaissances spéciales. Comme exemple de la précision que comporte, en général, la rédaction des rapports militaires, nous donnons ci-après, d'après M. le colonel Pierron (*Les Méthodes de guerre actuelles et vers la fin du XIX° siècle*), un modèle de rapport de chef de colonne ou de détachement :

« La colonne (division, brigade, détachement, etc.) est partie à..... heures du....... de (tel endroit), pour se rendre à (tel endroit) sur l'ordre de.....

« Elle était formée dans l'ordre suivant :

Avant-garde................. telles troupes.
Gros...................... telles troupes.
Arrière-garde.............. telles troupes.
Flanqueurs................ telles troupes

« Elle a passé par (tels villages, fermes.....) en traversant (tels cours d'eau, ravins, bois.....).

« La pièce annexée (A) fait connaître la topographie du terrain parcouru, la nature des chemins, les différences entre la carte et la réalité, les ressources en vivres, les positions militaires avantageuses..... etc.

« L'ennemi a été rencontré à (telle heure), à (tel endroit).

« L'engagement, dont le rapport est donné par la pièce annexe (B), s'est terminé par la retraite (de l'ennemi ou la nôtre) sur (tel endroit).

« (Les rapports sur les engagements avec l'ennemi seront toujours rédigés à part. On y indiquera : le motif qu'on avait pour combattre, la situation des deux partis au début et les positions qu'ils occupaient, leurs forces respectives autant qu'on a pu les constater, les mouvements exécutés, les points perdus ou conquis, les pertes ou trophées, le résultat de l'affaire).

« La colonne est arrivée à (telle heure) et s'est établie (au bivouac ou dans les cantonnements) de la manière suivante : la droite appuyée à....., le centre à....., la gauche à.....

« Elle se relie par sa (droite ou sa gauche) à.....

« En cas d'alarme, les troupes cantonnées se concentreront à...

« Les avant-postes ont été poussés jusqu'à (tel endroit) (au delà de portée de canon, ou au delà des défilés à traverser le lendemain pour déboucher).

« Les rapports de reconnaissances sont ci-joints dans les pièces annexes (C, D, E ... etc.).

« La colonne est alignée en vivres, savoir :

    Pour le pain, jusqu'à (tel jour) inclus ;

        la viande,   —

        les légumes,   —

        les fourrages,   —

« L'infanterie a encore (tant de) coups par fusil.

« L'artillerie (tant de) coups par bouche à feu.

« En résumé, la colonne présente sous les armes : (tant de) fantassins, (tant de) cavaliers, (tant de) bouches à feu en état de combattre.

« Nombre de malades et de blessés.

« Demandes (en moyens de transport, munitions, vivres, souliers, vêtements, etc.).

« Punitions graves et conseils de guerre. »

Ordres. — Les ordres sont transmis par la voie hiérarchique ; si l'urgence oblige d'abréger cette voie, on prévient le chef dont on a franchi l'intermédiaire.

« Le critérium d'un ordre bien rédigé sera toujours la simplicité et la clarté ; si l'on en retranche un seul mot, il doit être, en général, incompréhensible : sinon ce mot est de trop, par conséquent inutile et nuisible. » (Verdy du Vernois).

Les ordres, particulièrement ceux relatifs aux travaux, doivent laisser aux subordonnés chargés de l'exécution la part d'initiative qui leur est indispensable.

Un ordre militaire n'exige une obéissance passive que lorsqu'il est donné par un supérieur qui, se trouvant présent au moment où il le donne, a connaissance de l'état des choses, peut écouter les objections et donner les explications à celui qui doit exécuter l'ordre (Napoléon, Wellington, archiduc Charles).

Dépêches télégraphiques. — En campagne, un ordre du général en chef arrête la liste des officiers généraux et autres ayant droit à la franchise et l'ordre de priorité dans lequel les correspondances doivent être transmises. Ces prescriptions sont affichées dans les postes.

Le service de transmission est permanent.

Les dépêches, remises autant que possible chiffrées, sont toujours datées et signées par l'expéditeur. Toute transmission est précédée d'un mot d'ordre et d'un signe de reconnaissance spécial au service télégraphique.

Le destinataire inscrit sur la dépêche l'heure et le lieu de la réception.

En campagne, on ne doit pas compter sur une transmission de plus de 400 mots à l'heure.

Formations et dispositions de combat.

Combat offensif. — « L'ordre de bataille de l'offensive doit être à la fois plus épais et plus étendu que celui de la défensive (1) », ce qui implique la supériorité numérique chez l'assaillant.

Une *compagnie* (200 fusils) en première ligne a un front de combat de $200 \times 0^m,65 = 130$ mètres. Sa ligne des soutiens est à 90 ou 100 mètres de la ligne des tirailleurs, sa réserve à 150 mètres des soutiens.

Un *bataillon* en première ligne a ordinairement 2 compagnies déployées, 2 compagnies en réserve. Son front d'attaque est donc de $2 \times 130^m = 260$ mètres. La réserve du bataillon, formée généralement en colonnes de compagnie, se tient abritée à 250 mètres en arrière des sections de réserve des compagnies de première ligne ; ce qui donne 500 mètres pour la profondeur d'un bataillon en premièr ligne.

---

(1) Général Berthaut. *Des Marches et des Combats.*

Les bataillons de deuxième ligne, déployés en colonnes de compagnie, se tiennent à environ 300 mètres en arrière des réserves des bataillons de première ligne, ce qui donne 800 mètres pour la profondeur d'un *régiment* ayant **2** bataillons en première ligne.

Si un régiment a ses 3 bataillons dans le sens de la profondeur, le bataillon de troisième ligne se tient, en colonnes de compagnie, à 300 mètres en arrière du bataillon de deuxième ligne, ce qui donne 1100 mètres environ pour la profondeur de l'ordre de bataille du régiment.

Dans les bataillons de deuxième ligne, « en attendant le moment de prendre part au combat, les compagnies fortifient les positions qu'elles occupent, afin de pouvoir recueillir les troupes de la première ligne en cas d'insuccès ; si, au contraire, ces troupes ont réussi dans l'attaque, les bataillons de deuxième ligne se portent sur les positions conquises et les mettent en état de défense de manière à pouvoir résister à un retour offensif (1). »

Une *division* pourra engager 3 de ses régiments en ordre de bataille offensif et garder son quatrième régiment en réserve. Si chacun des trois premiers régiments met 2 bataillons en première ligne et un bataillon en deuxième ligne, et que chacun des 6 bataillons de première ligne déploie 2 compagnies, le front de la division sera formé par **12** compagnies déployées, soit

$$6 \times 260^m = 1560 \text{ mètres.}$$

Si l'on y ajoute 400 mètres pour les 4 batteries divisionnaires, on a un front de 2 kilomètres.

Pour le combat offensif de la division, « l'avant-garde prend position en dehors de la route, pour qu'elle ne puisse porter le désordre dans la colonne, dans le cas où elle serait refoulée par l'ennemi, et en avant de la tête du gros pour éviter de porter atteinte au moral des soldats par un mouvement de retraite trop prolongé (1).... »

Le général de division fait prendre au gros l'ordre préparatoire

---

(1) Général Berthaut. *Des Marches et des Combats.*

de combat. « A cet effet, il fera déboîter chaque régiment du côté du flanc extérieur de manière à former, d'abord, des échelons disposés de façon à ce que l'ennemi qui attaquerait l'échelon le plus avancé pût être pris en flanc par l'échelon suivant : la division continuera son mouvement dans cet ordre (1)..... »

« Le général de division réunit auprès de lui les généraux de brigade, les chefs de corps et les chefs de service pour leur donner des instructions pour le combat. Il se place, à cet effet, sur un point d'où il puisse apercevoir la plus grande partie du champ de bataille ....

« Le général de division indique au *commandant du génie* la position qu'il devra mettre en état de défense pour couvrir la route suivie par la division et pour servir d'appui en cas d'échec ; les travaux seront exécutés par les soldat du régiment de réserve, conjointement avec les sapeurs du génie.

« La *compagnie du génie* se portera en avant sur l'ordre du général ; elle suivra généralement les troupes engagées pour compléter la mise en état de défense des points les plus importants du terrain conquis par les troupes. Elle pourra être appelée également à concourir à l'attaque d'un village dans lequel l'ennemi se serait fortement retranché ; elle devra donc se faire suivre, partout où cela sera possible, par ses voitures, ou, tout au moins, par ses chevaux porteurs d'outils et être constamment munie des charges de dynamite nécessaires pour faire sauter des murs, etc.....

« Le régiment de réserve restera jusqu'à nouvel ordre sur la position qui va être mise en état de défense ; il se portera en avant sur l'ordre du général et occupera une nouvelle position dont il complétera les travaux défensifs (1)..... »

La mise en état de défense des positions successives occupées par le régiment de réserve pendant le combat offensif est ébauchée par les réserves des bataillons de première ligne, continuée par les bataillons de deuxième ligne et la compagnie du génie et terminée par le régiment de réserve.

---

(1) Général Berthaut. *Des Marches et des Combats.*

Combat défensif. — « En général, la division a 3 régiments en première ligne et 1 régiment en réserve ; les régiments de première ligne ont : soit 2 bataillons en première ligne et 1 bataillon en deuxième ligne, soit 1 bataillon en première ligne et 2 bataillons en réserve spéciale (1)..... »

« *Première ligne.* Sur les parties du front les moins accessibles, et où l'on veut faire une défense passive, les bataillons de première ligne ont leurs 4 compagnies déployées, chacune avec une section en soutien, ou 3 compagnies déployées et la quatrième en soutien ; ces compagnies occupent un front plus ou moins étendu, selon que les abords sont plus ou moins accessibles ; elles sont placées de manière à battre complètement les pentes et le terrain en avant.

« Sur les parties les plus accessibles, et où l'on veut faire une défense active, les bataillons de première ligne ont 3 compagnies déployées et la quatrième en réserve ; les compagnies déployées sont plus resserrées que sur les points forts ; elles ont, où cela est nécessaire, une section en soutien.

« Les bataillons placés aux flancs ont 2 compagnies en première ligne, les 2 autres en soutien et généralement échelonnées l'une derrière l'autre.

« Les bataillons déployés en première ligne fournissent les défenseurs des points d'appui situés sur les abords en avant de la position qu'ils occupent.

« Les batteries sont placées de manière à voir sans être vues ; les pièces sont séparées par des intervalles d'environ 20 mètres ; les caissons sont disposés en arrière des ailes de batteries et abrités, autant que possible, contre les feux de salve de l'infanterie ennemie ; les colonnes de munitions sont établies derrière la deuxième ligne et abritées.

« *Deuxième ligne.* — Les compagnies de réserve des bataillons de première ligne et les bataillons de deuxième ligne sont dé-

---

(1) Général Berthaut. *Des Marches et des Combats.*

ployés, selon les dispositions du terrain, de manière à former une deuxième ligne de défense aussi forte que possible.

« Les bataillons échelonnés en arrière des ailes sont disposés comme ceux de la première ligne et de façon à assurer la défense des flancs.

« *Réserve*. — Le régiment de réserve est déployé par bataillon en lignes de colonnes de compagnie ou par bataillon en ligne déployée, selon qu'il se trouve au delà ou en deçà de la limite de la portée de la mousqueterie » (1).

Pour ce qui concerne les travaux défensifs, voir le chapitre : *Travaux de champ de bataille*.

Travaux dans les marches, les cantonnements et les bivouacs.

I. Travaux dans les marches.

Données générales relatives aux routes. — *Profil en travers*. Largeur minima d'une route militaire, 4 mètres. Largeur minima nécessaire pour le croisement de deux voitures : 5 mètres. A défaut de temps, ou dans les passages difficiles, réduire cette largeur à 3 mètres, et établir de distance en distance des gares d'évitement.

On peut réduire à 2^m,50 la largeur de la partie empierrée, en laissant des accotements en terre suffisants pour le croisement des voitures et la circulation des piétons. Pente des accotements : 1/25.

Talus : en déblai, 1/1 ; en remblai, 2/3,

Fossés : largeur, 1^m,50 en haut, 0^m,50 au fond ; profondeur 0^m,50 ; pente minima 0^m,005 par mètre.

---

(1) Général Berthaut. *Des Marches et des Combats*.

Bombement : 1/40 à 1/30 de la largeur. Le fond de la forme est horizontal.

Épaisseur de l'empierrement : 0^m,25 au milieu, 0^m,15 sur les côtés. — L'empierrement est composé de 2 à 3 couches de pierrailles cassées; celles du fond, de la grosseur du poing; celles de la surface, d'environ 0^m,03 de diamètre. Les meilleurs matériaux d'empierrement sont les scories de forges, les pierres calcaires et siliceuses dures, les grès et les gros graviers. Les quartz et les granits, en raison de leur dureté, ne sont à employer que pour les couches de fond.

Pentes suivant la directrice. Les pentes des routes militaires peuvent atteindre 0^m,08 à 0^m,10, et même 0^m,14 par mètre sur de petites longueurs. Pour l'infanterie et l'artillerie de montagne on peut aller jusqu'à 1/6. Ces fortes pentes doivent être placées au bas des rampes et non vers leur sommet.

Les longues pentes doivent être coupées par des paliers ou des contrepentes.

Pour l'assèchement, il faut des pentes minima de 0^m,006.

Courbes. Dans le tracé des routes militaires on peut descendre au-dessous de la limite ordinaire de 30 mètres pour le rayon des courbes.

Les pentes doivent être très faibles dans les courbes, et la chaussée élargie dans les tournants.

Si une courbe et une contre-courbe de petits rayons se suivent, il faut les séparer par une portion droite d'au moins 20 mètres de longueur.

Pour raccorder 2 alignements, diviser chacune des 2 lignes qui doivent comprendre le raccordement en un même nombre de parties égales; marquer les points de division par 2 séries de mêmes nombres, mais en ordre inverse; joindre les points portant les mêmes numéros, et faire passer la courbe de raccordement par les sommets du polygone ainsi déterminé.

Construction d'une route militaire. — Ouvrir le long de la directrice une piste de 1 mètre de largeur, que l'on élargit successivement. Commencer en même temps les travaux d'art ; n'établir les fossés, écharpes et cassis qu'après l'achèvement de la chaussée.

Si la construction d'un pont doit être longue, établir à proximité un passage provisoire relié à la piste sur les deux rives.

Si, faute de temps ou de matériaux, on ne peut établir de chaussée empierrée, donner à la route un bombement de 1/24, amender le sol avec du sable ou de l'argile, suivant qu'il est trop gras ou trop maigre, puis recouvrir la route d'une couche de $0^m,20$ de gravier.

Les aqueducs sous la route peuvent être construits en pierres sèches, ou formés de plusieurs files accolées de gaînes en planches ou de tuyaux en terre cuite. Il est essentiel de bien asseoir ces aqueducs sur une bonne couche de sable pilonnée et de les protéger aux 2 bouches par un corroi en terre franche recouvert d'un perré ou d'un gazonnement.

Une pente suivie d'une rampe forme un creux qu'on arrondit et qu'on garnit d'un pavage ; on lui donne 3 à 6 mètres d'ouverture et 1/18 de flèche. On fait aussi des cassis obliques pour faciliter l'écoulement des eaux dans le fossé du déblai (routes à flanc de coteau), d'où on les dégorge par un aqueduc.

Les écharpes sont des ruisseaux inclinés sur l'axe de la chaussée, qu'on peut établir aux fortes pentes pour empêcher les ravinements dans le sens longitudinal. Si la route a un bombement prononcé, on les dispose en forme de chevrons.

Les murs de soutènement se font en pierres sèches : parement intérieur, vertical ; parement extérieur, à 1/5 ou 1/20 ; épaisseur à la base, 1/3 de la hauteur des terres à soutenir.

Rectifications de routes pour empêcher le croisement des colonnes. — Si les 2 routes suivies par 2 colonnes aboutissent à la même localité, « on indiquera par des signes apparents les rues par lesquelles les 2 colonnes traverseront cette localité de manière qu'elles ne puissent se rencontrer ; si la disposition des rues ne permet pas le passage simultané des deux colonnes, ou si la voie secondaire *aob* vient aboutir en *o* à la

route principale *cd*, on fait établir entre les branches *ao* et *ob* de
la voie secondaire une communication *mn*, par laquelle la colonne
qui suit ce chemin pourra s'écouler sans rencontrer la colonne qui
marche sur la route principale (fig. 1)

« Si la voie secondaire *ab* coupe en *o* la route principale, on fait
établir une communication *mn* entre la partie *co* de la route principale qui est en deçà du point de jonction *o* et la partie secondaire

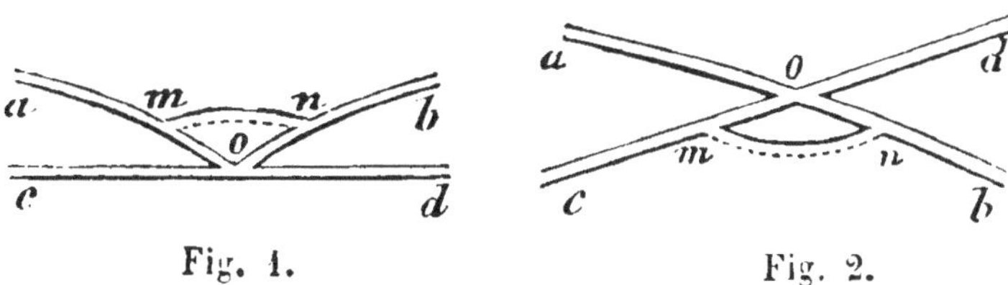

Fig. 1.   Fig. 2.

ob qui se prolonge au delà de ce même point. La colonne qui
marche sur la route principale *cd* quitte cette route pour entrer
dans la communication *mn* et continue son mouvement en suivant
la voie secondaire *nb*; la colonne qui marche sur la voie secondaire *ao* continue au contraire son mouvement par la route principale *od* » (1). (fig. 2).

Réparation des routes. — *Chemins dans les bas-fonds.*
Assainir la voie et la relever à 0^m,50 au dessus du terrain dé-
trempé. Pour cela, creuser de chaque côté des fossés dont le profil
est réglé d'après la quantité d'eau à écouler et le remblai à fournir
pour la chaussée. Sur le remblai ainsi obtenu, disposer deux couches de fascines recroisées et piquetées, celles de dessous parallèles
à la directrice, et pouvant être espacées de 0^m,50 à la condition
de bien bourrer leurs intervalles avec du gravier. Arraser la couche
supérieure avec de la terre forte, puis la charger avec une couche
de 0^m,15 de gravier ; cet empierrement est maintenu entre deux
cours longitudinaux de fascines fixées par de forts piquets qui
limitent en même temps la voie et forment chasse-roues.

---

(1) Général Berthaut. *Des Marches et des Combats.*

9.

Dans les contrées boisées, faire l'assiette de la chaussée en rondins. Disposer parallèlement à la directrice des files de corps d'arbres espacés de 1 mètre à 1^m,50, et dont les extrémités, recroisées sur 1 mètre à 2 mètres, sont reliées entre elles au moyen de harts, cordages ou clameaux. Sur cette première couche, noyée dans le sol, établir une couche transversale de rondins jointifs, d'au moins 0^m,20 de diamètre, et dont les bouts dépassent la chaussée de 1 mètre de chaque côté, les gros bouts alternant avec les petits ; pour les maintenir, cheviller à 1 mètre de chaque extrémité une file de longerons. Remplir les vides entre les rondins avec du menu branchage, du fumier, de la paille ; puis recouvrir le tout d'une couche de terre bien damée d'au moins 0^m,30 d'épaisseur (à défaut de gravier).

En terrain très-mou, on pourrait être conduit à placer d'abord sous les corps d'arbres longitudinaux des traverses espacées de 2 mètres à 4 mètres.

En marche, lorsqu'il s'agit de franchir rapidement un mauvais pas, on se contente d'établir une couche de paille, roseaux, fascinages, planches, etc., que l'on recouvre de sable ou de terre.

Routes défoncées en plaine. Curer et approfondir les fossés, mais en jetant les terres à l'extérieur ; déblayer les ornières jusqu'au fond solide et les remplir de pierres cassées **et de gravier** que l'on dame avec soin, ou bien de fascines chargées de terre (1) ; recharger la chaussée s'il est nécessaire.

Routes à flanc de coteau. Pour réparer une trouée, soutenir du côté du vide, par une gabionnade, les terres que l'on fera des-

---

(1) **Les parcs ne transportent ni dames, ni massettes de cantonnier.** On pourrait fabriquer des massettes avec l'acier corroyé qui se trouve dans le coffre d'arrière de la forge de campagne : il faudrait donner au métal 0^m,14 de longueur et $\dfrac{0^m,036}{0^m,036}$. Les manches sont en cornouiller ou en frêne.

Des massettes et des dames rondes achetées ou réquisitionnées pourraient être payées 2 fr. la pièce.

Les cabestans pour fascines se trouvent dans la prolonge aux agrès du parc de corps.

cendre du côté du déblai. On peut être conduit aussi à faire un passage en charpente.

Routes à fortes pentes ravinées. Établir de distance en distance des écharpes en grosses pierres, ou en corps d'arbres retenus par des piquets ; noyer ces écharpes dans l'empierrement que l'on relève par dessus.

Dispositions concernant les marches en retraite. —

Dans une marche en retraite, on crée des obstacles de nature à retarder la marche de l'ennemi (1).

« Il n'est pas fait mention, dans l'ordre concernant la marche, des destructions à opérer, parce qu'il faut éviter que, par une fausse interprétation de l'ordre, on ne crée des obstacles sur la route avant le passage de toutes les troupes de la division ; ces destructions sont l'objet d'une instruction spéciale que le général de division donne au commandant de l'arrière-garde, au *commandant du génie* et au commandant de la cavalerie qui sont chargés de leur préparation et de leur exécution..... (2) ».

« La *compagnie du génie* exécute les plus importants de ces travaux, c'est-à-dire ceux qui doivent être faits sur la route que suit la colonne.

« Cette compagnie marche en deux groupes : trois sections avec le gros de l'arrière-garde, et une section avec la pointe ; chaque groupe a un détachement de cinq ou six sapeurs montés sur une *voiture légère* et bien attelée qu'on a réquisitionnée dans le pays.

« Le général de division fait connaître au commandant du génie le point, situé en avant du gros de l'arrière-garde, sur lequel il y aura lieu d'opérer des travaux de destruction ou de créer des obstacles ; le commandant du génie y envoie immédiatement le détachement monté qui commence les travaux préparatoires ; les points doivent être désignés assez longtemps à l'avance pour que ce détachement puisse y arriver, autant que possible, au moment

---

(1) Pour la partie technique des travaux, voir les chapitres : *Travaux de champ de bataille* et *Destructions et démolitions.*
(2) Général Berthaut. *Des Marches et des Combats.*

où la queue du gros de la colonne vient de les quitter, et qu'il ait ainsi le temps d'achever le travail préparatoire, ou, tout au moins, d'en faire la plus grande partie avant d'être rejoint par l'arrière-garde.

Si le travail préparatoire n'est pas terminé à l'arrivée de la tête de l'arrière-garde, on y emploie la compagnie du génie et on arrête la colonne pendant quelques instants ; cette disposition ne présente aucun inconvénient, l'arrière-garde ayant nécessairement une grande indépendance de mouvement ; toutefois, si pour une raison quelconque le général juge que le mouvement de la colonne ne peut être suspendu, le détachement de sapeurs se remet en marche avec la tête de l'arrière-garde et le travail est continué par le détachement de sapeurs de la pointe d'arrière-garde ; ce dernier détachement achève le travail (mise du feu aux fourneaux de mines, mise en place des matériaux pour les barricades, etc.) lorsque les dernières patrouilles de cavalerie le rejoignent, et il se reporte rapidement à la tête de la pointe de l'arrière-garde (1) ».

II. **Travaux dans les cantonnements et les bivouacs.**

Cuisines de campagne. — Établir les feux par escouades, entre quelques pierres ou gazons sur lesquels reposent les marmites (3 marmites à 4 hommes).

Ou bien : creuser dans la direction du vent une rigole de $0^m,30$ de profondeur et de $0^m,50$ de largeur ; former des deux côtés avec les terres de la fouille deux bourrelets sur lesquels on pose en travers des bâtons, à chacun desquels on suspend trois marmites.

On peut ainsi creuser, à $1^m,50$ l'une de l'autre, deux rigoles parallèles de $0^m,30$ de profondeur et de $0^m,50$ de largeur, et jeter la terre dans l'intervalle en la réglant en forme de cuvette destinée à recevoir les feux.

Un système plus commode, mais plus long à organiser, consiste

---

(1) Général Berthaut. *Des Marches et des Combats.*

a creuser pour les cuisiniers une tranchée de service de 1 mètre de largeur et de 0^m,60 de profondeur ; perpendiculairement à cette tranchée on fait des entailles, de $\frac{0^m,30}{0^m,30}$ et de 1 mètre environ de longueur ; dont chacune sert de foyer aux six marmites de deux escouades. Longueur de la tranchée pour une compagnie : 10 à 12 mètres.

Abris-vent. — Enfoncer obliquement dans le sol, à 1 mètre les uns des autres, des piquets parallèles de 1 mètre à 1^m,50 de longueur, les relier par quelques gaulettes ou cordes en pailles, et appuyer contre cette espèce de cadre incliné des branchages, des roseaux, de la paille. L'appentis ainsi formé est maintenu au pied du côté de l'extérieur par un bourrelet en terre, et en haut par une corde en paille. Le sol de l'abri est délardé pour former couchette, et les havre-sacs sont placés directement contre le pied de l'appentis.

Pour une escouade d'environ 12 hommes, on peut donner à l'abri une forme demi-circulaire, en prenant 3 mètres de rayon pour planter les piquets.

Si l'on veut installer un feu de bivouac au centre, on prend 5 à 8 mètres de rayon, et l'on creuse autour du feu un petit fossé circulaire dans lequel viennent tomber les débris enflammés, et qui peut aussi servir aux hommes pour s'asseoir autour du feu.

On peut faire coucher les hommes sur des claies, si l'on dispose des matériaux nécessaires à leur confection.

Chevalets d'armes. — Les chevalets sont à 2 mètres les uns des autres. Chacun d'eux comprend 2 pieds inclinés et croisés, de 1^m,50 de longueur, réunis vers le haut par une hart et vers le bas par une traverse de 2^m,30. L'enfourchement des pieds supporte une perche horizontale formant porte-canons et qui reçoit, par intervalle de 2 mètres, 20 encoches pour fusils. Les porte-crosses, formés par 2 perches horizontales espacées de 0^m,08, sont supportés par les traverses, la première de ces perches touchant les pieds d'un même côté. Chaque râtelier peut recevoir 2 porte-crosses pour une double rangée de fusils.

Latrines. — La fosse est une tranchée, de 1 mètre de profondeur et de 2 mètres de largeur en haut, masquée du côté de la campagne par le déblai de l'excavation, du côté du bivouac par des branchages piqués en terre ou par une murette en gazons. Pour 500 hommes, 10 mètres de longueur de fosse. Tenir les talus aussi raides que possible, établir une barre d'appui horizontale à l'aplomb et à $0^m,40$ au dessus du bord de la fosse, et reposant dans l'enfourchement de forts piquets croisés, enfoncés les uns dans le fond de la fosse, les autres dans le sol ; ces espèces de fermes sont à 2 mètres les unes des autres ; une deuxième perche horizontale, fixée à $0^m,90$ au-dessus du sol sur les piquets, sert à prévenir les chutes. Le bord de la fosse peut être garanti par des planches, et l'on facilite par quelques rigoles l'écoulement des urines.

Puits improvisés. — Si la nappe d'eau n'est qu'à un mètre environ sous le sol, enfoncer des tonneaux à un mètre sous la nappe et achever les parois des puits en pierres sèches ou gazons jusqu'à $0^m,15$ au-dessus du sol ; garnir le pourtour des puits de quelques planches.

Pour des profondeurs plus grandes, établir des puits à la **Boule**, prolongés à un mètre sous la nappe par des tonneaux.

En terrain de sable, se servir exclusivement de tonneaux, que l'on fait descendre successivement comme la trousse coupante des puisatiers.

S'il se trouve à proximité du bivouac un ruisseau, mais de section trop faible pour pouvoir être utilisé commodément, on y organise, au moyen de deux barrages noyés, deux biefs successifs : le bief d'amont fournira l'eau pour la boisson, le bief d'aval celle pour les usages divers.

Abreuvoirs. — Les cours d'eau à fond de gravier, avec des profondeurs de $0^m,50$ à 1 mètre et des berges bien accessibles, fournissent de bons abreuvoirs.

A défaut d'emplacements convenables, on cherche à réaliser les conditions voulues en organisant des rampes, et en diminuant, s'il y a lieu, par des épis la section du cours d'eau afin que le courant enlève l'eau troublée par le piétinement des animaux.

Auprès des puits, etc., on installe, sur des tréteaux de 0^m,50 de hauteur, des auges en bois ayant 0^m,40 de largeur au fond, 0^m,60 en haut et 0^m,25 de profondeur.

Compter au moins 20 litres d'eau par cheval.

Lavoirs. — Sur un cours d'eau, installer des appontements. ou des radeaux de 2 mètres de largeur amarrés à la rive.

Auprès des fontaines, installer sur tréteaux des baquets avec des caisses ou des tonneaux.

Purification de l'eau. — Pour empêcher l'eau d'un puits de s'altérer, on y jette 1 à 2^k de sel marin.

Pour désinfecter de l'eau légèrement croupie, placer au fond du récipient une couche de charbon de bois recouverte d'une couche de gravier. Ou bien, agiter de petites quantités d'eau avec de l'alun ou du charbon et filtrer ensuite.

Filtre : tonneau ou cuve dans laquelle on adopte un double fond percé de trous, recouvert d'une toile supportant des couches successives de gravier, de charbon de bois et de sable ; faire arriver l'eau très doucement et tenir toujours le tonneau plein.

Observatoires. — A défaut de hauteurs, clochers, etc., dresser à côté d'un arbre élevé 2 mâtereaux que l'on relie entre eux par des écharpes ; de 5 mètres en 5 mètres environ, établir des paliers triangulaires, formés de 3 traverses embrassant les mâtereaux et le tronc de l'arbre et recouvertes de planches ; les assemblages se font avec des cordes, des pointes ou broches, des clameaux. On accède aux paliers au moyen d'échelles.

A défaut d'arbre convenable, organiser l'échafaudage avec 3 ou 4 mâtereaux inclinés à 1/10 et consolidés par des écharpes en croix de Saint-André ; l'écartement des mâtereaux est réglé de manière que le palier supérieur ait 1^m,50 de côté.

Feux de signaux. — Sur une hauteur, planter une perche élevée portant à son sommet un tonneau rempli de paille et de goudron ; à défaut de tonneau, employer des fascines ou des torons de paille goudronnés (1). Le feu est mis au moyen d'un cordeau porte-feu ou d'une corde tressée en paille et imprégnée de la matière inflammable.

On emploierait aussi avec avantage des flambeaux Lamarre.

Ponts militaires.

I. Renseignements généraux.

Charges à supporter par les ponts militaires. Charge maxima : infanterie en déroute, par mètre carré 6 hommes sans armes ni bagages, soit 450 kil.

Cavalerie, artillerie de campagne, voitures : au plus 450 kil. par mètre carré.

Artillerie de siége : un point quelconque du pont doit pouvoir supporter une charge de 1000 kilog.

Choix du genre de supports à employer. Ponts de chevalets : profondeur de l'eau inférieure à 2 mètres, fond ferme et uni, vitesse du courant inférieure à $1^m,50$.

Ponts de radeaux : vitesse du courant inférieure à 2 mètres.

Ponts sur pilotis : fond solide et pénétrable, profondeur inférieure à 4 mètres.

Ponts de bateaux : au moins $0^m,50$ de profondeur d'eau.

Largeur des ponts ou passerelles. 3 mètres au moins pour le passage des colonnes de toutes armes ; 2 mètres pour l'infanterie par 2, la cavalerie par 1 ; 1 mètre pour l'infanterie par 1.

---

(1) Composition pour tremper les fascines : poix noire, 24 ; suif ou graisse, 12 ; huile de lin, 6.

Éléments du tablier. La voie des voitures différant peu de 1^m,53, espacer les *poutrelles* de 0^m,75 et en employer 5-7 cours suivant la largeur du pont ; pour les passerelles, 3-4 cours de poutrelles disposées sans tenir compte de la voie des voitures.

Avec 5 cours de poutrelles pour les ponts de 3 mètres de largeur, et **4** cours pour les ponts de 2^m,25, le côté des poutrelles **doit** être 1/40 de leur portée ; il convient de prendre 0^m,04 en plus et d'employer dans tous les cas des poutrelles d'au moins $\dfrac{0^m,10}{0^m,10}$.

Le tableau ci-après servira à fixer l'équarrissage des poutrelles (1) étant donnée leur portée, ou inversement, leur portée étant donné leur équarrissage.

---

(1) Pour débiter dans un tronc d'arbre des poutrelles ayant la résistance maxima, c'est-à-dire dont les côtés de la section sont dans le rapport de 5/7, on trace sur la section du petit bout du tronc un diamètre ab qu'on partage en trois parties égales ; aux points de division c et d on mène de part et d'autre les perpendiculaires ce, df, coupant la circonférence en e et f. La poutrelle cherchée aura pour section le rectangle $aebf$.

Ces tracés se font à l'équerre de charpentier. Si à partir du sommet o de l'équerre on porte sur les deux branches les deux côtés oa, ob de la section d'une poutrelle à débiter, l'hypothénuse du triangle aob représente le diamètre du plus faible arbre pouvant fournir la poutrelle demandée.

PORTÉES.	ÉQUARRISSAGE des POUTRELLES.	DIAMÈTRE DES POUTRELLES rondes (1).	FORMULES.
3 mètres.	$\frac{0^m,10}{0^m,10}$ ou $\frac{8}{11}$ ou $\frac{7}{12}$.	0^m,11 à 0^m,12	$R = \dfrac{6}{a\,b^2} \times \dfrac{p\,c^2}{8}$.
4 —	$\frac{0^m,11}{0^m,11}$.	0^m,13.	$R = \dfrac{32}{\pi\,d^3} \times \dfrac{p\,c^2}{8}$.
5 —	$\frac{0^m,14}{0^m,14}$ ou $\frac{12}{15}$ ou $\frac{11}{16}$.	0^m,16.	a épaisseur de la poutrelle (en mètres).
6 —	$\frac{0^m,16}{0^m,16}$ ou $\frac{14}{17}$ ou $\frac{13}{18}$.	0^m,16.	b hauteur — —
7 —	$\frac{0^m,18}{0^m,18}$ ou $\frac{16}{19}$ ou $\frac{15}{20}$.	0^m,215.	d diamètre — — c portée — —
8 —	$\frac{0^m,20}{0^m,20}$ ou $\frac{18}{21}$ ou $\frac{16}{22}$.	0^m,23.	p charge de la poutrelle par mètre courant (en kilogrammes).
9 —	$\frac{0^m,225}{0^m,225}$.	»	$R = 600000$ à 800000 pour le chêne et le sapin rouge, et 250000 pour le pin.
10 —	$\frac{0^m,25}{0^m,25}$.	»	
11 —	$\frac{0^m,275}{0^m,275}$.	»	
12 —	$\frac{0^m,30}{0^m,30}$.	»	

(1) La résistance d'une poutrelle ronde est les 7/10 de celle d'une poutrelle carrée ayant pour côté le diamètre de la poutrelle ronde.

Pour le passage des pièces de siége, réduire les portées ci-dessus de 1/3 ou 1/2 ; ou bien réduire à 0ᵐ,40 l'espacement des poutrelles, si les corps de support sont suffisamment résistants.

Épaisseur des *madriers* du tablier : au moins 1/25 de leur portée. Pour les portées de 0ᵐ,75 à 0ᵐ,80 prendre des madriers de 0ᵐ,045. Rejeter des madriers de moins de 0ᵐ,03 d'épaisseur, ou bien les doubler. Pour le passage des pièces de siége, employer des madriers d'au moins 0ᵐ,06 d'épaisseur.

On peut aussi être obligé de régler l'espacement des poutrelles d'après l'épaisseur des madriers dont on dispose.

Rampes d'accès des ponts : leur pente est de 1/8 ; leur tracé doit être fait de manière que les voitures à grand tournant puissent s'engager sur les ponts sans difficulté.

Hauteur du tablier au dessus de l'eau : au moins 0ᵐ,75. Pour un pont devant servir longtemps, tenir le tablier à 0ᵐ,75 au-dessus des plus hautes eaux, niveau qui peut être indiqué par les riverains ou par les employés du service des eaux.

II. Nœuds les plus usités, liaison des bois au moyen de cordages.

Nœuds. — *Nœud simple gansé ou nœud coulant ;* s'emploie pour serrer plusieurs objets l'un contre l'autre (fig. 3).

Nœud de lacet ou nœud double coulant ; sert au même usage que le précédent, et aussi pour s'attacher à une poutre, etc.

Fig. 3.   Fig. 4.   Fig. 5.

lorsque la charge à supporter nécessite une corde redoublée (fig. 4).

Nœud de galère; sert à fixer un billot sur la longueur d'une corde, particulièrement pour permettre à plusieurs hommes de faire effort simultanément le long d'une même corde (fig. 5).

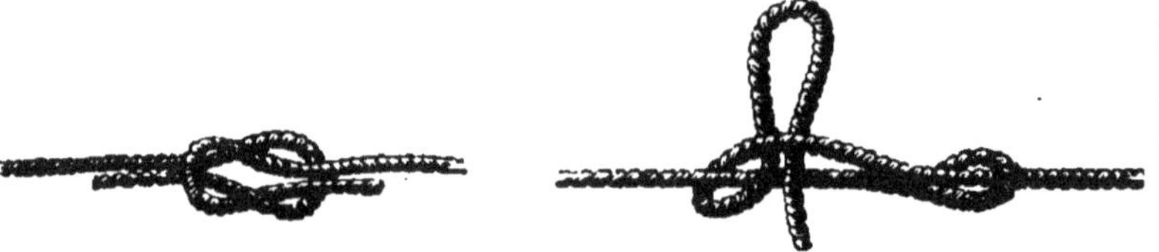

Fig. 6.   Fig. 7.

Nœud droit; sert à réunir deux cordes; les bouts libres sont arrêtés sur les longs brins par des garnitures en ficelle (fig. 6).

Nœud droit gansé; même emploi que le précédent (fig. 7).

Nœud de tisserand; préférable au nœud droit lorsque les cordes sont d'inégales longueurs et que l'un des bouts est très court (fig. 8).

Nœud simple pour réunir deux cordes : faire un nœud simple à l'extrémité de l'une des cordes ; engager dans ce nœud le bout libre de l'autre corde, en lui faisant suivre en sens inverse les contours de la première ; serrer en tirant sur les quatre brins.

Fig. 8.   Fig. 9.

Nœud à tête d'alouette pour réunir deux cordes ; se défait facilement par une traction inverse de celle que l'on opère pour serrer le nœud (fig. 9).

Amarrage des cordons de bretelle à la ligne de halage : faire plusieurs nœuds simples l'un sur l'autre à l'extrémité des cordons ; croiser le bout des cordons sur la ligne ; faire passer deux fois les nœuds de l'extrémité des cordons dans l'angle aigu formé par la ligne et les cordons ; tendre les cordons (fig. 10). Lorsque le haleur cesse de tendre les cordons, ils se détachent de la ligne.

Fig. 10.

Nœud de batelier ; sert à amarrer un cordage à un piquet (fig. 11).

Nœud de poupée ; sert à amarrer un cordage d'ancre à la poupée

Fig. 11.   Fig. 12.

d'un bateau ; ne diffère du nœud de batelier qu'en ce que le cordage embrasse la poupée de trois tours.

Nœud allemand ou *de maçon ;* sert à s'amarrer à un pieu, etc., avec un seul brin de corde. Ce nœud d'un usage fréquent est la base ordinaire des ligatures (fig. 12).

Demi-clefs ; s'emploient pour arrêter le petit bout d'un cordage déjà amarré par un autre nœud (fig. 13).

Fig. 13.   Fig. 14.

Amarrage en pattes d'oie ; sert à fixer un cordage à un autre cordage déjà tendu (fig. 14).

Nœud d'ancre ; sert à amarrer un cordage à l'organeau d'une ancre (fig. 15) ; on l'emploie aussi sous le nom de *nœud de cabestan* à fixer un câble à un crochet ou à un anneau.

Fig. 15.   Fig. 16.

Nœud d'ancre double ; s'emploie lorsque le cordage d'ancre doit être doublé (fig. 16).

Pour s'attacher à des objets tant fixes que mobiles, et spécialement à des crochets, on emploie encore le *nœud simple fixe* ou le *nœud double fixe* (fig. 17 et 18).

Fig. 17.   Fig. 18.

Garrot ; sert à augmenter la tension d'une corde (fig. 19).

Fig. 19.

Couronnes de brellage, à 1, 2 ou 3 brins ; servent à réunir très-fortement divers objets les uns avec les autres ; elles se serrent à l'aide de billots.

Nœud de palan (1). Pour amarrer la moufle à un câble que l'on

---

(1) La *manœuvre du palan* sert à tendre un cordage et à traîner ou à élever un fardeau.

Le palan à trois roulettes de l'équipage du génie se compose de deux moufles à trois poulies chacune et qui ne diffèrent que par l'anneau

doit tendre en tirant de haut en bas p. e., plier une amarre en deux, la fixer en son milieu au crochet par un nœud coulant, serrer le crochet contre le câble par deux tours d'amarre ; faire deux autres tours autours du câble seulement ; former successivement

Fig. 20.

deux ganses à 0^m,50 au-dessus du crochet en faisant repasser dans l'intervalle les deux brins sous le crochet, comme le montre la figure 20 ; terminer par une demi-clef.

Dénouer un nœud : tordre l'un des brins en le faisant glisser sur l'autre ; ou bien chasser une cheville dans les entrelacements des nœuds.

Liaison des bois au moyen de cordages (1). — La

d'arrêt qui remplace dans la moufle fixe une des entretoises supérieures.

Pour *équiper le palan,* coucher les deux moufles à terre à cinq pas l'une de l'autre, les deux poulies horizontales et les crochets opposés. Passer un bout du cordage du palan dans la gorge de la poulie inférieure de la moufle à laquelle doit aboutir le *garant,* c'est-à-dire la partie du cordage du palan sur laquelle on tire : passer ensuite ce bout dans la gorge de la poulie inférieure de la deuxième moufle, puis dans la gorge de celle des poulies de la première moufle qui est immédiatement au-dessus de la poulie inférieure ; et ainsi de suite, jusqu'à ce que le cordage soit passé dans la gorge de toutes les poulies ; amarrer le bout du cordage à la petite anse de la première moufle par un nœud d'ancre.

Le palan étant équipé, éloigner les moufles l'une de l'autre autant que l'exige le but de la manœuvre ; attacher le crochet de l'une des moufles à un point d'amarrage, et le crochet de l'autre au cordage que l'on veut tendre, par un nœud de palan.

Pour la manœuvre, le chef de manœuvre tend les courants également, les hommes font des efforts successifs sur le garant.

(1) Les cordages des parcs à employer sont : la commande de poutrelles de 9^{mm} de diamètre, la commande de guindage de 13^{mm}, les longes et demi-longes de 12^{mm} et de 10^{mm}.

garniture s'emploie pour réunir deux poutrelles jointives, ou pour réparer une pièce rompue.

La *garrotture* s'emploie lorsque les bois à réunir doivent être soumis à des efforts qui tendent à les disjoindre.

La *ligature* sert à fixer deux poutrelles à angle droit l'une sur l'autre, p. e. une poutrelle sur le chapeau d'un chevalet.

Garniture (fig. 21). Si les 2 poutrelles sont d'équarrissages

différents ou bien cylindriques, ou bouche les vides sur la longueur de la garniture au moyen de morceaux de bois de manière à bien tendre la corde. Les 2 brins flottants, indiqués sur la figure, peuvent

Fig. 21.

être réunis sur la garniture au moyen d'un nœud droit.

Garrotture réunissant 2 pièces de bois juxtaposées : entourer les 2 pièces de quelques tours de corde un peu lâches, réunir les 2 bouts de la corde par un nœud droit ; faire passer, entre les tours de la corde et le bois, l'extrémité d'un billot que l'on fait tourner jusqu'au refus, et dont on fixe ensuite l'autre extrémité avec un bout de ficelle.

Ligature reliant une poutrelle avec un chapeau (fig. 22). Attacher d'abord la corde au chapeau par un nœud de maçon bien

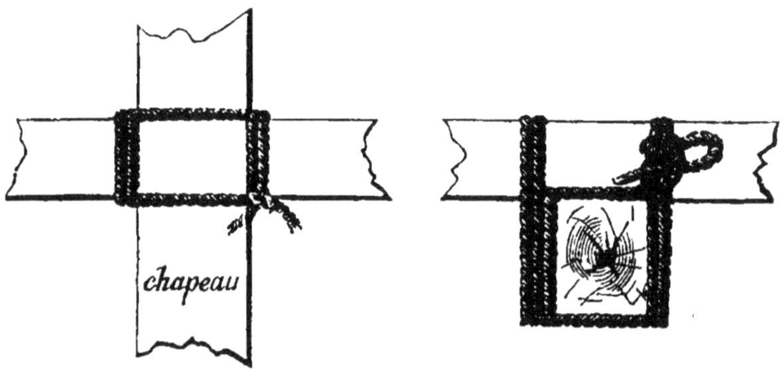

Fig. 22.

serré ; terminer ensuite comme l'indique la figure. On peut augmenter la solidité de la ligature en l'étranglant au moyen de plusieurs tours de corde.

Ligature reliant une pièce horizontale avec une pièce verticale. Fixer la corde à la pièce verticale au moyen d'un nœud de maçon et de plusieurs demi-clefs; l'enrouler ensuite autour des 2 pièces comme dans la ligature précédente.

Ligature de 2 pièces en croix de Saint-André (fig. 23). Faire un nœud de maçon bien serré embrassant horizontalement les 2 pièces; replier la corde en arrière et l'enrouler plusieurs fois

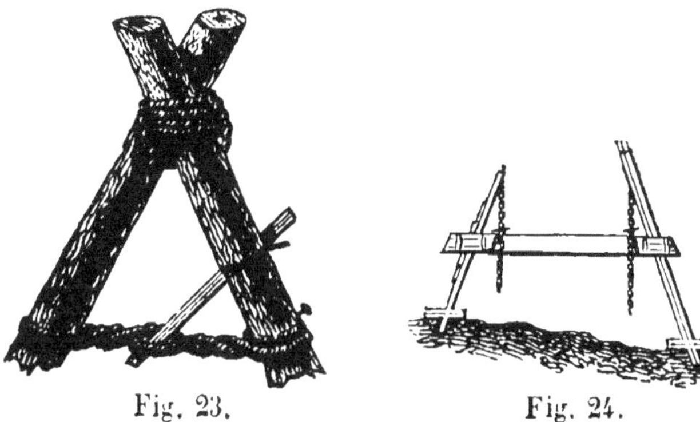

Fig. 23. Fig. 24.

autour des 2 pièces; étrangler la ligature au moyen de quelques tours de corde; s'opposer à l'écartement des 2 pièces par une garrotture.

III. Ponts sur chevalets Birago, sur chevalets ordinaires ou rapides, sur pilotis, sur bateaux de circonstance, sur radeaux.

Ponts sur chevalets Birago (1). — *Sondage* préalable de la rivière à l'aide d'un demi-bateau d'équipage et de la sonde de batelier, le long d'une corde tendue suivant l'axe du pont et mar-

---

(1) Voir les chapitres : *Parc du génie d'une armée et Renseignements spéciaux sur le matériel des parcs du génie.*

quée de 5ᵐ,70 en 5ᵐ,70. D'après les données de ce sondage, classer les séries des pieds des chevalets successifs (1).

Établir le *corps mort* de niveau et d'équerre sur l'axe du pont, le fixer par 4 piquets ferrés de corps morts.

Former la *portière de manœuvre* avec les 2 demi-bateaux établis parallèlement à 2ᵐ,30 l'un de l'autre; les relier suivant l'axe du pont par une poutrelle à griffes emboîtant les plats-bords extrêmes, et par 2 autres poutrelles à griffes établies à 1ᵐ,60 à droite et à gauche de la première; ces poutrelles peuvent être brellées sur les tringles de bordage. Deux poutrelles, dites de manœuvre, sont disposées un peu en dedans des poutrelles extrêmes, en faisant du côté de la rive de départ une saillie d'environ 0ᵐ,75; cette extrémité saillante est munie d'une commande.

Équiper la portière : 8 hommes dans le demi-bateau nᵒ 1, 6 hommes dans l'autre; 4 masses, 12 coins, 4 rames, 4 gaffes, 2 écopes, 2 billots, 2 madriers, 10 commandes, 2 grandes amarres manœuvrées à l'avant et à l'arrière du bateau nᵒ 1 et fixées à 2 grands piquets ferrés d'amarrage plantés sur la rive à 16 pas en amont et en aval du corps mort.

Amener la portière devant le corps mort (ou le dernier chevalet posé). Coucher sur la saillie des poutrelles de manœuvre le chapeau d'un chevalet, le dessus tourné vers la rive d'arrivée. Engager les pieds par la pointe dans les coulisses, sur une longueur suffisante pour le placement des semelles; les y fixer provisoirement par des coins; poser les semelles, les pointes vers l'extérieur du pont. Coiffer les pieds avec les chaînes de suspension et attacher par dessus ces chaînes une commande dont on passe le bout libre dans le dernier anneau des chaînes. Dresser le chevalet; breller le chapeau avec les 2 commandes des bouts des poutrelles de manœuvre; l'emboîter avec les poutrelles à griffes de la

---

(1) Avec les pieds de 2ᵐ,50 et de 4 mètres, on emploie généralement un faux pied de 1ᵐ,15. Les pieds de 5 mètres se placent par couples jointifs dans une même coulisse de chapeau.

Les plus longs pieds de l'équipage du génie ont 5 mètres, ce qui permet de ponter sur des cours d'eau qui ont jusqu'à 2ᵐ,80 environ de profondeur.

travée. Pousser au large, jusqu'à ce que les poutrelles de la travée puissent emboîter le corps mort (ou le chapeau du dernier chevalet posé). Enfoncer les pieds après avoir dégagé les coins, enlever les commandes des chaînes et accrocher ces chaînes au chapeau ; enfoncer les pieds au refus à coups de masse, fixer définitivement les chaînes.

Placer les madriers du tablier. Dégager la portière en débrellant le chapeau et soulevant l'extrémité opposée des poutrelles de manœuvre.

Pour le placement du dernier chevalet, ramener les poutrelles de manœuvre sur l'alignement de celles de la portière, et disposer le dernier chapeau sur l'extrémité des poutrelles du côté de la rive d'arrivée, en opérant comme ci-dessus.

Les poutrelles de l'équipage ont toutes 6 mètres. Le corps mort de la rive d'arrivée se place de manière à pouvoir être emboîté par les griffes des poutrelles de la travée d'arrivée.

Mode de guindage spécial. Employer les pieds de chevalets comme poutrelles de guindage, et poser de champ, contre les

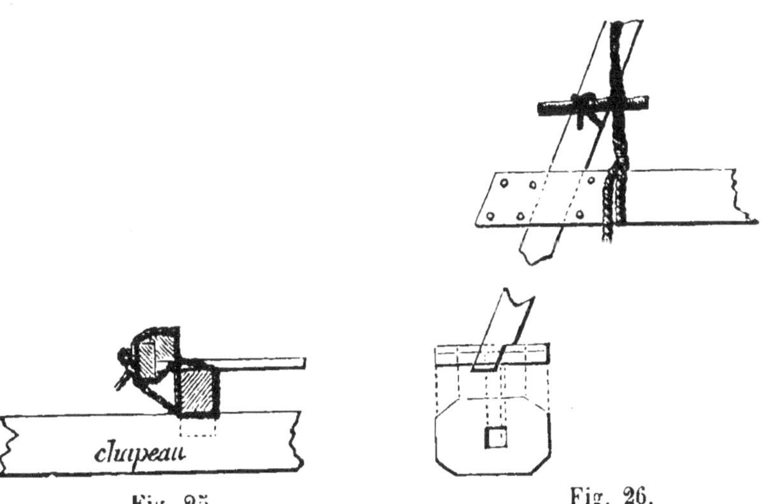

Fig. 25.   Fig. 26.

bouts des madriers de pontage, des demi-madriers qu'on brelle avec les poutrelles comme l'indique la figure 25. Les madriers de pontage se trouvent ainsi encastrés d'une manière invariable et la voie du pont a la plus grande largeur possible.

Pour le *repliement* du pont, remplacer la portière par un seul demi-bateau.

Matériel Birago improvisé. — Les chapeaux peuvent être faits de **2** pièces moisées dans lesquelles on ménage des mortaises pour le passage des pieds, et qui sont boulonnées ou chevillées ensemble.

Les pieds sont des poutrelles que l'on fixe dans les mortaises des chapeaux à l'aide de chevilles ou de clameaux, ou qui sont seulement brellées sur les chapeaux.

Les chaînes de suspension sont remplacées par des cordages (fig. 26).

Les semelles sont formées de 2 bouts de madriers convenablement assemblés et entaillés.

Les griffes des poutrelles de pontage s'obtiennent à l'aide d'entailles, ou à l'aide de taquets ou de chevilles en bois dur.

Ponts sur chevalets ordinaires. — *Chevalet ordinaire* (fig. 27) : un chapeau A de 4 mètres à 5 mètres de longueur et

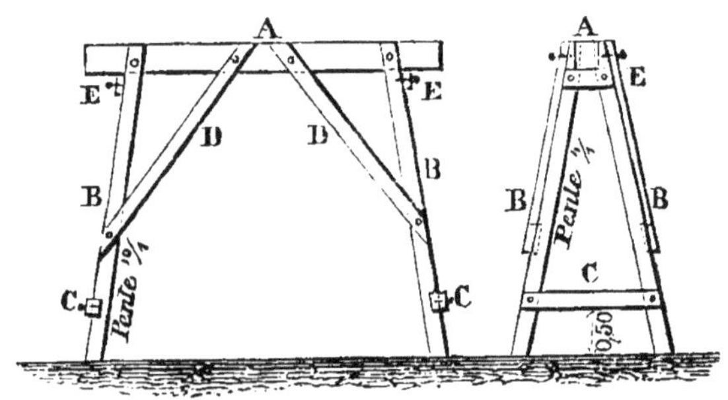

Fig. 27.

de 0m,20 à 0m,25 d'équarrissage ; 4 pieds B de 0m,12 à 0m,15, assemblés avec le chapeau par emboîtement et chevillés ; 2 traverses C de $\frac{0^m,08}{0^m,10}$ assemblées à entailles et chevillées avec les pieds ; 4 écharpes D assemblées à entailles avec les pieds ou simplement chevillées ; 2 coussinets E de $\frac{0^m,06}{0^m,2\cdot)}$ chevillés sur les pieds. Toutes les chevilles peuvent être remplacées par des broches moyennes de 0m,24.

6 hommes font un chevalet en 3 heures. Outils : 2 haches de charpentier, 1 herminette, 1 besaigüe, 1 ciseau de menuisier, 1 scie passe-partout, 1 scie ordinaire, 1 tarière de 0m,020, 1 tarière de 0m,027, 1 grosse vrille, 1 mètre, 1 masse en fer, 1 maillet, 1 équerre, 1 fausse équerre, 1 compas, 1 fil à plomb, 1 fil à tracer.

Chevalet rapide. La voiture de sapeurs-mineurs porte 1 *gabarit de chevalet rapide* dans la caisse n° 3 ; la prolonge aux agrès en porte 4 dans la caisse n° 4.

Pour le détail de la confection des chevalets, ainsi que pour la construction et le repliement du pont, voir le cahier de l'école de ponts.

12 hommes font un chevalet rapide en une demi-heure, avec des bois rendus à pied d'œuvre. La brigade est subdivisée en 3 escouades (fig. 28).

1re *escouade.* Au chapeau : 2 charpentiers, 3 servants ; 1 fil à

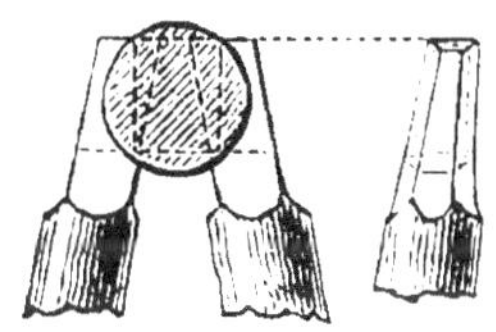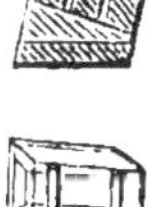

Fig. 28.

tracer, 2 compas, 2 scies, 2 ciseaux, 2 maillets, 2 marteaux, 2 gabarits pleins.

2me *escouade.* Aux pieds : 2 charpentiers, 2 servants ; 2 herminettes, 2 haches à main, 1 scie, 2 vilebrequins, 2 masses en fer, 2 gabarits creux.

3me *escouade.* Aux traverses, aux coussinets et aux écharpes 1 charpentier, 2 servants ; 1 herminette, 1 hache, 1 scie, 1 vilebrequin.

10.

A défaut de gabarit, on construit le chevalet comme le montre la figure 29. Les pieds sont assemblés 2 à 2 par des entailles à mi-bois, et cet assemblage est consolidé par des broches. Des broches réunissent aussi le chapeau avec les pieds. L'écartement des pieds se règle par la longueur des traverses, et leur inclinaison dans le sens longitudinal d'après la longueur des écharpes.

Fig. 29.

Ponts sur pilotis. — Les corps de support sont formés de *palées* de 2 à 3 *pilots*, de $0^m,25$ à $0^m,40$ de diamètre, enfoncés au refus sur une même ligne parallèle à la direction du courant ; ces pilots sont, s'il y a lieu, reliés par des écharpes et consolidés par des contrefiches ; la palée est coiffée d'un chapeau assemblé à tenon et mortaisé sur les têtes des pilots ou fixé simplement par des broches ou clameaux. Les chapeaux peuvent aussi être formés de couples de madriers boulonnés sur les têtes entaillées des pilots.

Les palées sont espacées d'au moins 4 à 5 mètres.

Les pilots, pour le battage, peuvent être frettés à la tête et armés de sabots en fer de 2 à 3 branches de $0^m,30$ à $0^m,50$ de longueur.

Les *longerons* sont clamaudés aux chapeaux.

Les *madriers* du tablier sont cloués sur les longerons. On peut s'opposer aux fléchissements latéraux des longerons en disposant de 4 mètres en 4 mètres un madrier plus épais, dit pièce de pont, placé à entailles sur les longerons.

Le *garde-fou* comprend des potelets ou montants, engagés dans les pièces du pont et arc-boutés à l'extérieur ; la lisse du garde-fou est assemblée sur ces montants.

Il y a avantage, au point de vue de la stabilité du pont, à faire le tablier très lourd (1).

---

(1) Un pilot dont la hauteur est égale à 8 fois son équarrissage supporte 30 kil. par centimètre carré de section.

Un pilot dont la hauteur est égale à 24 fois son équarrissage supporte 15 kil. par centimètre carré de section.

Un pilot dont la hauteur est égale à 60 fois son équarrissage supporte 2 kil. 1/2 par centimètre carré de section.

Si les longerons sont trop faibles pour leur portée, on les renforce au moyen de sous-longerons reposant par leur milieu sur les chapeaux et réduisant ainsi la portée des longerons.

S'il faut donner une grande hauteur au pont, on construit des palées basses, dont les chapeaux reçoivent à tenon et mortaise les pilots des palées supérieures ; celles-ci supportent le tablier. Des écharpes moisées et des arcs-boutants consolident tout le système.

Battage des pilots à la sonnette. Les parcs d'armée du génie ne transportent que les ferrures des sonnettes, sans les bois. Les équipages des pontonniers ne comprennent pas de sonnettes. Les ponts sur pilotis se faisant généralement sur les derrières des armées, on aura le temps de faire venir des sonnettes, ou de s'en procurer sur place, ou encore d'en improviser à l'aide des renseignements du *Cahier de l'Ecole de ponts.*

Battage des pilots au mouton à bras. Le mouton à bras de l'équipage d'armée du génie pèse 55^k ; il a 3 bras et 6 poignées. Cet engin, décrit dans le cahier de l'école de ponts, peut servir à enfoncer des pilots ayant jusqu'à 0^m,15 à 0^m,18 de diamètre.

La figure 30 représente une plate-forme très-simple utilisant le poids des hommes employés au battage : cette espèce d'écha-

Fig. 30.

faudage est formé sur la rive ou vers l'extrémité du tablier déjà fait ; on le dresse au moyen d'un cordage de retraite et on le laisse pencher en avant jusqu'à ce que la pointe du pilot touche le fond de la rivière ; on rectifie la position du pilot en agissant sur les 2 poutrelles qui l'embrassent. Un madrier mis en travers sur les poutrelles permet à un homme d'aller frapper quelques coups de masse sur la tête du pilot. Lorsque 2 pilots d'une même palée sont ainsi mis en fiche, on établit un tablier de service pour le battage avec le mouton à bras ; les poutrelles de ce tablier sont brellées sur la dernière palée faite et sur les 2 pilots déjà consolidés.

Arracher un pilot. 1° Au moyen d'un levier d'abattage (voir le *Cahier de l'Ecole de ponts*).

2° Au moyen d'une nacelle : amener l'un des becs de la nacelle contre le pilot, et l'abaisser, autant que possible, à l'aide du poids des hommes embarqués ; amarrer ce bec à une chaîne ou corde entourant le pilot en un point pris le plus bas possible ; faire porter les hommes à l'autre bout de la nacelle pour provoquer un abattage ; donner à la nacelle un mouvement de tangage pour ébranler le pilot.

Ponts sur bateaux de circonstance (1). — Placer les bateaux sous le pont par ordre de grandeur, de manière que le tablier n'ait pas de ressauts ; mettre près de chaque culée un bateau solide et d'une grande capacité ; placer dans le plus fort courant les bateaux dont la forme lui offre le moins de résistance et dont la force de support permet les plus longues travées.

Elever les plats-bords trop bas au moyen de traverses dont les extrémités sont entaillées pour les logements des plats-bords ; un ou deux supports sont mis sur ces traverses, dans le sens de la longueur des bateaux, et maintenus par des clameaux ou des commandes.

Abaisser les plats-bords trop hauts en lestant les bateaux, ou bien entailler les plats-bords à l'emplacement des poutrelles.

Si les bordages d'un bateau sont trop faibles ou trop évasés, placer sur le fond un chevalet-support destiné à recevoir les poutrelles.

---

(1) Règlement du 24 décembre 1877 sur le service et les manœuvres des pontonniers.

Lorsque les poutrelles n'ont pas le même équarrissage sur toute leur longueur, on fait alterner les gros et les petits bouts ; on exhausse ces derniers au moyen de taquets.

Les poutrelles sont fixées aux côtés extérieurs des bateaux qui supportent leur bout de devant, chacune par un clameau à 2 faces ; l'une des pointes de ce clameau est enfoncée dans la face latérale de la poutrelle qui est du côté opposé à celui où doit être placée la poutrelle de même file de la travée suivante ; l'autre pointe est enfoncée, suivant le cas, dans le bordage en dehors du bateau ou dans le plat-bord.

On jumelle chaque couple de poutrelles avec 2 clameaux à une face placés à 0^m,25 environ des extrémités des 2 poutrelles et inclinés l'un vers l'autre ; chaque clameau est enfoncé par une de ses pointes au milieu de la face supérieure d'une poutrelle, et par l'autre pointe au milieu de la face supérieure de l'autre.

A défaut de clameaux, ou dans la crainte d'endommager les bordages des bateaux, on peut clouer des tringles sur les montants des courbes, à 0^m,25 à peu près au-dessous des plats-bords et breller les poutrelles sur ces tringles à l'aide de commandes.

Ponter à grande portée. Les poutrelles de la première travée sont posées sur le corps mort et sur les 2 plats-bords du premier bateau ; on place les poutrelles impaires de la deuxième travée sur le plat-bord extérieur du premier bateau et sur les deux plats-bords du deuxième, les poutrelles paires sur les deux plats-bords du premier bateau et sur le plat-bord intérieur du deuxième ; et ainsi de suite.

Ponter à très-grande portée. Les poutrelles ne posent que sur un seul plat-bord de chacun des 2 bateaux qui les supportent. Les poutrelles de 2 travées consécutives sont reliées entre elles par de fausses poutrelles allant d'un plat-bord à l'autre du même bateau. Pour appliquer ce mode de pontage, il faut être bien sûr de la résistance des bateaux que l'on emploie (1).

---

(1) On renforce le fond d'un bateau en disposant dans le sens de la longueur quelques rangées de planches, et les flancs en étrésillonnant

Ancrage. Les becs des bateaux successifs sont reliés entre eux par des traversières.

Lorsque la vitesse du courant dépasse $1^m,50$, tous les bateaux doivent être ancrés en amont. Ils sont tous amarrés avant la manœuvre à la rive en amont de la culée, et chaque bateau mouille son ancre en allant prendre sa place au pont.

Lorsque le courant est faible, les bateaux ne sont ancrés que de 3 en **3**, ou même de 4 en 4.

Pour l'emploi des ancres, paniers et caisses d'ancrage, voir le *Cahier de l'Ecole de ponts.*

Les cordages d'ancre doivent avoir une longueur égale à 10 fois au moins la profondeur de l'eau et une direction sensiblement parallèle au courant.

On peut improviser des ancres à l'aide de pioches : réunir 2 pioches, pointe contre tranchant, puis chasser dans les 2 fers ainsi réunis deux autres fers de pioches démanchées que l'on maintient au moyen de cordes ; ou bien attacher en croix ces deux fers sur ceux des deux pioches emmanchées. On leste ces ancres avec des sacs remplis de pierres.

Ponts sur radeaux de corps d'arbres. — Voir le *Cahier de l'Ecole de ponts.*

Il faut en moyenne, par radeau, 10 arbres de 14 mètres de longueur et de $0^m,30$ à $0^m,40$ de diamètre.

On vérifie la force de support d'un radeau en le chargeant avec des hommes. Cette force peut s'augmenter en attachant des tonneaux sous le radeau.

On peut, sans ancrage ni amarrage, donner aux radeaux une stabilité suffisante au moyen de piquets, d'environ $0^m,15$ de diamètre, enfoncés dans le lit de la rivière en dedans et contre les perches d'assemblage des radeaux et faisant un angle aigu avec la direction du courant.

---

les courbes de distance en distance ; les étrésillons doivent s'appuyer sur des bouts de planches et non directement contre les courbes ou contre les bordages.

Ponts sur radeaux de tonneaux. — Voir le *Cahier de l'Ecole de ponts*.

Pour que ces ponts ne soient pas sujets à des balancements trop considérables, il faut que les radeaux débordent le tablier de chaque côté d'au moins 1/4 de leur longueur.

On s'oppose encore mieux au balancement en reportant le plus grand nombre de tonneaux en dehors du tablier. Ainsi 15 tonneaux de 1 mètre, placés jointifs sur 3 files parallèles, donneraient un radeau de 5 mètres de longueur fort enclin au balancement; tandis qu'on obtiendra une bien plus grande stabilité en ne plaçant sous l'axe du tablier que 3 tonneaux et reportant les 12 autres en dehors et de chaque côté du tablier, de manière à former un radeau de 8 mètres de longueur environ.

IV. Passerelles et ponts de systèmes divers (1).

Lancer une poutre d'un bord à l'autre d'un petit cours d'eau. — 1º A bras d'hommes ;

2º Sur rouleaux placés sur la rive de départ et à l'aide de cordes manœuvrées de la rive d'arrivée ;

3º Sur rouleaux, la poutre étant prolongée par une autre reliée avec elle par des cordes ;

4º Au moyen de rouleaux établis sur un cadre avançant sur la rivière et formé de 2 poutrelles et de 2 traverses ; on maintient ce cadre à l'aide de 2 leviers appliqués sous la traverse la plus avancée et s'appuyant sur celle d'arrière ;

5º Au moyen d'un avant-train de prolonge : la poutre à lancer est placée sous l'essieu en prolongement du timon ; une deuxième poutre est établie parallèlement au timon et au-dessus de lui ; elle est reliée, avec interposition de taquets, d'une part avec le bout du timon, de l'autre avec la poutre à lancer, de manière à former un système rigide, que l'on pousse ensuite en avant ;

---

(1) La plupart des renseignements sont tirés du *Manuel du service des pionniers prussiens*.

6° A l'aide de deux perches assemblées en fourche de telle manière que leurs pieds étant amenés au milieu du cours d'eau, l'enfourchement touche le bord de la rive de départ. La poutre à lancer est attachée dans la fourche ; à l'aide de 2 poutrelles fixées au sommet des perches on pousse le système en avant, et on le retient, lorsqu'il s'abat, à l'aide de 2 cordages de retraite fixés aux poutrelles.

Passerelles avec poutrelles simples. — Si les poutrelles dont on dispose ont une longueur et un équarrissage suffisants pour la portée à franchir, on les met en place et on les recouvre d'un tablier en madriers, en planches, en rondins, en fascines.

Passerelles avec poutrelles traversées (fig. 31). — Des traverses, d'équarrissage au moins égal à celui des poutrelles, reliées avec celles-ci par des ligatures et des clameaux, renforcent les passerelles en répartissant les charges.

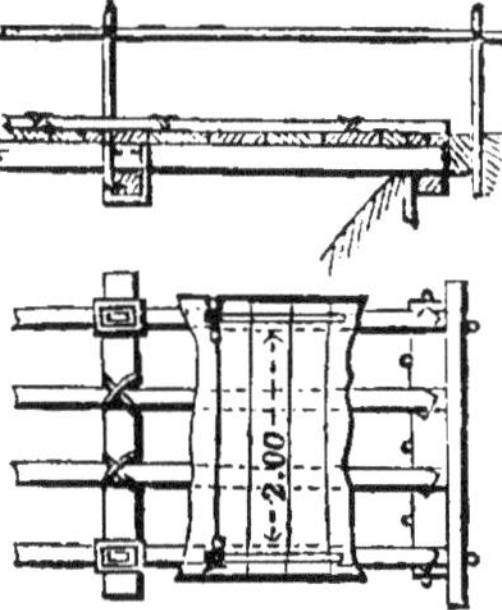

Fig. 31.

L'emploi de fortes poutrelles de guindage, rendues solidaires avec les traverses par des ligatures, est un autre moyen de renforcer une passerelle.

Si l'on ne dispose que de 2 poutrelles de longueur et d'équarrissage suffisants, on les place à l'extérieur ; si l'on dispose d'une troisième, on la place dans l'axe. Sous ces poutrelles, on adapte ensuite des traverses dont l'espacement est réglé par la longueur des autres poutrelles disponibles, qui serviront de supports intermédiaires et viendront prendre appui sur les traverses.

Passerelles sur supports étayés. — Prendre les étais assez longs pour qu'ils puissent servir en même temps de potelets de garde-fou ; en tout cas, leur faire déborder le tablier d'au moins 0ᵐ,30.

Les enfoncer au ras des faces extérieures des poutrelles extrêmes ; dans le cas d'un fond mou, clouer des semelles contre leurs pieds. Chaque étai est relié par 2 commandes ou fils de fer à la poutrelle p (fig. 32) et à la traverse t; en outre, on peut donner

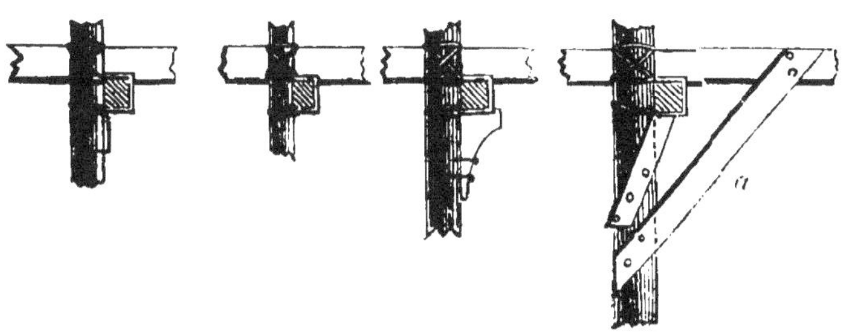

Fig. 32.

appui à la traverse sur l'étai au moyen de clameaux, d'entailles, de tasseaux, de bouts de planches.

On garantit les étais contre les ébranlements en les reliant aux poutrelles par des aisseliers a.

Si les étais sont trop faibles, on les double comme l'indique la fig. 33; en ce cas, en leur donnant une pente d'environ 1/8 vers l'extérieur, on évite les balancements.

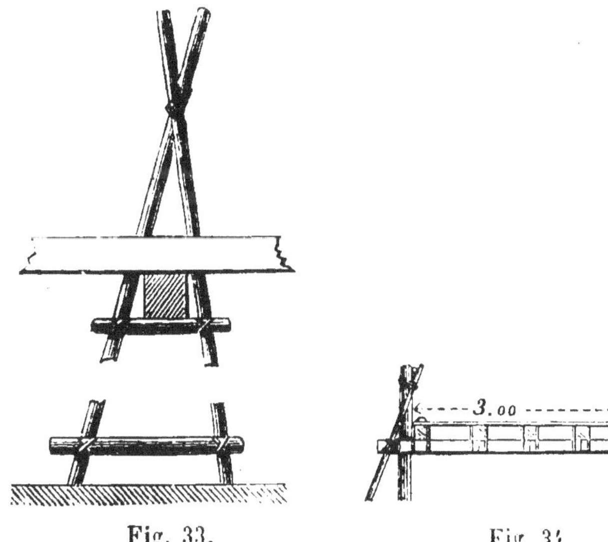

Fig. 33.

Fig. 34.

11

Comme les étais s'enfoncent toujours sous la charge, il est bon de surhausser à l'avance les poutrelles au moyen d'une pièce de bois placée sur le corps mort, et que l'on enlève ensuite lorsque les étais ont pris leur position définitive.

Dans les passerelles d'une certaine longueur, on s'oppose aux balancements en adaptant des contrefiches aux étais (fig. 34).

Dispositifs à contrefiches. — *Portées de 8 à 10 mètres* mesurées entre les pieds des contrefiches.

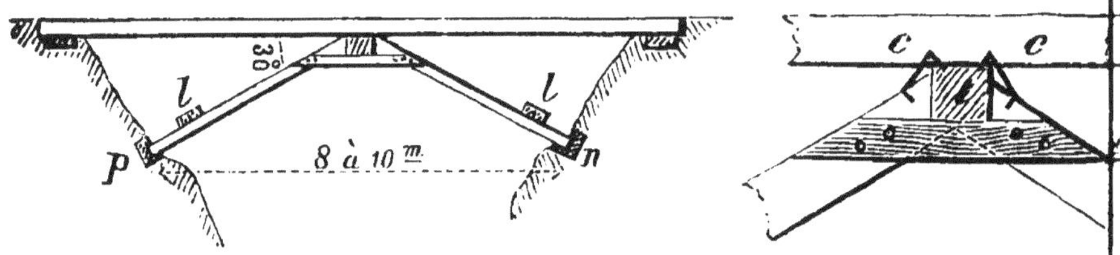

Fig. 35.

Les contrefiches embrassent la traverse *t* par des entailles; les clameaux *c* et les liens *l* empêchent leur écart latéral. Leur pied s'appuie, avec interposition d'un coin, sur une semelle *p* contrebutée par un madrier *m*.

Le dispositif de la fig. 36 dispense du travail un peu délicat des entailles. En l'appliquant, avoir soin de tenir la traverse à un niveau un peu supérieur à celui des corps morts.

Portées de 12 à 15 mètres. Au tiers de la portée, établir 2 traverses *t* et les relier avec des sous-longerons *s* (au moins 2 sur la

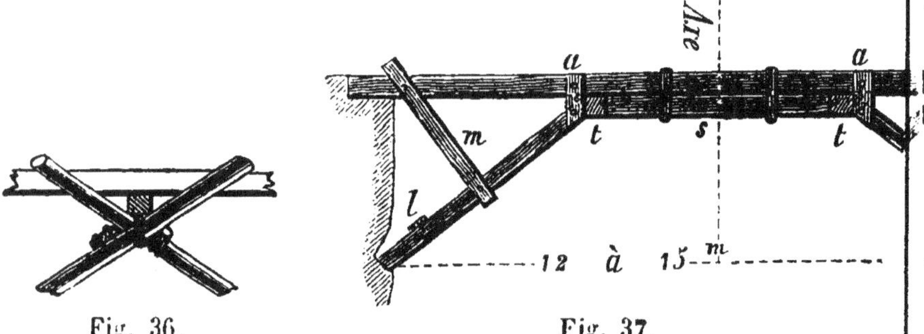

Fig. 36.   Fig. 37.

largeur du pont); consolider le système par des garnitures et des clameaux; assembler, comme ci-dessus, les contrefiches avec les traverses. S'opposer au glissement et au déversement par les pièces *a* et les liens *l*, ainsi que par les moises pendantes *m* qui consolident en même temps les contrefiches. Prendre pour les contrefiches et les sous-longerons des bois de même équarrissage que celui des poutrelles.

Le dispositif de la fig. 38 permet l'emploi de 3 traverses, dont une suspendue à l'enfourchement des contrefiches établies contre

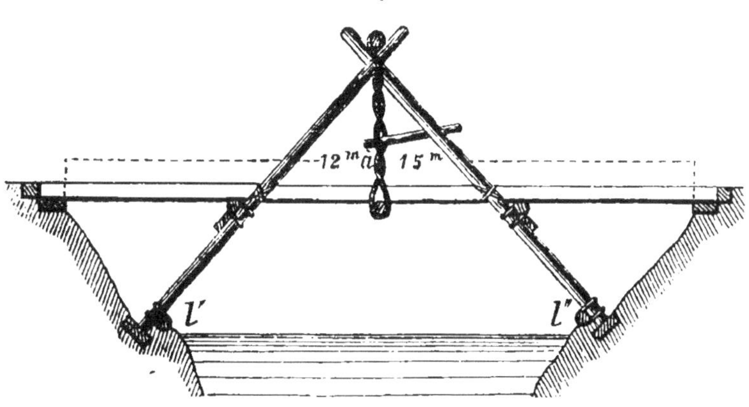

Fig. 38.

les poutrelles extrêmes. Les contrefiches étant placées, si leurs enfourchements sont à plus de 2 mètres au-dessus du tablier, on peut les réunir par un lien de faîte *l*; sinon on se contente des 2 liens inférieurs *l' l"*. On suspend ensuite la traverse centrale au lien de faîte ou aux 2 enfourchements; on adapte un garrot pour tendre le câble de suspension; on fait les ligatures des contrefiches avec les poutrelles extrêmes; on adapte enfin les 2 autres traverses et l'on empêche leur glissement au moyen de ligatures, de clameaux, de tasseaux.

La fig. 39 montre un *dispositif avec fermes en perches*, applicable à des passerelles lorsqu'on ne dispose que de 2 poutres ayant la portée nécessaire. Mettre les 2 poutres en place; s'en servir pour aller poser les perches *a b* de façon que les points *b*

soient au tiers de la portée et le point de croisement *a* à 2^m,50—
3 mètres au-dessus du milieu du tablier ; faire les ligatures en *a* et *b;*

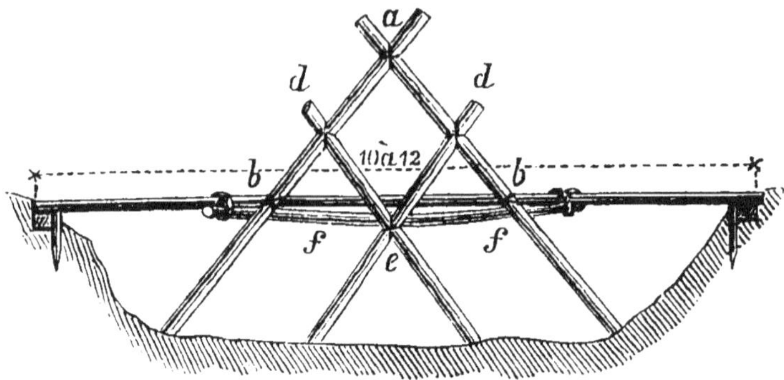

Fig. 39.

placer les perches *c d*, mettre sur leur enfourchement une traverse
de 0^m,10 à 0^m,15 de diamètre, faire les ligatures en *d* et *c* ; augmenter la rigidité du système au moyen des perches obliques *f*.

La figure 40 représente un *dispositif avec cadres en perches*
applicable lorsqu'on n'a pas de poutres ayant la portée nécessaire
et qu'on ne peut employer de supports verticaux. Pour le croise-

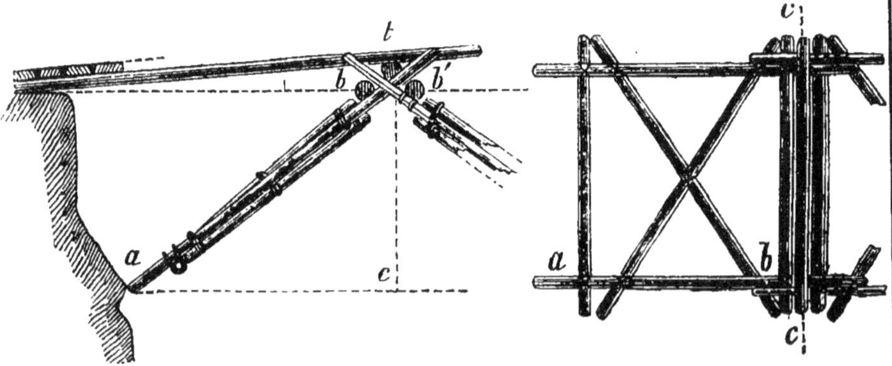

Fig. 40.

ment et la bonne jonction des cadres, faire l'un d'eux un peu plus
étroit que l'autre. Les construire sur la rive, l'emplacement des

traverses b,b' ayant été fixé par la construction du triangle abc ; les descendre sur les points d'appui préparés a, et les faire croiser à l'aide de cordages de retenue. Des hommes vont ensuite grimper le long des cadres pour parfaire leur jonction et placer la traverse t. — Pour des portées de 10 à 12 mètres, mesurées entre les points a, prendre pour les perches ab des bois d'au moins $0^m,15$ de diamètre.

La figure 41 représente un *dispositif avec deux cadres obliques appuyés contre un cadre horizontal*, applicable à des portées de 12 à 15 mètres. On met en place les cadres obliques ab en les

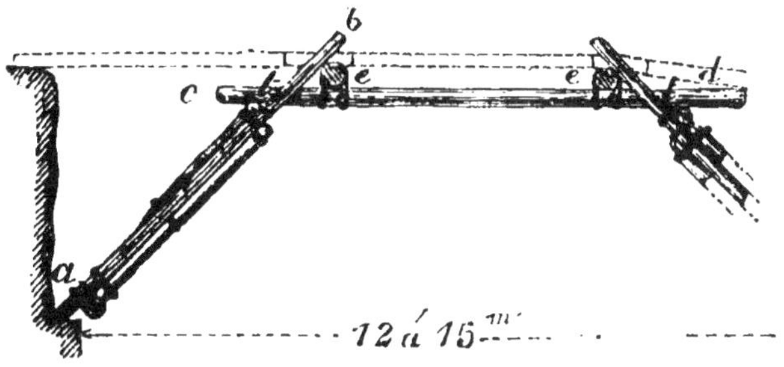

Fig. 41.

maintenant par des cordages de retenue ; on amène les pièces cd du cadre horizontal sur les traverses supérieures t ; des hommes grimpent sur les cadres pour aller attacher les traverses e sur les pièces cd ; on file sur les cordages pour faire joindre les cadres ; etc.

Dispositif de Ponte-Murcella. — Voir le cahier de l'École de ponts. Il s'applique à des portées de 18 à 20 mètres, lorsqu'on dispose de deux grands arbres.

Passerelles sur chevalets à 2 pieds, ou **chevalets-palées** (fig. 42). — Ce genre de passerelles peut s'appliquer à des passages où le tablier peut être tenu à 3 mètres seulement au-dessus du fond du cours d'eau.

Avec des perches de $0^m,05$ de diamètre, ces passerelles permettent le passage de fantassins isolés ; avec des perches de $0^m,10$ l'infanterie pourra passer en colonne par deux, la cavalerie par un.

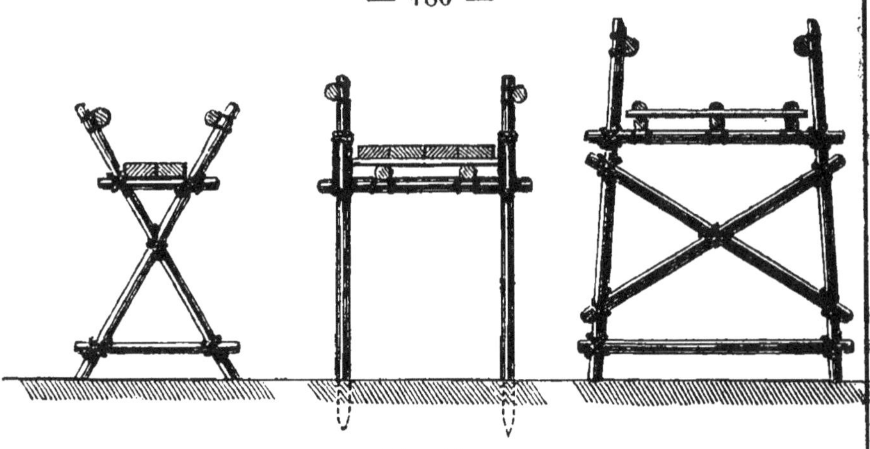

Fig. 42.

Le dispositif de la figure 43, du genre du précédent, donne plus de solidité et peut s'appliquer à des hauteurs plus grandes. Le chapeau comprend deux pièces équarries de $\frac{0^m,13}{0^m,13}$ pour 3 mètres de largeur de pont. Pour les autres pièces du chevalet on prend des perches de $0^m,10$ de diamètre si le tablier est à 3 mètres au-dessus du fond, et des perches de $0^m,15$ pour des hauteurs de 3 à 6 mètres. L'inclinaison des pieds est de 1/8.

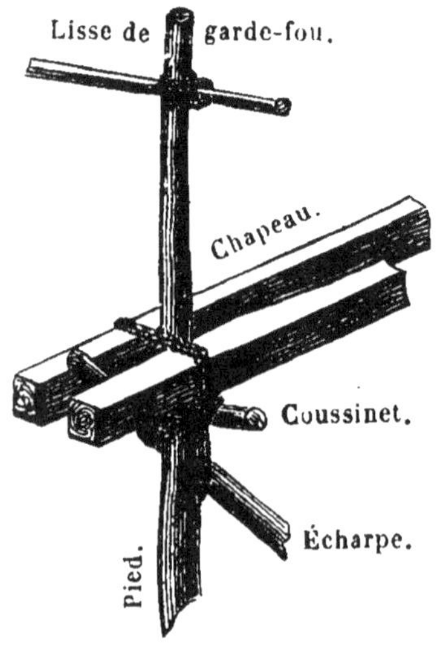

Fig. 43.

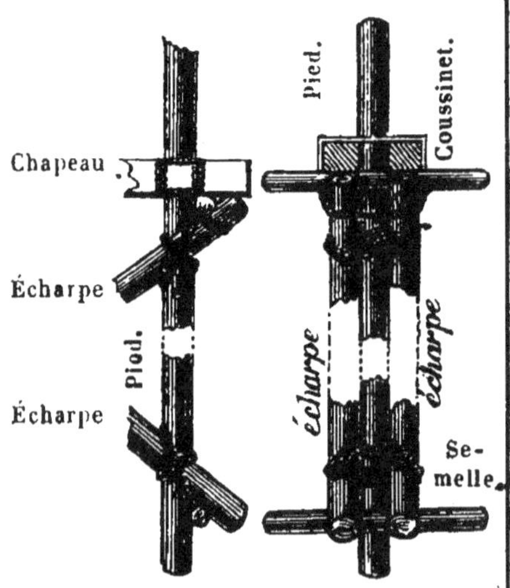

Fig. 44.

Ponts sur chevalets à 2 pieds, permettant le passage des colonnes (fig. 44). — Les écharpes sont doubles, afin de donner aux coussinets et aux chapeaux une assiette plus solide. Les coussinets étant en place, on fait des ligatures reliant le chapeau avec les pieds d'abord, ensuite avec les écharpes ; cette disposition permet de relever facilement les chapeaux, si les coussinets doivent être remplacés dans la suite par des pièces plus fortes. En outre, ce dispositif permet d'adapter, sous l'enfourchement des pieds et des écharpes, des traverses formant semelles.

Si, au lieu de rondins, on dispose de madriers, on formera chaque pied de deux madriers moisés embrassant les écharpes constituées chacune par un madrier ; les chapeaux seront faits de trois madriers, celui du milieu étant engagé entre les moises des pieds, les deux autres en dehors. Chaque pied est cloué sur les deux écharpes et sur un bout de madrier logé dans la moise ; les madriers des chapeaux sont également cloués sur des tasseaux intermédiaires ; les pieds sont munis de semelles. On réunit par des ligatures les chapeaux avec les pieds, les coussinets et les têtes des écharpes.

Ponts sur chevalets à 4 pieds. — Les chevalets (fig. 45) peuvent avoir jusqu'à 4 mètres de hauteur ; mais leur emploi exige un fond bien uni. L'écartement ab des pieds est le tiers de la hauteur du chevalet ; l'inclinaison des pieds dans l'autre sens est de 1/8.

Les ligatures des chapeaux entre eux et avec les pieds sont faites d'abord provisoirement, pour qu'après la mise en place des chevalets on puisse rectifier la hauteur des chapeaux ; pour cela, on adapte une garrotture à l'extrémité supérieure de chaque couple de pieds.

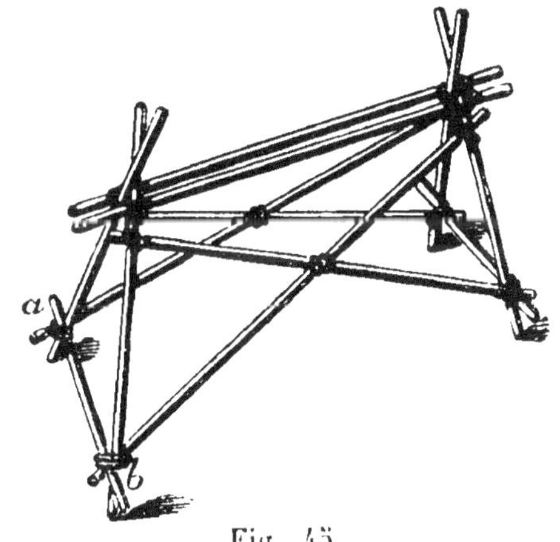

Fig. 45.

Ponts sur chevalets à 6 pieds (fig. 46). — Pour établir un chevalet, réunir d'abord les pièces *a b c* de manière que le point de croisement de *a* et de *b* soit à 1 mètre environ sous le tablier ; adapter ensuite de chaque côté les pieds *d* et placer le chapeau.

Pour la bonne façon des ligatures, il faut que les rondins n'aient pas plus de 0ᵐ,10 de diamètre ; ce qui permet encore de donner 4 mètres de hauteur aux chevalets, tout en garantissant une résistance suffisante pour le passage de l'infanterie par 2 et de la cavalerie par 1.

Les chevalets-palées de la figure 43 se transforment en chevalets à 6 pieds, en reliant, avec l'extrémité supérieure de chacun des 2 pieds, une couple de pieds inclinés à 1/3 et reliés également avec les coussinets pris d'une longueur suffisante.

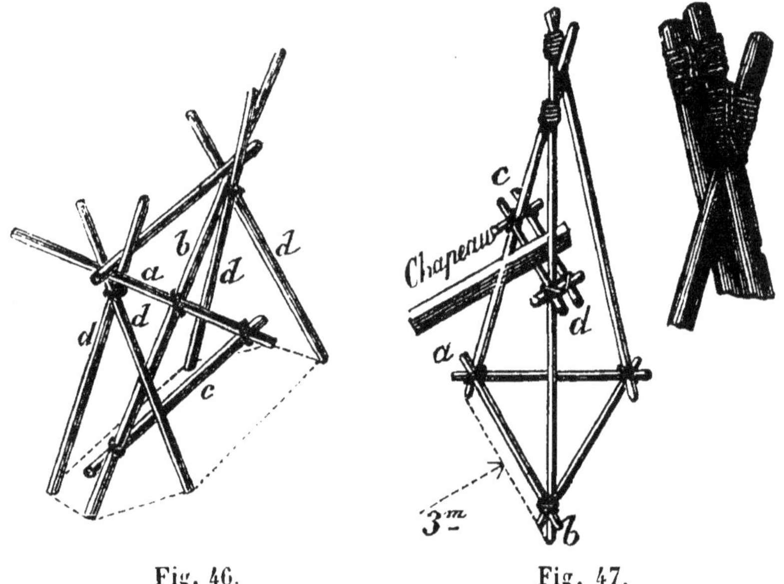

Fig. 46.   Fig. 47.

Ponts sur couples de chevalets à 3 pieds (fig. 47). — Ces chevalets s'emploient avec avantage, soit comme chevalets de rive des ponts de bateaux établis sur des cours d'eau à niveau variable, soit comme supports de ponts pour le passage de colonnes de toutes armes.

Suivant la hauteur des chevalets, on emploie des bois de 0ᵐ,10 à 0ᵐ,15 de diamètre.

Les entretoises *ab* de deux chevalets d'une même travée sont parallèles à l'axe du pont et distantes entre elles d'environ 3 mètres. Le chapeau est suspendu à l'enfourchement des pieds ; ce qui permet de régler facilement sa hauteur et de relever les coussinets. La ligature des pieds doit être faite de telle manière que leur point de croisement soit sur la verticale du centre du triangle équilatéral de la base d'appui.

Chevalets de grandes dimensions. — Exemple : réparation du pont de Dresde en 1813 (fig. 48). Les chevalets avaient la

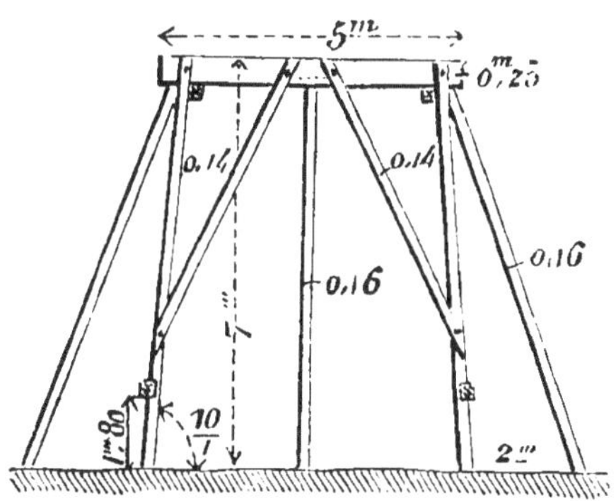

Fig. 48.

forme des chevalets ordinaires à quatre pieds. Les chandelles du milieu, et les arcs-boutants de chaque côté, furent ajoutés après coup parce que le pont était vacillant.

On pourrait encore réunir les deux arcs-boutants et la chandelle par une moise horizontale au tiers de la hauteur du chapeau.

Passerelles sur poutres-échelles. — On s'oppose à l'échappement des échelons en réunissant, de 2 en 2 mètres, les montants par une garrotture ; en outre, et pour renforcer ces poutres, on cloue des planches en treillis de chaque côté des montants, et

11.

l'on établit diverses liaisons horizontales entre les montants supérieurs et inférieurs des poutres-échelles d'une même travée.

Ponts sur poutres droites en planches (fig. 49). — 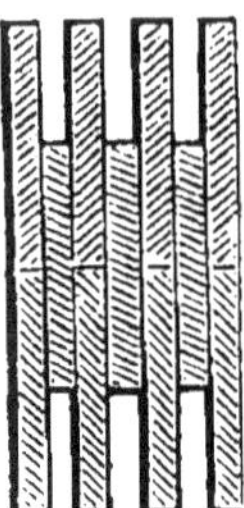 Clouer, cheviller ou boulonner ensemble un nombre convenable de planches mises côte à côte, bout à bout et à joints contrariés. Donner d'abord aux poutres les dimensions nécessaires pour porter 3 ou 4 hommes et quelques planches ; les mettre en place, augmenter ensuite leur force de support par l'addition de nouvelles planches.

Calculer les dimensions à donner aux poutres par la formule

Fig. 49.

$$R = \frac{6}{a\,b^2} \left(\frac{P\,c}{4} + \frac{p\,c^2}{8} \right).$$

$R = 400,000^k$; a somme des épaisseurs des planches ; b hauteur de la poutre ; c portée de la poutre supposée chargée 1° d'un poids P en son milieu, 2° de poids p uniformément répartis sur chaque mètre courant de la longueur ; $a\,b\,c$, sont exprimés en mètres, R, P et p en kilogrammes.

V. Réparation des ponts.

Ponts sur pilotis (fig. 50). — Recéper les pilots de niveau, les enter et, s'il y a lieu, en enfoncer de nouveaux, etc.

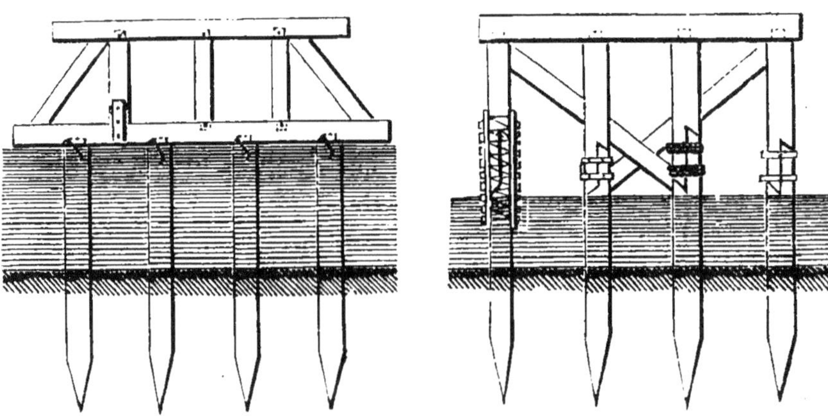

Fig. 50.

Ponts permanents rompus. — 1° Jeter en travers de la brèche de simples poutres que l'on recouvre de madriers.

Appliquer les formules $R = \dfrac{1}{n} \times \dfrac{6}{a\,b^2} \times \dfrac{p\,c^2}{8}$ ou $R = \dfrac{1}{n} \times \dfrac{32}{\pi d^3} \times \dfrac{p\,c^2}{8}$, dans lesquelles n représente le nombre des poutres d'équarrissage a/b ou de diamètre d.

Pour une brèche de 10 mètres d'ouverture, 3 poutres de $0^m,32$ de diamètre fournissent un pont qui supporte tous les fardeaux militaires.

2° Employer, pour franchir la brèche, un des dispositifs à contrefiches décrits plus haut, ou des poutres en planches, etc.

3° Fractionner la brèche à l'aide de supports intermédiaires : chevalets sur décombres, sur pile rompue, sur bateau ; palées de pilots, etc.

Ponts de chemins de fer. — Se reporter aux *instructions spéciales.*

Travaux de champ de bataille.

I. Utilisation des couverts existants.

Les *fossés, chemins creux, tranchées, digues,* etc., sont faciles à organiser pour la défense.

Les *haies* peuvent être organisées comme l'indique la figure 51.

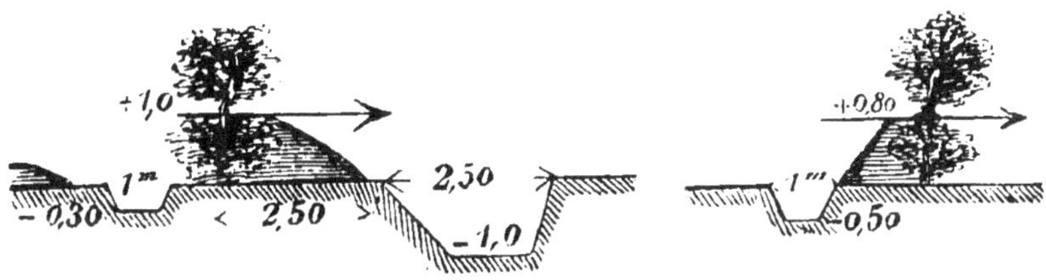

Fig. 51.

On peut utiliser d'une manière analogue les *clôtures en madriers*, les *grilles*, etc.

Dans la défense des *murs*, il y a grand avantage à pouvoir faire feu par-dessus le chaperon (fig. 52).

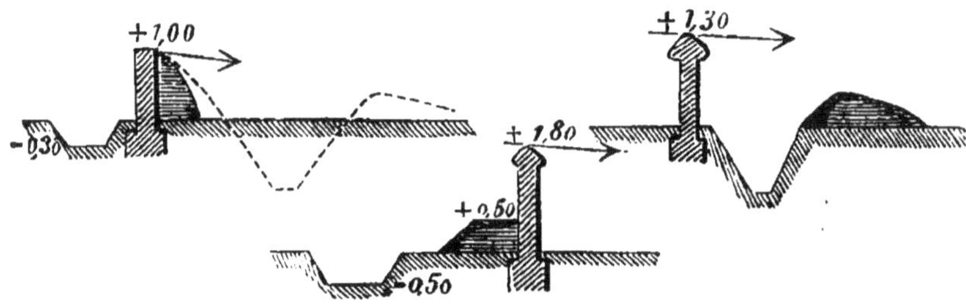

Fig. 52.

Un mur de 1^m,60 de hauteur pourra être écrêté devant chaque tireur, travail exigeant environ 20 minutes par créneau.

Derrière un mur de 2^m à 2^m,30 de hauteur, on peut établir des banquettes pour la fusillade, à l'aide de bancs, tables, tonneaux et planches, etc.

Dans les murs plus élevés on perce des créneaux. Un homme, muni d'un pic ou d'une pioche met 30 à 45' pour percer un créneau dans un mur de 0^m,40 à 0^m,60 d'épaisseur. Si le mur est plus épais, il convient de mettre **2** hommes par créneau, un de chaque côté du mur.

Derrière un mur de plus de 2^m,70 de hauteur, on peut organiser **2** étages de feux (fig. 53); mais l'établissement des écha-

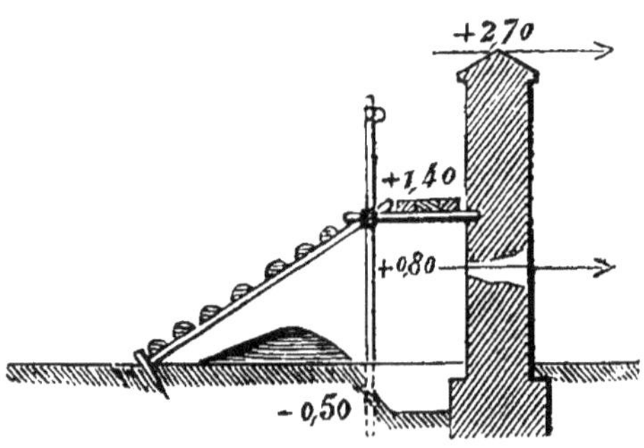

Fig. 53.

fauds de l'étage supérieur exige beaucoup de temps et de matériaux.

II. Retranchements en terre.

Indications générales. — Un travailleur militaire déblaye et lance à un jet de pelle

en une séance d'une heure... { terre légère.. 1^{m3} à $1^{m3},200$.
terre moyenne $0^{m3},750$
terre forte.... $0^{m3},400$

en moyenne par heure dans une séance de 4 heures.... { terre légère.. $0^{m3},700$
terre moyenne $0^{m3},450$
terre forte.... $0^{m3},200$

Les balles pénètrent de $0^m,18$ à $0^m,30$ dans les terres.

Les obus ordinaires de 9 centimètres pénètrent de 2 mètres ; leur action de mine s'étend de $0^m,70$ à 1 mètre en plus.

Epaisseurs de parapet suffisantes à la rigueur contre le tir de plein fouet :

Contre les balles de fusil et de shrapnels, les éclats de projectiles . . . . $0^m,40$.

Contre les projectiles creux des pièces de campagnes. 3 à 4^m.

Le relief des crêtes doit couvrir au $1/6^e$ ou au $1/4$ les tranchées de refuge.

Il est de la grande importance de masquer les retranchements aux vues lointaines, particulièrement au moyen de gazons, broussailles, etc., pris sur le terrain avoisinant et que l'on répand sur le parapet.

Profils divers de retranchements légers. — *Abri pour tirailleurs couchés* (fig. 54).

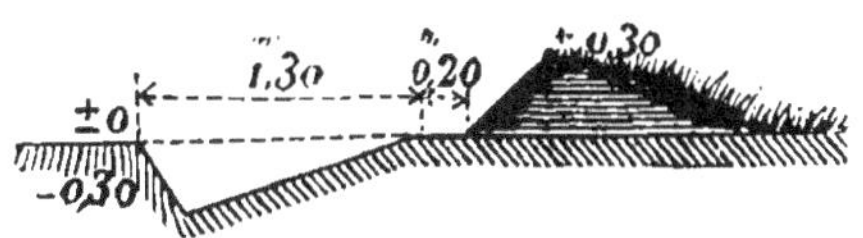

Fig. 54.

Organisation des ateliers : 1 piocheur et 2 pelleteurs par atelier de $2^m,60$ ou 2 longueurs de pelles.

Temps nécessaire à l'exécution : 15 minutes.

Abri pour tirailleurs à genoux (fig. 55). Organisation des ateliers : comme ci-dessus.

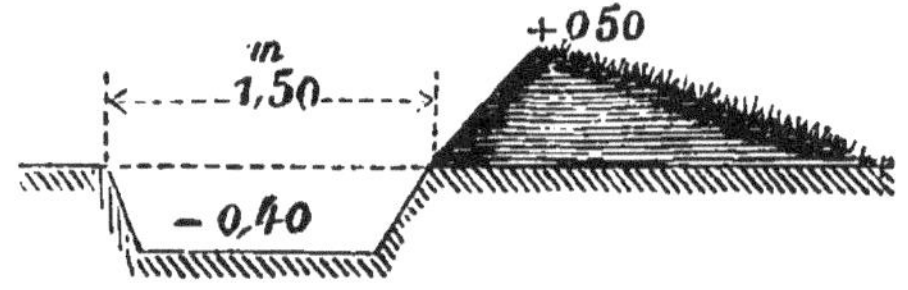

Fig. 55.

Temps nécessaire à l'exécution : 25 à 30 minutes.

Tranchée-abri ordinaire (fig. 56) (1). Organisation des ateliers : comme ci-dessus.

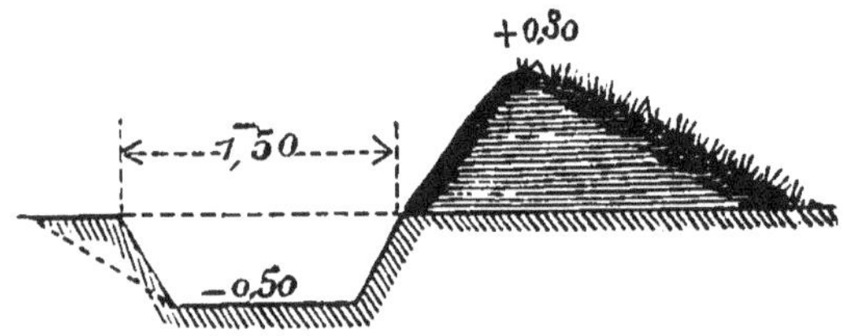

Fig. 56.

Temps nécessaire à l'exécution : 45 minutes.

Embuscades pour tireurs isolés (fig. 57). Organisation des ateliers : par embuscade de 1^m,60 de crête pour 2 tireurs, 2 hommes munis chacun d'une pelle et d'une pioche.

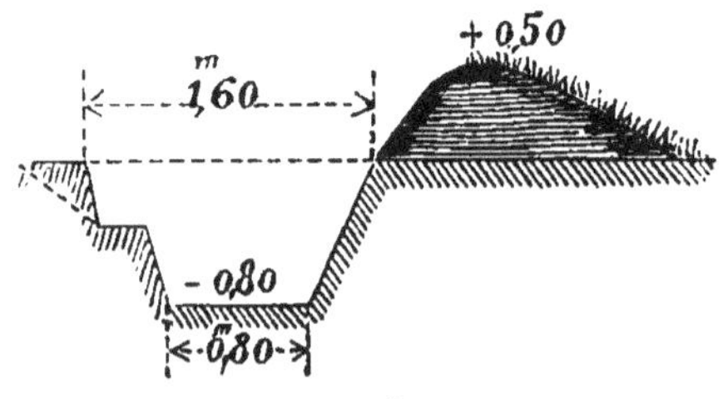

Fig. 57.

---

(1) La tranchée-abri ne doit pas comporter de berme servant de marche-pied pour passer à l'offensive; les défenseurs de la tranchée

Tranchée-abri avec communication couverte (fig. 58). Organisation des ateliers : une ligne de pelleteurs à 1 mètre ou 1^m,20 les uns des autres, avec un nombre de piocheurs variable suivant la nature du terrain.

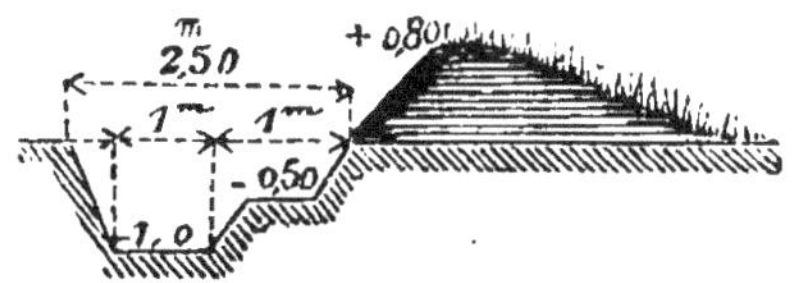

Fig. 58.

De distance en distance on pratique des gradins ou des rampes sur les revers.

Temps nécessaire à l'exécution : 3 heures environ.

Tranchée défensive (fig. 59). Les défenseurs, debout sur le sol naturel, découvrent mieux le terrain en avant que dans les types précédents.

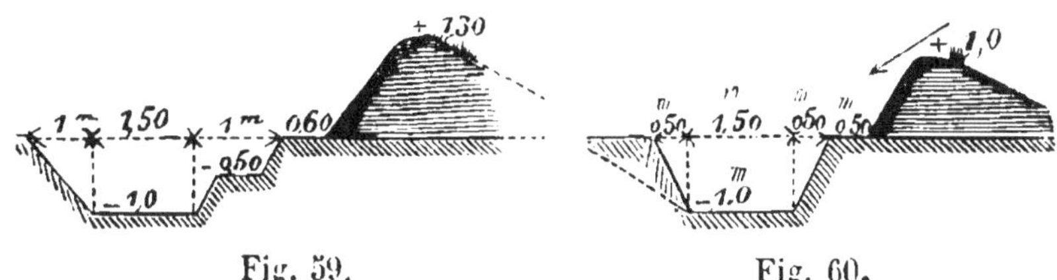

Fig. 59.　　　　　　　　Fig. 60.

Le déblai est fait jusqu'à 0^{m}50 de profondeur par 2 rangs de travailleurs ; on le termine avec un seul rang de travailleurs que l'on relève de temps en temps. On pratique de distance en distance des gradins ou rampes sur le revers.

Temps nécessaire à l'exécution : 4 heures environ.

Tranchée-refuge pour soutiens et réserves (fig. 60). Ce profil est applicable à la gorge d'un ouvrage dont les faces de combat

doivent utiliser le mieux possible leur feu, pendant que les contre-attaques sont faites par les réserves ou soutiens qui passent par les intervalles ménagés dans les lignes défensives.

auraient *p. e.* le profil de la figure 59. On pratique sur le revers des gradins ou des rampes.

Les ateliers sont organisés comme pour la tranchée du profil 58. Le temps nécessaire à l'exécution est de 3 à 4 heures.

Tranchée-refuge blindée (fig. 61). (Le pointillé indique la tranchée non blindée du type précédent). Les poutres de blindage

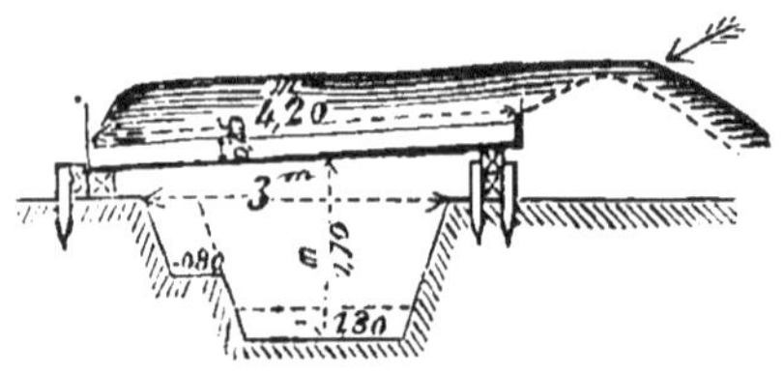

Fig. 61.

sont jointives; on met des planches ou d'autres bois comme couvre-joints. Les terres du blindage sont prises en dehors de la tranchée du côté opposé à la masse couvrante. Une fois la tranchée faite, il faut environ 2 heures pour mettre en place le blindage.

Batterie dans une tranchée-abri ordinaire. Le travail consiste à élargir le fossé de 2 mètres, à faire une rampe douce sur le revers et à creuser des rigoles des deux côtés de la pièce pour abriter les servants. Une pièce absorbe 5 à 6 mètres de crête; 4 pelleteurs et 2 piocheurs préparent en 2 heures l'emplacement pour une pièce.

Observation générale. Dans les retranchements ci-dessus, et en général dans tous les ouvrages de campagne, il y a avantage à organiser sur les plongées des lignes continues de bonnettes, petits tas de terre de $0^m,40$ de hauteur, laissant entre eux des intervalles de $0^m,20$ à $0^m,30$ formant créneaux.

Les retranchements légers des fig. 54-60 conviennent aux terrains à fortes pentes; ceux dont il est question ci-après ne s'emploient guère que sur les terrains plats ou peu accidentés.

Redoute pour une compagnie (fig. 62-66) (1). — Le déve-

---

(1) *Manuel du service des pionniers prussiens.*

loppement des crètes, la gorge comprise, est d'environ 165 mètres: de cette manière une compagnie, à l'effectif de 235 hommes. pourra occuper ces crètes à raison de 0^m,70 par homme.

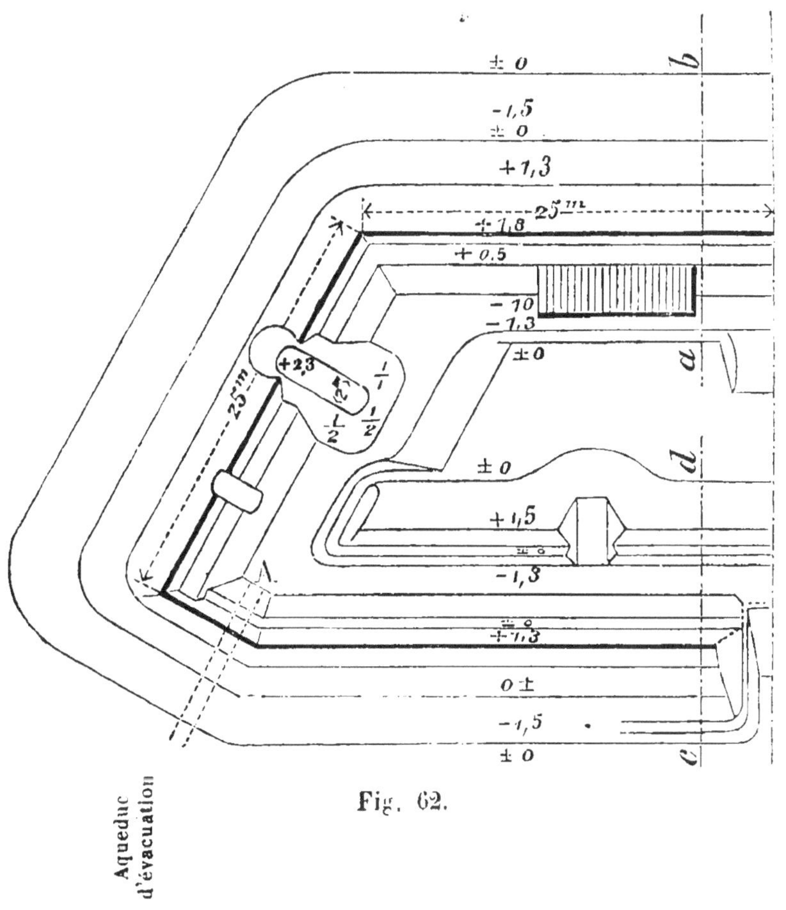

Fig. 62.

La fig. 63 montre l'organisation de la face et des flancs. Le fossé extérieur se prête à l'emploi de défenses accessoires : si l'on ne peut en établir, il est préférable d'approfondir ce fossé jusqu'à 2^m,30 environ et de raidir ses talus. Ce fossé sert aussi à recevoir les eaux du terre-plein qui est tenu un peu plus élevé.

Le glacis contribue à masquer l'ouvrage aux vues lointaines.

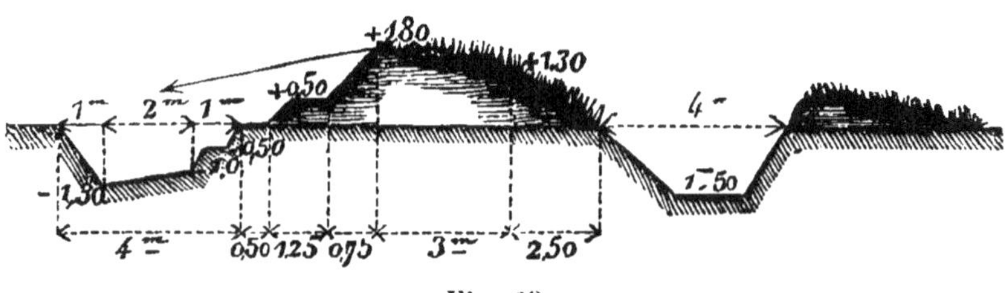

Fig. 63.

La gorge sera, suivant le cas, une simple tranchée-refuge, ou bien une tranchée défensive aux parados (fig. 64 et 65).

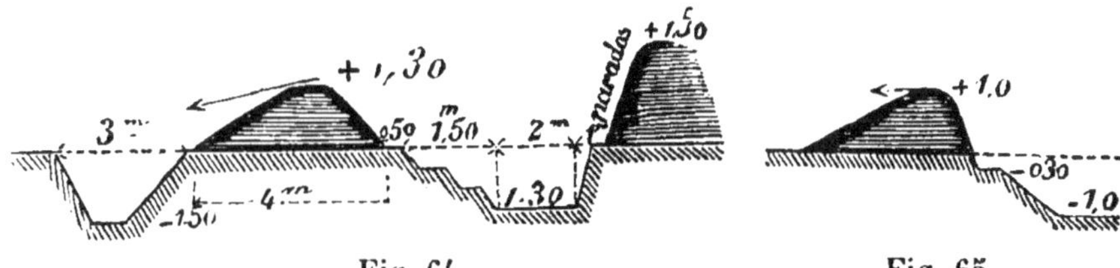

Fig. 64.   Fig. 65.

On peut aussi établir à la gorge des abris blindés, et les organiser pour la défense. Dans l'abri de la fig. 66, les montants, simplement posés debout sur une semelle enterrée, sont espacés

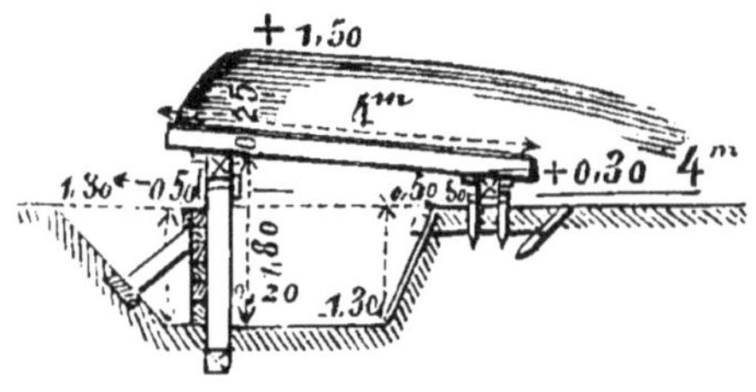

Fig. 66.

entre eux de $1^m,50 — 2$ mètres; les chapeaux, posés sans assemblage sur les montants, sont maintenus par des clameaux ou des bouts de planches cloués latéralement. Les poutres de ciel ont $0^m,15 — 0^m,25$ d'équarrissage pour des portées de $2 — 4$ mètres. L'intervalle entre la face inférieure des chapeaux et le sommet de la muraille en madriers forme créneau.

L'abri représenté sur la face de l'ouvrage (fig. 62) est formé de montants supportant un ciel en bois non recouverts de terre ; il est destiné à garantir contre les balles des shrapnels.

La fermeture de l'entrée de l'ouvrage peut se faire au moyen d'abatis, dont une portion mobile est mise en place au moment du besoin. On peut aussi employer une porte ou barrière appuyée à une ligne de palissades.

La fig. 67 donne un autre tracé pour la gorge de l'ouvrage. On entre en ce cas dans l'ouvrage par une rampe à établir vers le point A.

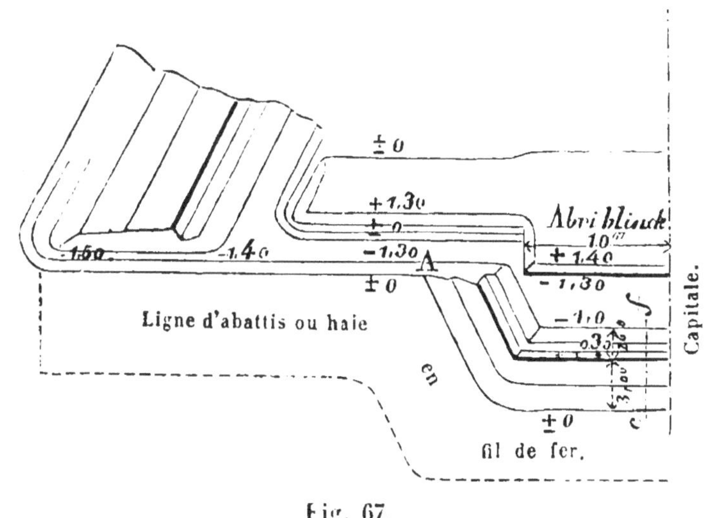

Fig. 67.

Exécution du travail. Le travail est divisé en 2 tâches I et II. La tâche I est faite par 2 rangs de travailleurs disposés en quinconce ; pour la tâche II on ne peut guère employer qu'un seul rang de travailleurs : ceux-ci sont toujours à au moins 1^m,25 les uns des autres.

Chacune des tâches exige au moins 4 heures de travail.

Le tableau ci-dessous complète ces indications.

DÉTAIL DES TACHES.	NOMBRE de rangs de travailleurs.	NOMBRE de travailleurs.		TACHE par homme.
		Tâche I.	Tâche II.	
1° FOSSÉ EXTÉRIEUR. Fig. 68. *Tâche I :* 3m2. La face................ 50m de développem. Les flancs et les arrondissements. 78m —	2 2	80 124	» »	1m3,87
Tâche II : 1m2,3. La moitié du nombre des travailleurs de la tâche I achève le déblai................................... L'autre moitié règle le parapet et le couvre de gazons.	1 »	» »	102 102	1m3,62
2° FOSSÉ INTÉRIEUR.				

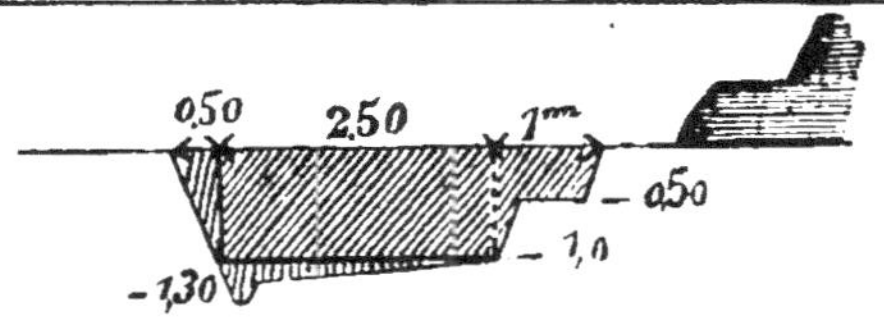

Fig. 69.

Tâche I: 3m2.

La face............... 46m de développem.	2	72	»	
Les flancs...... 24m —	2	40	»	} 1m3,87
Les passages derrière les traverses. 20m —	1	16	»	

Tâche II: 0m2,60.

La moitié du nombre des travailleurs de la tâche I achève le déblai, règle le fond du fossé pour l'écoulement des eaux et organise les gradins..........	1	»	64	} 0m3,75 indépendamm. des travaux de revêtement, etc.
L'autre moitié règle le talus intérieur et la banquette.	»	»	64	

3° GORGE.

a. *Fossé du parados.*

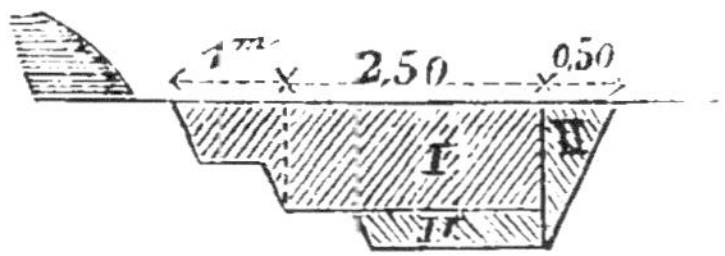

Fig. 70.

Tâche I: 3m2.

Le fossé.............. 60m de développement..	2	96	»	1m3,87

DÉTAIL DES TACHES.	NOMBRE de rangs de travailleurs.	NOMBRE de travailleurs.		TACHE par homme.
		Tâche I.	Tâche II.	
Tâche II : $1^{m2},90$.				
La moitié du nombre des travailleurs de la tâche I achève le déblai, règle le fond et les gradins, et fait la rampe d'entrée....................	1	»	48	$1^{m3},10$ indépendamm. des travaux de revêtement, etc.
L'autre moitié règle le talus intérieur du parapet de gorge et le parados....................	»	»	48	

b. *Fossé extérieur.*

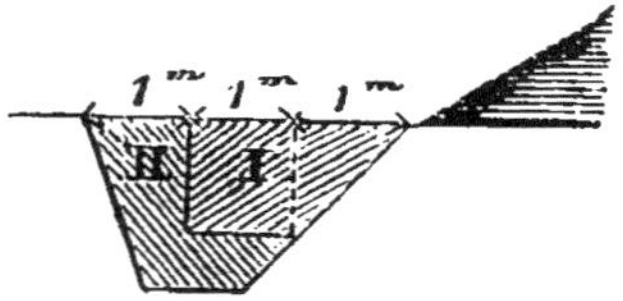

Fig. 71.

Tâche I : $1^{m},50$.

Le fossé................ 80^m de développement..	1	64	»	$1^{m3},87$

Tâche II : 1ᵐ,50.

La moitié du nombre des travailleurs de la tâche I achève le déblai	1	»	32	1m3,62
L'autre moitié règle le parapet, le couvre de gazons, etc.	»	»	32	

c. Fossé des profils terminaux.

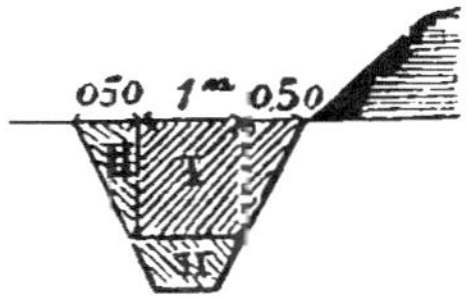

050   1ᵐ 050

Fig. 72.

Tâche I : 1m2,25.

Le fosse. . . . . 10ᵐ de développement..	1	8	»	1m3,56

Tâche II : 0m2,62.

Achèvement des déblais et règlement des profils terminaux	1	»	8	0m3,77 indépendamm. des travaux de revêtement, etc.

Total du nombre des travailleurs (tâches I et II) : 1000 hommes, non compris environ 500 hommes pour l'organisation des abris et des défenses accessoires.

Si, au lieu d'établir des défenses accessoires, on approfondit à 2m,25 le fossé extérieur, cette troisième tâche n'exigera que 400 hommes.

Le développement des crêtes étant de 165 mètres, il faut donc 6 travailleurs par mètre courant de crête pour l'exécution des terrassements, et le rapport du chiffre total des travailleurs à celui de la garnison est environ 6/1.

Il est clair que l'on pourra constituer des ouvrages à profils plus simples que les précédents. La fig. 73 représente un profil de ce genre. La forme de l'ouvrage pourra être celle d'une lunette

Profil de la face.

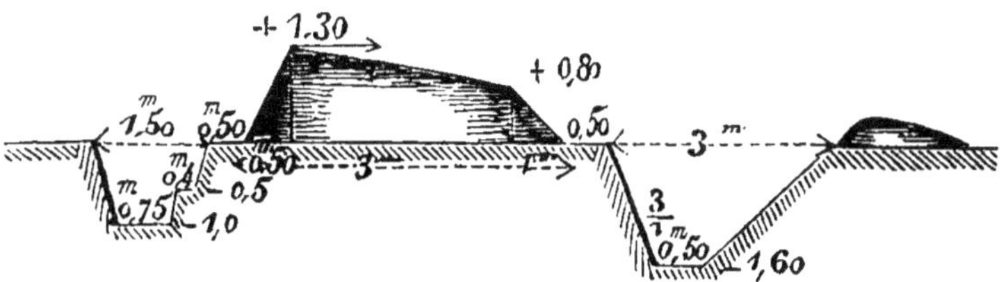

Profil de la gorge.

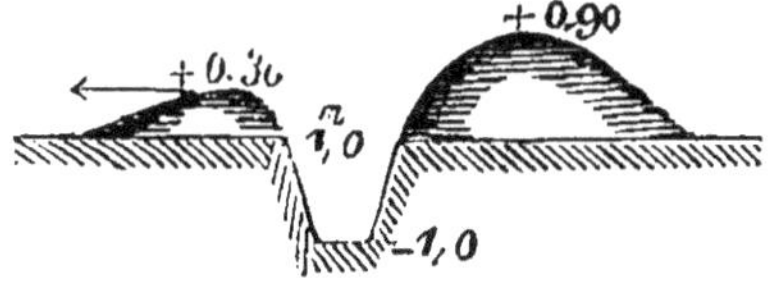

Fig. 73.

aplatie, n'ayant que 14 mètres de profondeur entre son fossé de tête et sa tranchée de gorge (fig. 74) : celle-ci sera une tranchée

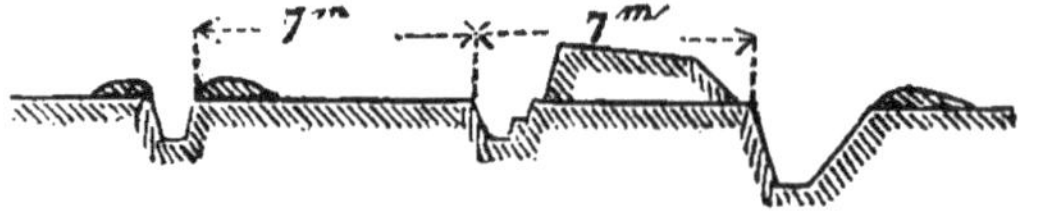

Fig. 74.

de 1 mètre de profondeur et de 1 mètre de largeur en haut, couverte par un parados de 0ᵐ,90 de relief, et dont les défenseurs appuient leurs fusils sur un bourrelet de terre de 0ᵐ,30 de relief. Cette tranchée de gorge est reliée à la tranchée de tête à ses deux extrémités et de plus par une ou deux doubles caponnières.

III. Organisation de points d'appui tactiques.

Bois. — *Lisière*. Si la lisière est de la futaie, on établit entre les deux ou trois premières rangées d'arbres des abatis de branches et de jeune recru.

Si la lisière est du perchis ou du taillis, on coupe à 10-20 mètres à l'intérieur des petits arbres que l'on couche en abatis entre ceux de la lisière laissés debout.

Dans les deux cas ci-dessus, les tirailleurs s'abritent derrière les masques ainsi improvisés et, autant que possible, derrière les plus gros troncs.

On peut combiner l'organisation d'un couvert avec celui de l'obstacle en appliquant les dispositions de la fig. 75 : par-dessus

Fig. 75.

les gros bouts des branches disposées en abatis, on en couche d'autres transversalement, en les maintenant entre des arbres ou entre des piquets et en les recouvrant de gazons ou de terre.

Des bouts d'épaulements constitués comme l'indique la fig. 76 sont à placer en avant de la lisière, aux points favorables pour le flanquement, pour couvrir les entrées des chemins, etc. Le parapet, en ces points, est plus facile à constituer que dans le bois même, où la présence des racines rend le sol difficilement fouillable.

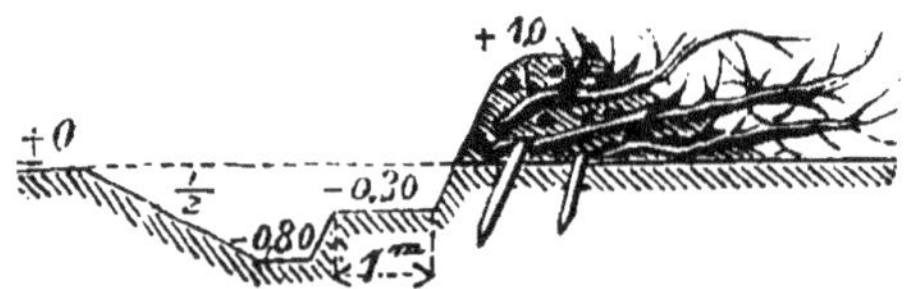

Fig. 76.

Pour obstruer les chemins, on fait tomber en travers des arbres dont les couronnes se recroisent ; ou bien, si on en a le temps, on établit en travers des chemins des barricades défensives en troncs d'arbres (fig. 77).

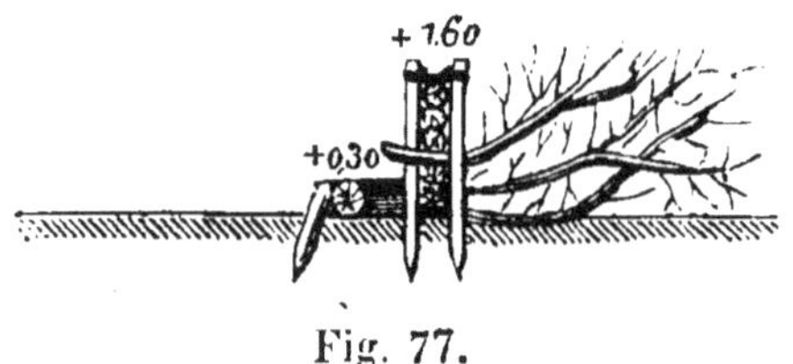

Fig. 77.

Communications. Le travail ci-dessus, destiné à constituer les obstacles de la lisière, fournit en même temps une communication continue immédiatement en arrière de la chaîne des tirailleurs.

On pratique ensuite des chemins perpendiculaires à la lisière et reliant la chaîne avec les soutiens et les réserves. « Les mouvements des troupes étant très difficiles sous bois, on divise les soutiens en plusieurs groupes qu'on place près de la première ligne, afin qu'ils puissent arriver en temps opportun pour renforcer les points menacés ; on divise également la réserve en deux fractions qu'on place en arrière et près de chacune des ailes pour s'opposer aux mouvements tournants que l'ennemi pourrait tenter ; il n'y a d'ailleurs aucun inconvénient à rapprocher de la ligne de combat les soutiens et les réserves parce que l'ennemi ne peut les voir et que, d'un autre côté, le feu ne pénètre pas très loin sous bois (1). »

Dans un bois à réseau de chemins compliqué, on place des poteaux indicateurs pour guider les défenseurs.

Défense intérieure. On interrompt les chemins au moyen de barricades, autour desquelles on ménage la circulation pour les défenseurs.

S'il existe de grandes coupures à peu près parallèles à la lisière, formées par des ruisseaux, des clairières, de larges routes, etc., on en fait de nouvelles lignes de défense, que l'on organise comme la lisière.

Défense du débouché. « Lorsque les défenseurs sont obligés d'abandonner le bois, ils prennent position en arrière pour empêcher l'ennemi d'en déboucher ; on prépare, à cet effet, des tranchées-abris que les défenseurs viennent occuper ; on établit également, sur des points fortifiés en arrière et un peu en dehors du bois, des troupes qui ont pour mission d'empêcher l'ennemi de le tourner par les flancs extérieurs (1). »

Bâtiments isolés. — Pour qu'un bâtiment se prête à une bonne défense, il faut, indépendamment des conditions de site et de forme générale, qu'il soit solide et qu'il n'ait pas à craindre l'incendie.

Pour la mise en état de défense, on éloigne tout d'abord toutes les matières inflammables.

On ferme ensuite les entrées des caves et du rez-de-chaussée. Portes s'ouvrant à l'intérieur : forcer des coins sous les battants, placer des étrésillons ; renforcer celles qui sont trop faibles au moyen d'un doublage en madriers, à l'aide de sacs, tonneaux, matelas, meubles, etc. ; derrière les portes des granges, placer des voitures. Portes s'ouvrant à l'extérieur : clouer à l'intérieur des madriers en travers des battants ; les barricader au moyen de matériaux divers ; creuser à l'extérieur un petit fossé dont les ter-

---

(1) Général Berthaut. *Des Marches et des Combats.*

res sont relevées contre la porte. Entailler des créneaux dans les portes.

Les fenêtres du rez-de-chaussée sont utilisées pour la fusillade : renforcer leurs volets, y entailler des créneaux ; à défaut de volets, entasser contre les fenêtres des matériaux et objets divers par dessus lesquels on fera feu.

A défaut de fenêtres en nombre suffisant, percer dans les murs principaux des créneaux à au moins 2 mètres au-dessus du sol extérieur.

Préparer à la gorge du bâtiment une porte de sortie pour la retraite.

Si l'on occupe l'étage, blinder les fenêtres jusqu'à hauteur d'appui de fusil seulement. Si l'étage doit être crénelé, pratiquer des créneaux plongeants.

Le blindage des balcons, l'emploi de màchicoulis, etc., n'est pas à recommander en présence du canon.

Dans les greniers, les postes d'observation font feu par les lucarnes et par des créneaux que l'on obtient en enlevant quelques tuiles.

A tous les étages on place des tonneaux d'eau pour le cas d'incendie.

A l'extérieur on dégage le terrain et l'on détruit les couverts. S'il existe des arbres dans le voisinage, on les coupe et on les place en abatis contre les angles du bâtiment généralement mal battus.

Fermes, gares de chemin de fer, etc. — Eloigner les matières inflammables.

Dégager le terrain extérieur et détruire les couverts.

Constituer une enceinte défensive au moyen des clôtures et des bâtiments répartis sur leur pourtour, en procédant comme il a été dit à propos des murs et des bâtiments isolés ; fermer les trouées de cette enceinte au moyen de tranchées ou de barricades défensives, d'abatis, etc. S'il s'agit d'une gare, on pourra élever les barricades au moyen de traverses ou de rails empilés entre deux files de traverses plantées en terre.

Organiser en réduit fortifié le bâtiment principal, qui sera généralement la maison d'habitation.

Ouvrir à la gorge de l'enceinte de larges brèches pour faciliter les retours offensifs, et préparer en arrière des tranchées-abris dans lesquelles les défenseurs refoulés pourront venir prendre position.

Villages. — « On s'attache avant tout à profiter de toutes les parties de l'enceinte qui par leurs dispositions permettent de se procurer des flanquements et de concentrer des feux sur les points d'attaque probables. Dans la défense d'un village, surtout au moment où l'on est battu par le feu de l'artillerie, il faut éviter de placer trop de monde dans les maisons et derrière les murs ; le soutien doit être aussi fort que possible (1). »

La *ligne de défense de la lisière* est formée par des murs de clôture, des haies, des palissades, des fossés, etc.. organisés défensivement. On ferme les trouées de cette lisière à l'aide de tranchées ou d'abatis. On intercepte les chemins au moyen de barricades faites avec des meubles, des voitures, etc., ou avec des pavés, des tonneaux, du fumier, de la terre : ces barricades peuvent être brisées pour la circulation des défenseurs ; elles sont placées en retraite pour être bien flanquées, ou en saillie pour servir elles-mêmes à flanquer les lignes de défense.

« Quand il existe sur l'enceinte des maisons solidement bâties. on a soin de les mettre en état de défense, mais on ne les occupe que quand l'infanterie ennemie se porte en avant et que l'artillerie, qui a préparé l'attaque, allonge son tir (2). »

Des tranchées de refuge sont établies dans les cours ou jardins un peu en arrière de la lisière, de manière à abriter, pendant le combat d'artillerie, les troupes de première ligne, qui ne laissent que quelques postes d'observation sur la lisière même.

Si le front défensif du village est insuffisant, on le prolonge aux ailes par des tranchées défensives.

---

(1) Ecole de compagnie.
(2) Général Berthaut. *Des Marches et des Combats.*

Les *renforts et soutiens* se tiennent abrités à proximité de la chaîne, en arrière des points d'attaque probables ; ils se tiennent dans les tranchées de refuge, dont il vient d'être question, ou derrière des massifs de maisons convenablement situés.

S'il existe sur la ligne des soutiens, aux carrefours *p. e.* des maisons avantageusement placées pour la défense, on les organise pour servir de points d'appui à la chaîne momentanément refoulée de la lisière. Auprès de ces maisons on intercepte les routes au moyen de barricades.

« Afin de se ménager des communications latérales, chaque subdivision doit, dans la zone de défense qui lui est confiée, percer les haies, murs et palissades qui rayonnent du centre vers la circonférence ; elle doit de plus s'ouvrir des passages en arrière (1). »

La *réserve intérieure* est destinée à arrêter les progrès de l'ennemi et à le rejeter hors du village. Pendant le combat d'artillerie elle s'abrite derrière le village ; lorsque l'artillerie ennemie allonge son tir, elle vient occuper, soit une place intérieure, soit un réduit sur les derrières du village, soit une deuxième ligne intérieure formée par une large rue ou un ruisseau et organisée à peu près comme la lisière.

En avant du village, « il faut avoir soin de repérer les distances de tir et de détruire les obstacles qui gêneraient le feu et offriraient des abris à l'assaillant (1). »

En arrière du village on établit des tranchées-abris pour recueillir la défense refoulée, et l'on ouvre à l'enceinte en arrière de larges brèches pour faciliter la retraite et les retours offensifs.

Il faut compter environ quatre heures pour la mise en état de défense d'un village.

IV. Défenses accessoires.

Palissades de clôture. — Les palis sont des rondins ou des bois débités, de 2^m,50 à 3^m,50 de longueur ; de 0^m,15 à 0^m30 de

---

(1) École de compagnie.

largeur, appointés à une extrémité, enterrés à l'autre sur 1 mètre, espacés de 0m,05 à 0m,08, reliés du côté opposé à l'ennemi par 2 cours de liteaux chevillés à 0m,50 de chaque extrémité des palis.

La tranchée pour leur mise en place a 1 mètre de profondeur et 0m,30 de largeur au fond ; elle est taillée à pic du côté de l'ennemi.

Il faut par mètre courant de palissade : 3 1/2 palis, 2 mètres de liteaux, 7 chevilles ; 4 à 8 heures pour préparer les bois, 2 heures pour la mise en place, en tout 6 à 10 heures.

En 1 heure, une brigade de 3 à 4 hommes abat et ébranche 2 arbres pouvant fournir 5 à 6 palis.

En 1 heure, une brigade de 8 hommes met en place, dans une tranchée faite à l'avance, 7 à 8 mètres de palissade.

En 1 heure, une brigade de 16 hommes refend les arbres et appointe les palis nécessaires pour le travail de la brigade ci-dessus.

Palissades défensives (fig. 78). — Des palis appointés, ayant les dimensions des palis de clôture, sont placés jointifs, par groupes de 3, avec créneau de 0m,05 à 0m,08 d'un groupe à l'autre. Les intervalles sont fermés par des palis non appointés de 2 mètres à 2m,50 de longueur, dont les têtes s'élèvent à 1m,30 au dessus des pieds des défenseurs.

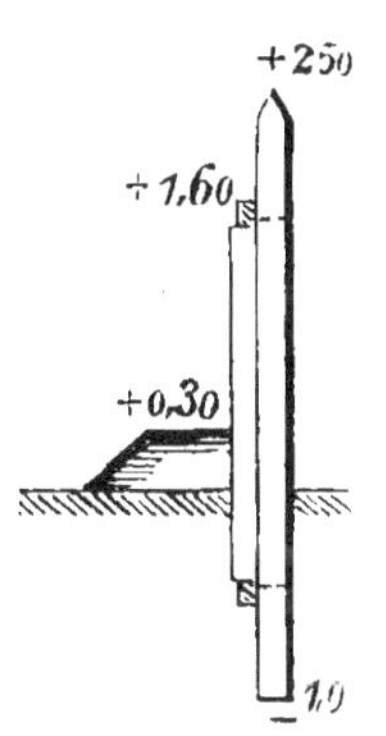

Fig. 78.

Il faut par mètre courant de palissade défensive : 3 palis appointés, 2 palis non appointés, 2 mètres de liteaux, 6 chevilles ou pointes ; 5 à 10 heures pour préparer les bois, 2 heures 1/2 pour la mise en place, en tout 8 à 12 heures.

En 1 heure, une brigade de 8 hommes met en place, dans une tranchée faite à l'avance, 5 à 6 mètres du palissade défensive.

Abatis d'arbres. — Les arbres sont couchés, les pointes vers l'ennemi, sur au moins 2 à 6 lignes de profondeur, les troncs de chaque ligne recouverts par les couronnes de la ligne subséquente.

Dans un abatis fait sur place, les arbres sont laissés adhérents aux troncs.

Dans un abatis transporté, on fixe les arbres au sol au moyen de piquets à fourche, de harts, de fils de fer.

Avec 1 homme par mètre courant, il faut 3 heures pour organiser un abatis sur place de 4 lignes d'arbres.

Pour les abatis transportés, on prépare les arbres sur place; leur transport se fait, à l'aide de cordes ou de chaînes, avec des hommes et des chevaux.

Abatis de branches. — On les enterre par les gros bouts en avant des lignes de défense, dans des lignes successives de fossés ou délardements triangulaires de 0^m,50 de profondeur et de 1^m,50 à 2 mètres de largeur, après les avoir fixés dans le sol par des piquets à fourche, ou même après les avoir consolidés au moyen de perches couchées en travers et piquetées elles-mêmes dans le sol. Les pointes ne doivent pas dépasser le sol de plus de un mètre.

On les établit d'une manière analogue en avant des contrescarpes des ouvrages, en les couvrant par un glacis; ou bien on les place debout contre le talus de contrescarpe, les gros bouts enterrés.

Ces obstacles gagnent beaucoup en valeur si on entrelace les branches avec du fil de fer.

Marche du travail : une première brigade creuse le fossé de la ligne extérieure, en jetant les terres à l'intérieur; puis une deuxième brigade place l'abatis et recomble le fossé. Quand la mise en place est assez avancée, on entame le fossé de la deuxième ligne, et ainsi de suite.

En 1 heure, 6 à 8 hommes placent, piquettent et enterrent 8 à 10 mètres de longueur d'abatis; en une heure, 2 brigades de 6 hommes creusent le fossé correspondant et préparent les piquets et perches nécessaires. Si les bois sont à proximité, 18 à 24 hommes suffisent pour fournir aux chantiers ci-dessus les branches appointées.

Par mètre courant d'abatis de branches sur 3 lignes, il faut une demi-voiture à 2 chevaux chargée de branches, 3 mètres de perches, 5 piquets; 10 heures pour parer les bois, 5 heures pour les mettre en place, en tout 15 heures.

Par mètre courant d'abatis de branches debout contre une contrescarpe, il faut : 1/5 de voiture à deux chevaux chargée de branches, 1 mètre de perches, 2 piquets ; 4 heures pour parer les bois, 2 heures pour les mettre en place, en tout 6 heures.

Réseaux en fil de fer. — Piquets de $0^m,10$ de diamètre et de $1^m,70$ de longueur, enfoncés en quinconce, à 2 mètres les uns des autres, dans le sol qu'ils dépassent de hauteurs variant de $0^m,80$ à 1 mètre. Fils de fer de 2 échantillons, l'un de $4^{mm},5$ pour les lignes principales des réseaux et les parties supérieures, l'autre de 2^{mm} pour obtenir un réseau à mailles plus serrées.

Le gros fil se fixe contre les pieux au moyen de pointes rabattues ou de petits clameaux en gros fil de fer. Le fil mince est enroulé autour des piquets et autour des gros fils aux points de croisement.

Etant données 2 rangées parallèles de pieux, on établit 2 réseaux croisés, l'un ascendant, l'autre descendant : chacun de ces réseaux, en gros fil, est conduit diagonalement des pieds de l'une des rangées de pieux aux têtes de l'autre rangée. Dans chaque rangée les têtes sont, en outre, reliées entre elles par un gros fil. Parallèlement à celui-ci, on conduit dans chaque réseau 8 lignes étagées de fils minces ; enfin entre chaque couple de gros fils diagonaux on fait courir un fil mince.

Pour établir en une heure 40 mètres carrés de cet obstacle, il faut : 6 à 8 hommes pour préparer les pieux et les clameaux, 2 hommes pour enfoncer les pieux, 12 hommes pour placer les fils.

Par mètre courant de réseau de 10 mètres de profondeur, il faut : 3 pieux, 45 mètres ou 6 kilog. de gros fil, 110 mètres ou 3 kilog. de fil mince; 1 heure et demie pour préparer les matériaux, 3 heures et demie pour la mise en place, en tout 5 heures.

Inondations. — Pour *rendre marécageux un terrain bas*, on y amène, au moyen d'un fossé de profil convenable, des eaux (d'un cours d'eau, canal ou étang) situées à un niveau supérieur ce fossé est creusé en partant du bas-fond à inonder. Aux points où les eaux tendraient à s'écouler du bas-fond, on établit des barrages.

Pour exhausser le niveau d'un cours d'eau, on établit une digue de retenue d'une hauteur suffisante pour obtenir en amont sur la portion du cours d'eau à surélever, une profondeur d'eau de $1^m,80$ au moins. Le niveau de la digue de retenue est tenu à $0^m,30$ au-dessous de l'eau.

Pour la construction méthodique des digues de retenue, voir le *Cahier de fortification de campagne*, § 283.

Dans un cas pressé, on utilise un pont existant sur le cours d'eau : on établit en travers, contre les piles ou pilots du pont, des corps d'arbres, des coffres de voitures chargées de pierres, etc. ; on complète cette retenue en coulant en amont des saucissons, puis du fumier, des gazons, de la terre forte.

Pour obtenir une *inondation proprement dite*, on établit une ou plusieurs digues de retenue ; voir le *Cahier de fortification de campagne*, § 286.

V. Organisation de la défense d'une position (1).

Les travaux seront plus ou moins complets, les ouvrages plus ou moins solides, suivant qu'ils sont exécutés loin ou proche de l'ennemi.

Abord et front. — On met en état de défense les points d'appui, tels que villages, hameaux, fermes, châteaux et bouquets de bois situés sur les abords. « Il est très important de ne construire sur le front aucun ouvrage *fermé* où l'ennemi pourrait s'établir solidement et d'où il serait peut-être très difficile de le chasser ; il faut, au contraire, dans les villages, fermes et châteaux, détruire le côté de l'enceinte opposé à l'attaque ou, tout au moins, y pratiquer des brèches assez larges pour que l'ennemi ne puisse les

---

(1) Général Berthaut. *Des Marches et des Combats.*

fermer et empêcher les retours offensifs ; sur la pente en arrière de ces brèches, on creuse des tranchées-abris que l'on prolonge à droite et à gauche de manière à pouvoir battre l'intérieur du village ou de la ferme et en flanquer les côtés extérieurs.

« Sur la crête, les tranchées sont placées de façon à ce que les troupes puissent battre complètement le terrain en avant ; on fait également, sur les points favorables de la pente en avant de la crête, de petites tranchées pour une ou deux sections, afin d'avoir des feux étagés qui augmentent notablement la force de la défense ; ces petites tranchées sont flanquées par celles de la crête. »

Flancs. — La défense des flancs, et particulièrement celle du flanc le plus menacé, est organisée comme celle du front. Toutefois dans les villages, etc., « on a soin de constituer plus fortement la partie antérieure et la partie extérieure de l'enceinte ; on ferme la partie postérieure pour empêcher l'ennemi de pénétrer dans la localité en la tournant ; les brèches sont alors pratiquées dans la partie de l'enceinte qui regarde l'intérieur de la position.

Intérieur. — « Les soutiens des compagnies de première ligne sont établis dans des tranchées-abris placées de manière à servir de points d'appui à ces compagnies, pour le cas où elles seraient obligées d'abandonner la crête, et à protéger leur mouvement rétrograde.

« Les compagnies de réserve des bataillons de première ligne, les bataillons de deuxième ligne et le régiment de réserve sont disposés de façon à former une nouvelle ligne de défense. Les compagnies de réserve des bataillons de première ligne en occupent les points avancés ; elles protègent la retraite des portions de la première ligne qui sont refoulées et viennent se reformer sur la deuxième ; elles sont placées suivant le terrain, derrière des obstacles qu'elles mettent en état de défense ou dans des tranchées-abris qu'elles construisent le plus rapidement possible ; ces tranchées sont flanquées par les troupes en arrière.

« Les bataillons de deuxième ligne sont établis un peu en arrière suivant les formes et les ressources du terrain : ils occupent et mettent en état de défense tous les points d'appui situés dans cette partie de la position ; à défaut, ils y suppléent par des tranchées-abris, et, s'ils en ont le temps, par des redoutes fermées qu'ils construisent sur les points les plus importants.

« Le régiment de réserve (1) est placé un peu plus en arrière encore et près du flanc menacé ; il occupe une position qui est défendue par des tranchées-abris ou des redoutes et qui constitue le réduit de la défense et un point d'appui en cas de retraite.

« Les redoutes sont faites pour des garnisons de 200 à 400 hommes ; on n'y met pas d'artillerie ; les batteries prennent position en *dehors* dans des tranchées faites de manière à battre le terrain en avant des redoutes ; on flanque ces tranchées par d'autres tranchées construites en arrière de leur aile extérieure.....

« Il faut tenir compte, toutes les fois que les conditions générales de l'établissement de cette deuxième ligne le permettent, de la nature des pentes en avant de la crête et placer les tranchées à une distance telle que les coups de feu qui rasent la crête battent toute la pente par laquelle les troupes ennemies montent pour envahir la position ; cela est particulièrement important en arrière des points d'attaque probable, où les abords sont en pente douce, parce qu'on obtient alors des zones dangereuses extrèmement étendues : ainsi, à environ 1000 mètres de la crête, on bat complètement une pente de 1/10 située au delà ;

à 900 mètres, une pente de 1/11 :
à 800 mètres,   id.   1/12 :
à 700 mètres,   id.   1/14 :
à 600 mètres,   id.   1/16 ;
à 500 mètres,   id.   1/20 .

« Quand on ne peut s'établir exactement à la distance correspondant à la pente que l'on veut battre, on s'en rapproche le plus possible ; on obtient alors 4 zones dangereuses (fig. 79) ; les zones CD et CE en avant et en arrière de la crête, et les zones GF et GH en avant et en arrière du point de chute ; GH peut avoir une

---

(1) Il s'agit ici d'une division d'infanterie.

grande étendue en raison des différences de pointage des tireurs.

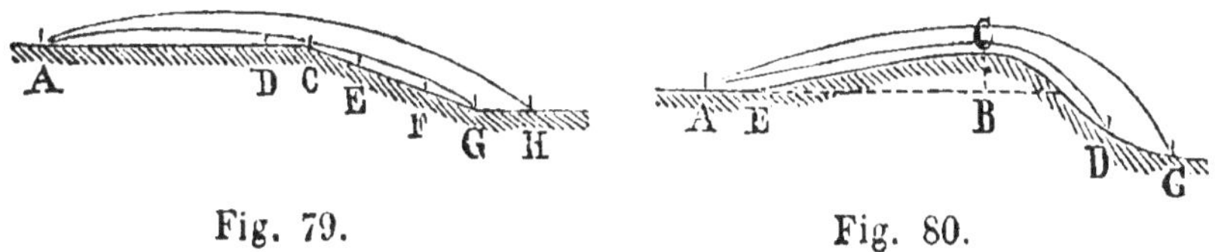

Fig. 79.   Fig. 80.

« Lorsque le terrain s'abaisse de la crête vers l'intérieur de la
position et prend, par exemple, la forme C E A (fig. 80), on s'é-
tablit en A, à une distance de A B de la crête C, telle que la trajectoire A C D enveloppe, en quelque sorte, le sommet de la col-
line qui forme la position, et la pente C D en avant; la zone
dangereuse acquiert alors une étendue considérable, la longueur
de D G étant indéterminée.

« En général, il faut, dans la détermination de l'emplacement
des troupes de la défense tenir compte, autant que possible, du
relief et des formes du terrain à battre (1). »

Destructions et démolitions.

I. — Destructions diverses sans l'aide d'explosifs.

Dégager le champ de tir d'une ligne de défense. — Cette
opération doit se faire autant que possible jusqu'à 600 mètres en
avant de la ligne de défense.

Incendier, faucher ou fouler aux pieds les *cultures ;* incendier
ou éparpiller les *meules* et les *tas de bois ;* disperser les *tas de
pierres ;* remblayer ou obstruer les *fossés*, les *chemins creux*, etc.,
ou mieux, tailler en glacis leurs talus du côté de la position.

----

(1) Consulter le dernier chapitre du carnet au sujet du tir du fusil
modèle 1874.

Couper les *haies* et *clôtures légères* à la hache, à la serpe, à la pioche ou même avec la pelle d'infanterie.

Pour l'abatage des *arbres* (1), avec des ateliers de 4 hommes munis de 2 haches, ou de 2 scies passe-partout, ou de 2 scies articulées, on compte :

| DIAMÈTRE | TEMPS NÉCESSAIRE | | |
| | POUR L'ABATAGE AVEC DES | | |
DES ARBRES.	haches.	scies passe-partout.	scies articulées.
	minutes.	minutes.	minutes.
0^m,65	60	30	»
0^m,50	40	10	15
0^m,30	15	5	8
0^m,15	5	2	3

(1) *Avec la hache* (*fig.* 81) : Première entaille normale pratiquée jusqu'au milieu du cœur par deux hommes sur la face de chute ; deuxième entaille faite un peu plus haut sur la face opposée et dirigée obliquement sur le fond de la première entaille.

Fig. 81. Fig. 82. Fig. 83.

Avec la scie (*fig.* 82) : Premier trait de scie normal à la face de chute et conduit jusqu'au delà du milieu de la section ; deuxième trait de scie, sur la face opposée, un peu plus haut et dirigé obliquement sur le fond du premier trait de scie ; en même temps des coins sont poussés dans ce deuxième trait de scie.

Avec la hache et la scie (*fig.* 83) : entaille à la hache sur la face de chute ; en même temps un trait de scie sur la face opposée, partant d'un peu plus haut et dirigé obliquement sur l'entaille.

Pour les *taillis*, un atelier de 5 hommes, muni de 1 scie passe-partout, 2 haches à main et 3 serpes, peut en raser 100^{m2} par heure, soit 20^{m2} de taillis par homme et par heure.

On peut renverser les *murs* à l'aide d'un bélier formé d'une grosse poutre suspendue horizontalement au-dessus du sol à une sorte de chèvre composée de 3 fortes perches liées ensemble vers leur sommet.

Un mur de clôture peu épais et mal fondé peut être renversé par pans considérables au moyen de l'effort simultané d'un grand nombre d'hommes agissant contre le mur par leur épaule droite et lui imprimant des oscillations de plus en plus fortes.

Destruction des défenses accessoires — Devant un *abatis*, s'attaquer aux endroits où l'obstacle est le moins serré et frayer des passages en coupant les branches à la hache. S'il s'agit d'un abatis transporté, couper à la hache les piquets et les liens d'attache, puis écarter les arbres latéralement à l'aide de cordages.

Devant des *réseaux en fil de fer*, arracher, couper ou refendre les picux; couper les plus gros fils à la cisaille à main, à la hache; dans ce dernier cas, on applique sous le fil à couper la tête d'une autre hache ou d'une masse formant billot.

Devant une *palissade*, agrandir à la hache ou à la scie les trouées que le tir préparatoire de l'artillerie a pu faire; renverser la palissade à l'aide de cordages, en s'aidant de la pioche pour dégager les pieds des palis.

Toutes ces opérations sont longues et difficiles; aussi, dans une attaque, vaudra-t-il souvent mieux chercher à *franchir* ces obstacles à l'aide de sacs de foin, de gabions et de fascines.

Destruction des voies de communication. — La destruction des routes n'est efficace qu'aux points de passage obligés.

Sur les *routes en remblai*, faire des coupures aux points les plus élevés du remblai ou dans les parties dont les abords sont noyés; avoir soin de disperser les terres. En terrain ordinaire, 20 hommes munis de pelles et de pioches peuvent en 5 heures faire une coupure de 4^m,50 de largeur en haut et de 3 mètres de profondeur sur une chaussée de 8 à 10 mètres de largeur.

Sur les *routes en déblai*, faire ébouler les talus sur la voie, surtout aux points où les terres éboulées pourront arrêter l'écoulement des eaux.

Sur les *routes à flanc de coteau*, provoquer des éboulements dans les talus de chaque côté.

Sur les *routes bordées d'arbres*, abattre les arbres et les faire recroiser sur la voie.

Pour obstruer les *gués*, les couper par des fossés portant leur profondeur à $1^m,80$; jeter dans le fond des débris de verre, des herses de laboureurs fixées par des piquets à fourche ou chargées de grosses pierres; les embarrasser avec des abatis, ou mieux avec des réseaux en fil de fer en recoupant les têtes des pieux à au moins $0^m,30$ sous l'eau.

Pour *incendier un pont en bois*, disposer des matières inflammables sous le tablier, sur un échafaudage sur chevalets ou sur radeaux; fixer à l'aide de fils de fer, autour des palées et des pièces essentielles, de la paille, des fagots, etc.; enduire les bois avec de l'huile, du pétrole, du goudron. Cette opération exige plusieurs heures et ne donne pas toujours des résultats sérieux.

Pour *incendier un pont de bateaux*, disposer les matières inflammables dans les bateaux.

Pour *couler un pont de bateaux*, charger les bateaux de pierres, percer leurs fonds après avoir défait les assemblages du tablier; couper les cordages d'ancre au moment où le pont est en train de couler.

Pour *rompre un pont suspendu*, couper les câbles de suspension à la hache et à la tranche à froid.

Pour la *destruction méthodique des voies ferrées*, démonter la voie pièce par pièce, charger le matériel sur des trains et l'évacuer. Une compagnie de 150 hommes, avec un train de 25 voitures, peut démonter et charger 1 kilomètre de voie en 1 heure; le train comprend 5 voitures pour le personnel et l'outillage, 8 wagons plats pour les rails à raison de 40 à 45 par truc, 12 wagons pour les traverses à raison de 85 à 90 par voiture. Diviser la compagnie en 4 sections de 35 à 40 hommes : la première, munie de pelles et de pioches, déblaye le ballast autour des traverses; la deuxième, avec 8 ou 10 clefs à molette pour tire-fonds et 15 à 20 clefs à double douille pour tire-fonds et boulons, enlève les attaches ; la troisième, par groupes de 6 hommes, enlève et charge les rails ; la quatrième, la plus forte, par groupes de 2 hommes, enlève et charge les traverses.

Pour *détruire les rails et traverses*, placer les rails sur de grands bûchers quadrangulaires creux formés avec les traverses, et à l'intérieur desquels on allume des fagots ; la chaleur déforme les rails : toutefois les traverses injectées et humides sont difficiles à entamer par le feu.

On peut aussi courber et fausser un rail en appuyant ses extrémités sur des traverses empilées et en faisant sauter quelques hommes sur le milieu du rail à plusieurs reprises.

Pour *faire rapidement une coupure* dans une voie ferrée, déclisser un rail à chaque extrémité de la coupure à faire, dégager le ballast des traverses, placer d'un même côté un homme à chaque traverse, soulever la voie en faisant effort au commandement, puis la retourner : cette opération doit être faite, autant que possible, sur un remblai élevé d'où l'on peut précipiter la voie en bas du talus.

Pour une *interruption rapide et locale* pouvant amener un déraillement, déclisser un joint et riper les 2 éléments de voie en sens inverse, de façon que les 2 rails consécutifs ne soient plus en concordance ; ou encore, déclisser quelques joints, puis déranger la concordance des rails en bourrant du ballast sous les traverses.

Pour *briser les coussinets* d'une voie à double champignon, on emploie la masse à tranche de chemin de fer (de 6 kilog.).

Pour *couper les tire-fonds* de la voie Vignole, on emploie la tranche à froid et la masse, ou simplement la masse à tranche.

Toutes ces destructions se font autant que possible dans les courbes, et, s'il y a lieu, à la fois en deçà et au delà d'une gare dont il importe d'isoler le matériel roulant.

Destruction des appareils des gares et du matériel roulant. — Pour détruire les *changements* ou *croisements de* *voie*, enlever les aiguilles et les tringles de manœuvre, briser les pointes de cœur et les contre-rails de pointe.

Pour détruire une *plaque tournante*, faire tourner la plaque de façon que ses rails ne soient plus en concordance avec ceux des voies, enlever une partie du plancher, et lancer sur la plaque une voiture qui déraillera et tombera dans la fosse.

Enlever ou briser les *robinets-vannes des réservoirs* d'eau, briser les tuyaux de conduite.

Briser les *appareils télégraphiques*, les *piles*.

Locomotives. Pour enlever un *piston*, chasser la clavette qui articule la bielle motrice et la tête de la tige du piston, démonter le fond du cylindre et faire sortir le piston par l'avant. Pour enlever la *bielle motrice*, démonter les articulations qui la lient à la manivelle et à la tige du piston. Pour enlever un *injecteur Giffard*, démonter les 2 brides à boulons qui le réunissent à la machine. On peut aussi briser à coups de masse la tringle du régulateur, le levier de changement de marche, les soupapes de sûreté, l'aiguille des injecteurs, etc.

Tenders. Crever les caisses à eau ou briser les robinets-vannes, briser la barre d'attelage et le ressort de traction ; démonter le ressort de suspension.

Wagons. Démonter ou briser la suspension ainsi que les crochets d'attelage.

On peut aussi former un train avec le matériel roulant d'une gare et le lancer sur une voie où l'on a préparé un déraillement.

Destruction des lignes télégraphiques. — Détruire ou emporter les appareils de transmission.

Couper les fils aériens, le plus près possible des appareils si l'on suppose que la ligne aérienne est doublée d'une ligne souterraine.

Pour couper les fils, abattre les poteaux à la hache ou à la scie (1), puis tirer leurs pieds hors du tracé de manière à faire

---

(1) A la scie articulée, deux hommes coupent un poteau en une demi-minute.

descendre les fils à portée de la main ; couper les fils à la hache, à la cisaille à main, à la lime. Briser les isolateurs.

Il y a avantage à opérer sur une courbe, parce que la tension de la ligne suffit alors pour renverser vers l'intérieur les poteaux coupés.

Pour interrompre momentanément le service d'une ligne télégraphique, relier les divers fils entre eux au moyen d'un fil fin d'argent (1) que l'on fait courir le long d'un poteau. On peut aussi diminuer à la lime la section conductrice des fils.

Les lignes souterraines comprennent généralement 2 câbles de $0^m,03$ et un câble de $0^m,045$, placés au fond d'une tranchée de 1 mètre de profondeur et recouverts d'une rangée de briques. On les recherche à l'aide d'une tranchée perpendiculaire à la direction présumée du tracé. Ces lignes franchissent ordinairement les cours d'eau dans des étuis en tôle noyés dans le fond ; en ce cas, on les retire en draguant soigneusement le fond avec un grappin. On peut couper un câble à la hache de charpentier, en l'appuyant sur un bloc de bois ou de pierre ; à la hache à main ou au burin on ne pourrait pas l'entamer.

II. — Règles pour l'emploi de la poudre (2).

Calcul des charges. — Charge des *fourneaux ordinaires :* $c = gh^3$, (a) c charge exprimée en kilogrammes, h la L M R exprimée en mètres.

Dans les diverses espèces de terres.........	$g = 1,5$ à 3
Dans la mauvaise maçonnerie..............	$g = 3$
Dans la maçonnerie de qualité moyenne......	$g = 4$
Dans la bonne maçonnerie.................	$g = 4,5$
Dans la très bonne maçonnerie et de voûtes..	$g = 5$

---

(1) Voir le chargement de la voiture de sapeurs-montés.

(2) Les renseignements de ce chapitre sont tirés du *Manuel du service des pionniers prussiens.* Les charges indiquées sont sensiblement plus fortes que celles ordinairement admises en France ; on pourra donc les employer à la guerre en toute confiance et sans les forcer davantage.

Dans la très bonne maçonnerie fortement surchargée (cas des piles de pont en maçonnerie avec superstructure métallique)................ $g = 6$

Dans le roc consistant..................... $g = 6$ à $7,5$

Charge des fourneaux *surchargés :* $\qquad C = ngh^3,\ (b)$

n coefficient de surcharge dépendant du rapport entre le rayon r d'action et la L M R.

$$
\begin{aligned}
\text{Pour } r &= 1,25\ h \dots\dots\dots & n &= 2\\
r &= 1,5\ h \dots\dots\dots & n &= 3,5\\
r &= 1,75\ h \dots\dots\dots & n &= 5\\
r &= 2\ \ \ \ h \dots\dots\dots & n &= 7\\
r &= 2,25\ h \dots\dots\dots & n &= 10\\
r &= 2,5\ h \dots\dots\dots & n &= 14\\
r &= 2,75\ h \dots\dots\dots & n &= 20\\
r &= 3\ \ \ \ h \dots\dots\dots & n &= 28
\end{aligned}
$$

Le résultat $r = 3h$ ne peut être dépassé quelle que soit l'augmentation de la charge.

Longueur l *du bourrage,* pour les fourneaux établis dans la maçonnerie

$$l = 1,4h + 0,6r.$$

Pour les fourneaux ordinaires, on a $r = h$, par suite $l = 2h$.

Pour les fourneaux établis dans les terres, on prend $l = 3/2h$.

La longueur l d'un bourrage est toujours comptée en ligne droite, du centre des poudres à l'extrémité de la partie bourrée.

En cas de *bourrage réduit,* il faut augmenter les charges, et les formules (*a*) (*b*) deviennent :

$$C = kgh^3,\quad C = kngh^3,$$

k étant le coefficient de bourrage, à savoir :

Pour bourrage qui n'est que les 4/5 du bourrage complet, $k = 1,15$

$$
\begin{aligned}
\text{id.} \qquad & 3/5 \qquad \text{id.} \qquad & k &= 1,35\\
\text{id.} \qquad & 1/2 \qquad \text{id.} \qquad & k &= 1,5\\
\text{id.} \qquad & 2/5 \qquad \text{id.} \qquad & k &= 2\\
\text{id.} \qquad & 1/5 \qquad \text{id.} \qquad & k &= 4,15
\end{aligned}
$$

Si le bourrage manque totalement................ $k = 10,5$

Si les poudres sont placées, avec un bourrage léger ou sans

bourrage, extérieurement aux objets à rompre, tels que les murs contre lesquels elles n'agissent que d'un seul côté, on prend $k = 50$.

Si les poudres sont placées en tas dans des locaux fermés où leur action s'exerce en divers sens, on prend $k = 22$.

Dans ces deux derniers cas, on prend $C = kgh^3$, h étant l'épaisseur de la maçonnerie à rompre.

Tableau des charges ordinaires dans la maçonnerie avec bourrage complet.

VALEURS DE h (en mètres).	CHARGE EN KILOGRAMMES				
	dans la mauvaise maçonnerie $g = 3$.	dans la maçonnerie de qualité moyenne $g = 4$.	dans la bonne maçonnerie $g = 4$.	dans la très bonne maçonnerie ordinaire et de voûte $g = 5$.	dans la très bonne maçonnerie fortement surchargée $g = 6$.
1 mètre.	3	4	4,5	5	6
$1^m,50$...	10,1	13,5	15,2	16,9	20,2
$2^m,00$...	24	32	36	40	48
$2^m,50$...	46,9	62,5	70,3	78,1	93,7
$3^m,00$...	81	108	121,5	135	162
$3^m,50$...	128,6	171,5	192,9	214,4	257,2
$4^m,00$...	192	256	288	320	384

Pour appliquer ce tableau au cas des fourneaux surchargés ou des bourrages réduits, il faut multiplier les charges qu'il donne par les coefficients correspondants de surcharge ou de bourrage.

Nombre et espacement des fourneaux. — Pour étendre le rayon d'action des fourneaux d'une manière suffisante pour une destruction à opérer, on peut employer, ou bien un petit nombre de fourneaux à fortes charges, ou bien un plus grand nombre de fourneaux à charges plus faibles. Le dernier procédé donne une économie de poudre, mais il augmente la longueur du travail et les difficultés de la mise du feu.

On espace les fourneaux ordinaires d'environ deux fois le rayon d'action, soit : pour les fourneaux ordinaires, $2h$; pour les fourneaux surchargés, $2,5h$, $3h$, $3,5h$, ...$6h$, suivant que $r = 1,25h$, $1,50h$, $1,75h$, ...$3h$. Dans ces conditions les entonnoirs sont tangents entre eux.

Mais dans le cas de matériaux très résistants, il est préférable de faire recroiser les entonnoirs.

Si les fourneaux sont placés extérieurement, ils peuvent être espacés de 6 à $8h$.

Pour une opération de destruction importante, il faut avoir soin d'établir à l'avance un plan ou une coupe de l'objet à détruire et d'y figurer les centres des fourneaux avec leurs cercles d'entonnoirs.

Dimensions des boîtes aux poudres. — Voir dans le *Cahier de l'École de mines* le tableau donnant le côté des boîtes cubiques correspondantes à diverses charges.

Démolition des murs non terrassés. — *1° Murs de moins de 1 mètre d'épaisseur.*

Charges placées contre le pied du mur, avec bourrage sommaire en sacs à terre, grosses pierres, terre, etc.,

$$C = kgh^3,$$

h épaisseur du mur, $g = 3$ à $4,5$, $k = 50$. Espacement des fourneaux, $6h$ à $8h$.

Si l'on peut encastrer les fourneaux dans le pied du mur, la charge peut être diminuée de $1/3$.

Exemple : Faire une brèche de 20 mètres dans un mur de $0^m,80$ d'épaisseur, avec des charges placées au pied du mur avec bourrage sommaire ? Réponse. Charge d'un fourneau :

$$C = 0,80^3 \times 4 \times 50 = 100 \text{ kil.}$$

Espacement des fourneaux : $6h$ ou 5 mètres environ. Sur 20 mètres il faut donc 4 fourneaux de 100 kil.. soit 400 kil. de poudre.

2° Murs de 1 mètre à 3 mètres d'épaisseur.

Si les fondations du mur ont jusqu'à 2 mètres de profondeur, placer les charges sous les fondations en tenant compte du coefficient de bourrage ; ou bien les encastrer sous les fondations (fig. 84), sans tenir compte de ce coefficient.

Si les fondations sont très profondes, placer les charges assez bas pour que leur action vers le haut dépasse peu le sommet des fondations.

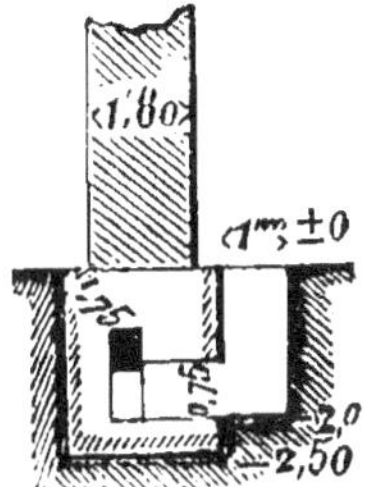

Fig. 84.

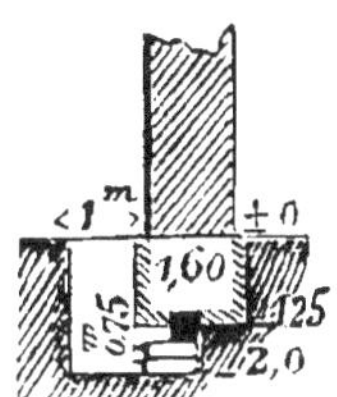

Fig. 85.

Appliquer la formule des fourneaux ordinaires, mais, à cause de la surcharge que le mur donne aux fondations, prendre $g = 4,5$ dans la maçonnerie de moyenne qualité, et $g = 5$ à 6 dans la maçonnerie très résistante.

Exemple : Démolir un mur (fig. 85) de $1^m,80$ d'épaisseur et de 21 mètres de longueur, en maçonnerie de qualité moyenne, à l'aide de charges placées dans les fondations avec bourrage complet ?

Réponse :
$$C = gh^3 = 1,75^3 \times 4,5 = 24 \text{ kil.}$$

Espacement des fourneaux, $2h = 3^m,50$. Nombre des fourneaux, $\dfrac{21^m}{3,50} = 6$ mètres. En tout : 6×24 kil. $= 144$ kil. de poudre.

Si l'on dispose de beaucoup de poudre et qu'on veuille réduire le nombre des fourneaux, les calculer comme fourneaux surchargés. Exemple : Combien faut-il de poudre dans l'exemple précédent, avec 3 fourneaux espacés de $4h = 7$ mètres ?

Réponse :
$$C = ngh^3 ; r = 2h, \text{ donc } n = 7.$$
$$C = 1,75^3 \times 4,5 \times 7 = 168 \text{ kil.}$$
En tout : 3×168 kil. $= 504$ kil. de poudre.

3° Murs de plus de 3 mètres d'épaisseur (fig. 86).

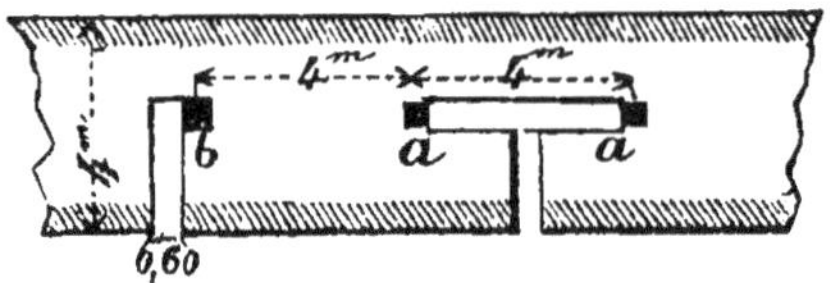

Fig. 86.

Loger au milieu de l'épaisseur du mur des fourneaux *a* espacés entre eux de 2*h*; ou bien des fourneaux *b*, avec le même espacement 2*h*.

Exemple : Mur de 4 mètres d'épaisseur ?

Fourneaux *a*, bourrage complet 2*h* ;

$$C = gh^3 = 4,5 \times 2^3 = 36 \text{ kil.}$$

Fourneaux *b*, bourrage réduit *h* ; coefficient de bourrage, 1,5 ;

$$C = 1,5 \times 4,5 \times 2^3 = 54 \text{ kil.}$$

Démolition des maisons. — 1° A l'aide de fourneaux logés dans les fondations, sous les angles et les trumeaux, et dont les rameaux débouchent à l'intérieur de la maison.

Avec des murs principaux de 0ᵐ,50 à 0ᵐ,65 d'épaisseur et des fondations de 1 mètre de profondeur, on peut prendre *h* = 1 mètre, et des charges de 5 à 6 kil sous les trumeaux, de 10 kil. sous les angles.

2° A l'aide de charges placées librement dans l'intérieur, de préférence dans les caves voûtées, et en bouchant toutes les ouvertures. On espace les fourneaux de 6 à 8*h* et on prend 22 pour le coefficient de bourrage.

Exemple : Maison mesurant à l'intérieur $\frac{9^m}{18^m}$ et dont les murs principaux ont 0ᵐ,50 d'épaisseur ?

Charge de chaque fourneau : $C = kgh^3 = 22 \times 0,50^3 = 11 \text{ kil.}$

Nombre des fourneaux : $\dfrac{2\,(18 + 9)}{6 \times 0,50} = 18.$

En tout : 18 × 11 = 198 kil. de poudre.

La démolition de la même maison, à l'aide de fourneaux sous les fondations (*h* = 1 mètre), exigerait 10 à 12 charges de 5 à 6 kil. chacune, soit 60 à 72 kil. de poudre seulement.

Destruction des voies ferrées. — Charges de 10 à 15 kil., placées exactement sous les traverses à l'aplomb des rails et bourrées aussi bien que possible. En cas de bourrage insuffisant, employer des charges de 30 kil.

Murs de revêtement. — Fourneaux surchargés logés derrière le mur, et à son pied si on veut renverser le mur sur toute sa hauteur ; autant que possible, encastrer les fourneaux complètement ou à moitié dans la maçonnerie.

Pour arriver aux emplacements de ces fourneaux, établir, suivant le cas, des forages chambrés ou des puits dans les terres en arrière du mur, ou des rameaux (fig. 87) à travers la maçonnerie.

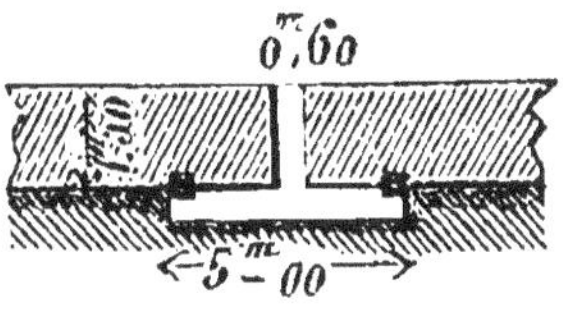

Prendre pour h l'épaisseur du mur ; $g = 3$ seulement, pour tenir compte de la poussée des terres.

Fig. 87.

Dans l'exemple de la figure 87, on a $r = 1,75h$; donc $n = 5$; et, en supposant le bourrage complet, on a pour chaque fourneau :

$$C = ngh^3 = 5 \times 3 \times 1,50^3 = 51 \text{ kil. environ.}$$

Aqueducs sous remblais. — 1° Aqueduc de faible section,
Pour détruire l'aqueduc et par suite le remblai, placer les charges à l'intérieur de l'aqueduc contre la voûte et employer un bourrage avec masques.

Exemple : Epaisseur de la voûte $0^m,50$, hauteur de la surcharge de terre 2 mètres, longueur de l'aqueduc ou largeur du remblai 10 mètres ?

Employer 2 fourneaux espacés de 5 mètres ; $h = 2^m,50$;

$$g = \frac{0,50 \times 5 + 2 \times 1,50}{2,50} = 2,2.$$

Le bourrage n'ayant que $2^m,50$ de longueur au lieu de $2 \times 2^m,50$, on a $k = 1,50$. Donc :

$$C = kgh^3 = 1,5 \times 2,2 \times 2,50^3 = 52 \text{ kil.,}$$

soit 104 kil. pour les 2 fourneaux.

2° *Aqueduc de grande section.*

Loger les fourneaux extérieurement contre les naissances de la voûte, en employant des puits ou des forages chambrés.

Ponts et viaducs en maçonnerie (1). — 1° *Destruction d'une pile.*

Dans les ponts, s'attaquer aux piles des grandes arches marinières ; dans les viaducs, aux piles les plus élevées.

Placer les fourneaux le plus bas possible. Généralement chaque fourneau a son puits spécial, ce qui ne permet ordinairement qu'un bourrage réduit ; pour avoir un bourrage complet, il faudrait avoir, pour chaque couple de fourneaux, un puits central avec 2 retours, ce qui exige plus de temps.

Exemple : Pile en bonne maçonnerie, de $2^m,50$ d'épaisseur et de 10 mètres de longueur environ.

Etablir dans l'axe de la pile 2 puits verticaux espacés de 5 mètres et de 2 mètres à $2^m,50$ de profondeur. On a $h = 1^m,25$; $r = 2h$, donc $n = 7$; $g = 5$, pour tenir compte de la pression exercée sur les piles par les arches. Le bourrage complet serait $l = 1,4 h + 0,6 r = 2,6 h = 3^m,25$; le bourrage étant réduit à 2 mètres ou à 3/5 du bourrage complet, on a $k = 1,35$. Donc

$$c = kngh^3 = 1,35 \times 7 \times 5 \times 1,25^3 = 92\,\text{kil.};$$

et pour les 2 fourneaux, 184 kil. de poudre.

2° *Destruction d'une culée.* Opérer comme pour les murs de revêtement.

3° *Destruction d'une arche à l'aide de fourneaux sur la clef de voûte.*

Loger sur la clef, au moyen de puits, des fourneaux surchargés, en nombre convenable et encastrés dans la maçonnerie de la voûte pour suppléer en partie à l'insuffisance du bourrage.

Exemple : Détruire à l'aide de 2 fourneaux une arche ayant

---

(1) Aucun ouvrage d'art ne peut être détruit ou mis hors de service sans l'ordre formel du général en chef ou d'un commandant de corps d'armée autorisé spécialement à cet effet (Art. 119 du *Règlement général sur les transports militaires par chemins de fer*).

9 mètres de portée, 8 mètres de longueur et 1 mètre d'épaisseur de voûte, l'extrados étant situé à 1 mètre sous la voie du pont.

Réponse : $h = 1^m$; $g = 5$; espacement des fourneaux $= 4^m = 4h$, donc $r = 2h$ et $n = 7$. La longueur du bourrage complet serait $1,4\,h + 0,6\,r = 2,6\,h$; la longueur réelle du bourrage étant seulement h ou les 2/5 du bourrage complet, on a $k = 2$. Donc

$$c = kngh^3 = 2 \times 7 \times 5 \times 1^3 = 70^k ;$$

et pour les 2 fourneaux, 140 kil.

4° *Destruction d'une arche à l'aide de fourneaux logés vers les naissances des voûtes.*

Cette méthode a l'avantage de fournir une destruction totale de la voûte, et par suite une brèche plus grande. Elle permet aussi un bourrage complet. Les fourneaux sont un peu encastrés dans la voûte ; on y accède par des puits verticaux ou par des rameaux horizontaux coudés. Les charges sont calculées comme dans le cas précédent, mais sans coefficient de bourrage.

5° *Destruction d'une arche à l'aide de charges logées dans une rainure le long de la clef.*

Pour les voûtes de 1 mètre à $1^m,25$ d'épaisseur, pratiquer le long de la clef une rainure de $\dfrac{0^m,10}{0^m,10}$, que l'on remplit de poudre, soit 9 kilog. par mètre courant ; faire un bourrage en rails, pierres, terres, etc.

Une arche de 7 mètres de longueur, qui recevrait en outre 2 rainures en croix de 2 mètres, exigerait donc $11 \times 9 = 100$ kilog. de poudre environ.

Si le bourrage manque totalement, augmenter les charges de la moitié.

6° *Destruction d'une arche à l'aide de fourneaux sous l'intrados.*

Méthode peu sûre et exigeant beaucoup de poudre. Les charges sont placées sur des échafaudages et appliquées exactement sous l'intrados.

Exemple : Voûte de 7 mètres de longueur, 1 mètre d'épaisseur, avec surcharge négligeable.

Réponse : $h = 1^m$; $g = 5$; $k = 50$; $c = 50 \times 5 \times 13 = 250$ kil. La voûte n'ayant que $7h$ de longueur, un seul fourneau suffira.

Ponts et viaducs en maçonnerie avec superstructure métallique. — 1° *Destruction d'une pile* (1).

Loger dans l'axe de la pile, le plus bas possible, à l'aide de rameaux de flanc, des fourneaux surchargés dont les entonnoirs se recroisent.

Exemple : Pile de 3 mètres d'épaisseur et de 11 mètres de longueur.

Employer 2 fourneaux espacés de 5 mètres ; $r = 3^m = 2h$, donc $n = 7$. Bourrage complet $1,4\,h + 0,6\,r = 2,6\,h = 3^m,90$; bourrage réduit de $1^m,50$ ou $2/5$ du bourrage complet ; donc $k = 2$. Donc

$$c = 2 \times 7 \times 6 \times 1,50^3 = 284 \text{ kil.} ;$$

en tout 568 kilog. de poudre.

2° *Destruction d'une culée.* Comme pour les murs de revêtement.

Exemple : Culée de $1^m,50$ d'épaisseur ; 2 fourneaux espacés de $3h = 4^m,50$; $g = 6$. On a $r = 1,5\,h$, donc $n = 3,5$. Si les puits ont $3^m,50$ de profondeur, le bourrage sera complet.

$$c = 3,5 \times 6 \times 1,50^3 = 71 \text{ kil.}$$

en tout 142 kilog. de poudre.

Tunnels. — Etablir vers le milieu du tunnel des fourneaux fortement surchargés, logés, au moyen de rameaux, sur l'extrados de la voûte, aux naissances ou à la clef.

Prendre $c = kngh^3$; h épaisseur de la voûte, $n = 14$ à 28 ; espacer les fourneaux de 5 à $6h$, et opérer la destruction sur au moins 20 à 30 mètres de longueur.

Ajouter, s'il est possible, l'action de globes de compression de 600 à 1,000 kil., établis au-dessus du ciel du tunnel.

Si l'on est pressé, détruire seulement l'entrée du tunnel en logeant des fourneaux derrière le mur de tête.

---

(1) Le tablier métallique ne peut se détruire qu'à l'aide de la dynamite.

Chaussées. — Les couper sur toute leur largeur à l'aide d'une ou de deux files de fourneaux, de 3 mètres de LMR, espacés entre eux de 6 mètres, avec charges de 100 à 120 kilog.

Si la route couronne un escarpement, tenir les charges à $\frac{5}{4} h$ de cet escarpement.

S'il s'agit d'une tranchée profonde, établir les fourneaux vers le haut du talus pour encombrer la voie avec les éboulements.

Les fourneaux peuvent s'établir rapidement à l'extrémité de forages chambrés. Si, à défaut de dynamite, on est obligé de chambrer à la poudre, appliquer la règle suivante : la charge C (en kilog.) de poudre, capable de produire une chambre de capacité V (en mètres cubes), est $C = 4,50 V$; c'est-à-dire qu'une charge C de poudre dans une chambre pouvant contenir 180 C de poudre (ou plutôt 150 C à 200 C, suivant que le terrain manque plus ou moins de consistance).

Palissades et fraises (1). — Dans une ligne de palissades de clôture ou de fraises, une charge de 30 kilog., déposée contre le pied de la palissade et recouverte de quelques sacs à terre, donne une brèche de $2^m,50$ de largeur.

Dans une palissade défensive, la même brèche exige 40 kilog.

Portes et barrières. — Sac de 15 à 20 kilog. suspendu contre le milieu de la porte.

Abatis. — Brèches difficiles à faire avec la poudre seule. Employer des sacs contenant 12 à 15 kilog. de poudre et 2 kilog. de dynamite amorcée au fulminate ; les placer à la main sous les troncs et les perches formant liens. Chaque sac produit dans *une* rangée d'abatis une brèche de $2^m,80$ à 3 mètres de largeur.

---

(1) Dans une attaque par surprise ou de vive force, chaque sapeur ne doit pas porter plus d'un sac à poudre ou d'un sac à terre ; il faut emporter des sacs amorcés et des rechanges pour le cas où des porteurs de sacs restent en chemin.

III. Règles pour l'emploi de la dynamite.

Règle générale : Placer toujours la dynamite au contact parfait des objets à rompre ; se retirer toujours latéralement à la direction dans laquelle agit la charge.

Abatis. — Une charge de 4 kilog. placée sous un tronc et sous la perche formant lien, donne une brèche de $2^m,50$ à 3 mètres de largeur dans *une* rangée d'abatis.

Une charge de 6 kilog. donne une brèche de $4^m,50$ d'ouverture.

Pour placer les charges, les fixer à l'extrémité de perches, le long desquelles se développe le Bickford ; avoir soin que les charges touchent bien le sol.

Palissades. — Placer contre le pied des charges ayant la longueur (1) de la brèche à ouvrir : $2^k,500$ par mètre courant, contre des palissades de clôture de $0^m,20$ à $0^m,30$; 3 kilog. par mètre courant contre des palissades défensives de $0^m,20$; 6 kilog. par mètre courant contre des palissades défensives de $0^m,33$ à $0^m,43$.

S'il existe une banquette en terre derrière la palissade, augmenter la charge de 2/3.

Portes et barrières. — Charge longue de 2 kilog. par mètre courant, suspendue en travers et au contact de la porte.

Plateaux en fer. — Répartir la charge sur toute la largeur du plateau : $c = 6000\,ab^2$, c charge en kilogrammes, a et b la largeur et l'épaisseur du plateau exprimées en mètres.

Pour la fonte, les charges peuvent être réduites.

Ponts métalliques. — Pratiquer une section dans chacune des poutres de support, sans se préoccuper des pièces de contre-ventement.

Pour les fers à double T, fixer les cartouches à l'aide de fil de fer et de coins, le long de l'âme et sur les ailes, d'un *seul* côté, afin que les effets des charges ne puissent se neutraliser.

---

(1) Les charges longues sont formées de cartouches ficelées le long d'une baguette, d'une lanière, etc. Une seule des cartouches est amorcée.

Pour les poutres creuses à section rectangulaire en double T évidé, briser d'abord une des faces, puis placer les charges à l'intérieur.

Appliquer les formules $c = 3000\, ab^2$ ou $c = 6000\, ab^2$, suivant qu'il s'agit de fers spéciaux ou de plaques ; ajouter à l'épaisseur du fer celle des têtes de rivet qui empêchent le contact parfait des cartouches.

Dans les ponts à faible portée, les fers à T n'ont pas plus de $0^m,30$ de hauteur, et il suffit, en ce cas, d'une charge de 500 gr., dont 100 le long de l'âme et 400 sur les ailes.

Voies ferrées. — Pour produire une interruption, employer un couple de 2 charges de 200 grammes chacune, placées de chaque côté d'un joint à $0^m,75$ de celui-ci, l'une à l'intérieur de la voie, l'autre à l'extérieur ; les cartouches sont placées sur le patin et dans la gorge du rail, avec bourrage en ballast. L'une des 2 cartouches de chaque charge est amorcée ; les 2 Bickfords ont à peu près la même longueur, leurs extrémités sont tournées l'une vers l'autre afin que le même homme puisse les allumer pour ainsi dire en même temps ; cet homme se retire ensuite à 200 mètres *le long* de la voie. L'interruption produite sera d'au moins $1^m,50$ de longueur.

Si l'on ne veut qu'une seule mise du feu, placer une charge de 400 grammes à l'extérieur, au joint de deux rails ; la rupture s'étendra sur toute la longueur de l'éclissage du joint.

En procédant par couples de charges de 200 grammes disposées alternativement sur chaque file de rails, au-dessus des traverses qui comprennent un joint, et en passant un joint sur trois, on détruit, avec 10 couples, 15 longueurs de rails, c'est-à-dire 90 à 120 mètres de voie. Les traverses qui reçoivent les explosions étant hors de service, il faudra démonter tous les rails, même ceux qui ne sont pas rompus, pour réparer la brèche. — L'opération exige 4 kilog. de dynamite et 10 mètres de Bickford ; elle pourra être faite en un quart d'heure par 12 hommes, si l'on admet que la mise du feu pourra être faite en même temps par 10 des hommes.

Appareils dans les gares et matériel roulant. — *Chan-*

gement de voie. Placer 2 charges de 200 grammes dans les rainures formées par les aiguilles et les rails contre-aiguilles. Briser en outre, à l'aide d'une cartouche, les tringles de manœuvre.

Croisement de voie. Placer 2 charges de 300 grammes, l'une dans l'angle de la pointe de cœur, l'autre à la partie coudée des contre-rails de pointe.

Plaque tournante. La faire tourner de manière que ses rails ne correspondent plus à ceux des voies fixes, soulever une partie du plancher et placer une charge de 300 grammes contre le cercle de roulement des galets.

Appareils d'alimentation en eau. Charge de 200 grammes pour briser le robinet-vanne. Charge de 200 grammes pour crever le réservoir d'eau.

Signaux. Charge de 100 grammes pour briser l'axe de rotation d'un signal.

Locomotive. Charge de 200 grammes pour briser une bielle motrice; de 500 grammes pour briser un cylindre.

Tender. Charge de 100 grammes pour briser un robinet-vanne de caisse à eau; de 200 grammes pour crever cette caisse.

Voitures et wagons. Charge de 100 grammes contre chacune des tiges qui relient les ressorts aux boîtes à graisse; de 500 grammes contre les ressorts, près de leurs points d'attache aux châssis.

Lignes télégraphiques. — Pour couper un poteau de ligne télégraphique, employer une charge de 200 grammes.

Même charge pour couper un câble de ligne souterraine.

Murs non terrassés. — 1° Mur de 1 mètre au plus d'épaisseur :

Charges longues placées contre le mur, à son pied, avec bourrage sommaire.

Mur de 0ᵐ,50 d'épaiss., charge de 4 à 5 kil. par mètre courant.

—	0ᵐ,75	—	—	6 à 8 kil.	—
—	1ᵐ	—	—	9 à 12 kil.	—

On peut sans danger se tenir contre le mur à 15 ou 20 mètres sur le flanc de l'explosion, ou se coucher à 30 ou 40 mètres en arrière.

On peut réduire un peu les charges si on les enterre dans des rigoles de 0^m,10 à 0^m,20 de profondeur.

L'effet de la charge ne s'étend guère au-delà de ses extrémités; si l'on veut faire écrouler le mur sur toute sa hauteur et non obtenir un simple trou, il faut donner à la charge une longueur à peu près égale à la hauteur du mur.

2° Mur de 1 mètre à 1^m,50 d'épaisseur.

Charges longues encastrées dans le mur, vers son pied, à une profondeur égale à 1/10 de l'épaisseur du mur, et bien arc-boutées. Le logement peut être pratiqué au pic ou par l'action d'une première charge d'environ 600 grammes par mètre courant.

Mur de 1^m,10 d'épaiss., charge de 4 à 6 kil. par mètre courant.

—	1^m,20	—	—	6 à 7 kil.	—
—	1^m,30	—	—	7 à 8 kil.	—
—	1^m,40	—	—	8 à 10 kil.	—
—	1^m,50	—	—	10 à 12 kil.	—

On peut répartir la charge par éléments de 1 mètre, avec intervalles de 0^m,40 ; l'effet s'étendra néanmoins sur toute la longueur.

3° Mur de 1^m,50 à 2^m,50 d'épaisseur.

Charges concentrées de 2^k,500 à 7 kilog., logées dans le milieu de l'épaisseur du mur.

Si tout un mur doit être renversé, on espace les charges d'environ l'épaisseur du mur.

Le creusement des chambres est accéléré par l'emploi de pétards de dynamite.

Chambrage à la dynamite. — La charge C en kilogrammes capable de produire une chambre de capacité V, exprimée en mètres cubes, est : $C = 1{,}80\,V$. Par suite une charge C de dynamite donne une chambre pouvant contenir 450 C à 500 C de poudre, suivant la nature du terrain.

On peut transformer un forage de petit diamètre en petit rameau icrculaire à l'aide d'une charge longue de cartouches de 200 grammes ficelées à peu près bout à bout le long d'une baguette.

Murs de revêtement. — Porter, à l'aide de forages ou de puits, contre le parement intérieur, à environ 1/3 de la hauteur à partir de la base, des charges calculées par la formule

$$C = \frac{3}{2}\, e^3,$$

e étant l'épaisseur du mur; espacement maximum des charges $2e$. Si la hauteur de terre au-dessus des charges n'est pas au moins $\frac{3}{2}\, e$, il faut forcer les charges.

Voûtes. — Charges concentrées placées sur l'extrados sans bourrage.

Voûte de 0^m,30 d'épaisseur : charge de 1 kil.

Id.	0^m,60	*Id.*	6 —
Id.	0^m,90	*Id.*	15 —

L'ouverture produite a pour diamètre l'épaisseur de la voûte. Pour faire une coupure continue, il faudrait donc un très grand nombre de charges. Mais avec l'emploi d'un bourrage, on obtient une coupure continue tout en espaçant les charges du double de l'épaisseur de la voûte.

On préférera cependant, pour faire une coupure continue, employer des charges longues avec bourrage :

Pour une voûte de 0^m,30 d'épaisseur : charge de 2 kil. par mètre courant.

Pour une voûte de 0^m,60 d'épaisseur : charge de 5 kil. par mètre courant.

Pour une voûte de 0^m,90 d'épaisseur : charge de 8 kil. par mètre courant.

Si les charges sont encastrées dans la voûte, on peut les réduire de moitié.

Maisons. — Pour démolir une maison ayant 5^m,50 de côté et 0^m,35 d'épaisseur de murs, il a suffi de 6 kil. de dynamite placée librement dans le milieu d'une chambre du rez-de-chaussée.

Pour démolir un corps de garde ayant 4^m,80 de longueur, 4 mètres de largeur et 0^m,40 d'épaisseur de murs, il a suffi de 12^k,500 de dynamite répartie à l'intérieur le long du pied des murs, la porte et la fenêtre restant ouvertes.

On peut admettre, qu'en fermant les ouvertures, il suffit de 500 grammes par mètre cube de vide intérieur

Ponts en bois. — Couper les poutres ou mieux les palées à l'aide de charges longues, calculées en admettant qu'une poutre d'équarrissage $\frac{a}{b}$ est coupée par une charge $C = 40\,ab^2$ appliquée contre la largeur a.

Pour couper un pilot de diamètre d, il faut une charge

$$C = 30\,d^3.$$

Canons. — Faire détoner un pétard de 100 grammes contre la charnière ou à l'intérieur après avoir fermé incomplétement la culasse.

Ou mieux, placer une charge de 3 à 5 kil. sur l'un des tourillons et la faire détoner après l'avoir recouverte de quelques sacs à terre : le tourillon est coupé et le flasque correspondant de l'affût détérioré.

Voitures. — Briser les essieux à l'aide de charges de 500 grammes.

TROISIÈME PARTIE

Administration et comptabilité d'une compagnie en campagne.

I. — Mobilisation d'une compagnie.

Le capitaine d'une compagnie mobilisée se met au courant, s'il ne l'est déjà, de la comptabilité à tenir en campagne. Il se procure ou consulte les documents tels que : tarifs relatifs aux effets d'habillement, d'équipement, d'armement et de campement ; tarifs de solde, composition des rations de toute espèce, tarif du 20 juin 1874 pour les réparations aux équipages régimentaires, etc.

Pour l'armement, le régime de l'abonnement suivi à l'intérieur étant remplacé en campagne par le régime de clerc à maître, on constate l'état des armes au départ, pour faire retenir à l'armurier du corps le prix des réparations qu'il n'a pas faites et pour lesquelles il a touché l'abonnement. Cette disposition est réglementaire ; toutefois son application sera difficile, si un grand nombre de compagnies d'un même régiment sont mobilisées simultanément.

Les cartouches du sac, comprenant les cartouches de sûreté, ne comptent pas dans l'approvisionnement de mobilisation ; elles sont versées avant le départ.

On procède à l'échange des effets : les hommes d'une compagnie à mettre en route immédiatement, ainsi que les réservistes, reçoivent des effets d'habillement neufs.

Pendant les moments non consacrés aux réservistes, on reçoit les vivres de réserve (1), le parc, les équipages régimentaires, les chevaux des officiers et de trait, le harnachement.

Réception des réservistes. — Le capitaine reçoit de l'officier d'habillement, en échange d'un simple récépissé numérique les quantités d'effets d'habillement, d'équipement et d'effets individuels de campement nécessaires pour porter la compagnie sur le pied de guerre ; le nombre des effets d'habillement et de petit équipement qui exigent un essayage est augmenté de 1/5. Ces bons provisoires sont remplacés par des bons réguliers dès que les réservistes sont habillés. Il n'est fait mention du numéro de série sur les bons réguliers et sur les livrets que pour les effets sur lesquels le numéro matricule ne doit pas être appliqué ; on n'indique pas non plus le trimestre de la mise en service ; enfin les effets sont inscrits sur les bons et sur les livrets au moyen d'une unité pour les effets d'habillement, et au moyen d'un numéro de série pour le grand équipement.

Les paquets d'effets sont disposés par rang de taille dans le local où l'on doit habiller.

Les officiers de la compagnie se tiennent en permanence à la caserne.

Un poste fourni par le corps reçoit les réservistes à la gare. Un sous-officier et des caporaux de la compagnie vont les prendre à la garde de police du quartier pour les conduire au local où le capitaine les habille et prend leurs livrets.

Les disponibles et réservistes, quel que soit leur grade, ont droit, pour se rendre de leur domicile à leur corps, ainsi que pour le jour de leur arrivée, à une indemnité journalière de

---

(1) Au moment du départ, les *vivres du sac* des troupes mobilisées comprennent : 2 jours de biscuit, 2 jours de pain, 4 jours de sel, sucre et café, 3 de riz, 1 de légumes secs, 5 de viande de conserve. Chaque cheval porte une ration d'avoine.

Les troupes doivent emporter les *rations dites de chemin de fer*, savoir : 2 jours de pain, 2 jours de petits vivres et 2 jours d'avoine, à moins que la durée du trajet à faire en chemin de fer soit nulle ou ne doive être que d'un jour.

Pour les vivres portés par les voitures, voir le chapitre des *Equipages militaires*.

1 fr. 25, exclusive de la solde, du pain et de la viande (1); le jour de leur arrivée ils pourvoient eux-mêmes à leur subsistance; à moins que le chef de corps ne juge qu'il y a intérêt, au point de vue de la discipline, à faire acheter les denrées directement dans le commerce, au moyen d'un prélèvement sur l'indemnité journalière et sans qu'il en résulte d'écritures. — On a soin de détacher l'ordre de route du livret individuel pour le mettre à l'appui de la comptabilité de la compagnie. — Il n'y a rien à payer aux réservistes qui ont passé par un bureau de recrutement, car ils y ont déjà reçu leurs frais de route.

Le capitaine examine avec soin les réservistes et n'envoie au médecin du corps que ceux qui lui paraissent douteux ou qui font valoir quelque infirmité. Ceux que le médecin ne juge pas susceptibles d'être mis en route immédiatement ne sont pas habillés; ils sont versés provisoirement au dépôt.

Les réservistes, placés par rang de taille, sont habillés sous la surveillance et avec l'aide des officiers, sous-officiers et caporaux. Les ouvriers de la compagnie et de la section hors rang sont employés à faire les rectifications indispensables.

On laisse aux réservistes la chaussure avec laquelle ils arrivent, si elle est brisée à leurs pieds et bonne pour la marche; on ne leur donne alors qu'une seule paire de souliers du magasin. On peut procéder de même pour les chemises, caleçons et mouchoirs dont les hommes sont porteurs; ceux-ci sont indemnisés par le seul fait de l'accroissement de leur masse individuelle.

Les effets civils des réservistes sont nettoyés, réunis en paquets ficelés et étiquetés, puis déposés au magasin du corps; il en est de même des effets de petit équipement en excédent qui appartiennent aux hommes déjà sous les drapeaux.

On procède au marquage des effets et à l'apposition des insignes de grade. Pour l'habillement et le petit équipement, le numéro matricule seulement est apposé par les soins des compagnies; pour le grand équipement il n'y a rien à faire. — Chaque

---

(1) Cette indemnité est payée d'après une liste nominative (modèles nᵒˢ 139 et 140 A de la nomenclature).

compagnie du génie est pourvue pour le cas de mobilisation de 2 boîtes à marques. — On distribue ensuite les armes, les munitions, les vivres de réserve.

Dispositions diverses. — On fait exécuter chaque jour une marche d'épreuve.

L'indemnité d'entrée en campagne est payée le deuxième jour de la mobilisation à tous les officiers ou assimilés présents sous les armes et appelés à entrer immédiatement en campagne.

Les officiers ou assimilés et les hommes ont droit aux vivres de campagne à dater du jour où les fractions dont ils font partie sont mises en route pour les points de concentration. Le droit au supplément à la prime journalière d'entretien de la masse individuelle est ouvert à la même date pour les hommes.

EFFETS A EMPORTER EN CAMPAGNE.

Habillement.

	Sapeurs-mineurs.	Sapeurs-conducteurs.
Capote.................................	1	»
Manteau	»	1
Portemanteau:	»	1
Tunique de sous-officier	1	1
Veste.................................	1	1
Pantalon d'ordonnance de sous-officier...	1	1
Id. soldat........	1	»
Pantalon de cheval	»	1 (1)
Képi.................................	1	1
Bourgeron d'écurie....................	»	1
Ceinture de flanelle..................	1	1

Grand équipement.

	Sapeurs-mineurs.	Sapeurs-conducteurs.
Ceinturon de troupe à pied	1	»
Id. sapeurs-conducteurs	»	1
Id. sergent-major (2)........	1	» (1)

---

(1) Y compris les sous-officiers.
(2) 1 par compagnie.

	Sapeurs-mineurs.	Sapeurs-conducteurs.
Cartouchières d'infanterie.................	2	»
Giberne et porte-giberne de cavalerie....	»	1
Porte-épée baïonnette	1	»
Bretelle de fusil ou de carabine..........	1	1
Dragonne de sabre......	»	1
Havre-sac d'infanterie transformé pour le génie (1)........................	1	»
Étui de revolver (2)...................	1	1
Équipement complet de tambour (3).....	1	»
Clairon (4)........	1	»

Petit équipement.

	Sapeurs-mineurs.	Sapeurs-conducteurs.
Souliers (paires)	2	»
Guêtres en cuir (paire)...............	1	»
Guêtres en toile (paire)	1	»
Sous-pieds de rechange pour guêtres en cuir	1	»
Sous-pieds de rechange pour pantalon de cheval	»	2
Petite besace	»	1
Bottes ou bottines	»	2
Bretelles de pantalon.................	1	1
Cache-éperons	»	1
Chemises	2	2
Caleçon..........................	1	1
Cravate..........................	1	1
Courroie de capote ou de manteau	1	1
Mouchoirs........................	2	2
Pantalon de treillis (5)..............	1	1

---

(1) Y compris les adjudants et les sergents-majors.
(2) Pour les hommes armés du revolver.
(3) 1 par compagnie.
(4) 1 par compagnie.
(5) Non compris les sous-officiers de sapeurs-conducteurs.

	Sapeurs-mineurs.	Sapeurs conducteurs.
Calotte de coton	1	1
Gamelle individuelle	1	1
Étui musette	1	1
Sac de petite monture complet	1/2	1/2
Quart	1	1
Collection d'effets de pansage (1)	»	1
Cuiller	1	1
Bouchon de fusil	1	1
Fouet de conducteur	»	1
Sac à avoine	»	1
Corde à fourrages	»	1

Campement.

	Sapeurs-mineurs.	Sapeurs conducteurs.
Seau en toile (par groupe de 4 hommes).	1	»
Seau en toile (par groupe de 2 hommes).	»	1
Marmite (par groupe de 4 hommes)	1	1 (2)
Gamelle (Id.)	1	1
Étui de marmite (Id.)	»	1
Étui de gamelle (Id.)	»	1
Petit bidon d'un litre avec courroie	1	1
Moulin à café (par groupe de 20 hommes).	1	» (3)
Sachet à vivres	2	2
Sac à distributions (par groupe de 4 hommes)	1	»

Armement.

	Sapeurs-mineurs.	Sapeurs conducteurs.
Fusil modèle 1874 avec nécessaire	1	»
Carabine modèle 1874 avec nécessaire	»	1 (4)
Revolver modèle 1873	1	1 (5)

---

(1) 1 musette, 1 étrille, 1 brosse en chiendent, 1 époussette, 1 éponge, 1 paire de ciseaux, 1 peigne à cheval.
(2) Les ustensiles de campement sont portés par les sous-verges.
(3) 1 par parc de compagnie, 2 par parc de corps.
(4) A l'exception des cadres.
(5) Sergents-majors, maréchaux des logis et brigadiers.

	Sapeurs-mineurs.	Sapeurs-conducteurs.
Sabre de cavalerie légère	»	1
Sabre série z (1)	1	»
Cartouches pour fusil ou carabine modèle 1874	78 (2)	38
Cartouches pour revolver...............	30	30

Les adjudants et les sergents-majors ont l'épée modèle 1857, les sergents ont l'épée-baïonnette comme les caporaux et les soldats.

Registres et livres à emporter. — Registre journal 1

Registre des recettes et consommations 1

Livret de solde................................ 1

Registre du vaguemestre 1

Registre de l'état civil........................ 1

Journal des marches et opérations............... 1

Registres et livres ordinaires de compagnie, savoir :

Livrets matricules des officiers.. 1 pour chaque officier.

Livrets matricules des hommes. 1 pour chaque homme.

Livrets matricules des chevaux . 1 pour chaque cheval.

Registre de comptabilité trimestrielle.
- Le livre de détail ....
- Le cahier d'enregistrement ....
- La feuille de journée des hommes ..... } 1
- La feuille de journée des chevaux .....
- La feuille de décompte ....

Livrets individuels des sous-officiers, } 1 pour chaque homme
caporaux et soldats............... de troupe.

Livret d'ordinaire 1

Registre d'ordres............................. 1

Une demi-compagnie a droit à 2 *boîtes à livrets* et à 1 *caisse de comptabilité.*

---

(1) Pour les tambours.
(2) 7 paquets dans le sac, 6 dans les cartouchières.

Les *imprimés* à emporter par demi-compagnie (calculés pour 2 trimestres) sont :

Extraits du registre-journal	4
Intercalaires	4
1 livre de détail (plus 3 feuilles de journée des hommes, 3 feuilles de journée des chevaux, 1 feuille de décompte)	1
Etats signalétiques et des services	10
Actes de disparition	10
Extraits d'actes mortuaires	10
Certificats d'origine de blessure	10
Procès-verbaux de déclaration de décès	10
Etats de solde des officiers (6 blancs, 6 bleus)	12
— de la troupe (12 blancs, 12 bleus)	24
Feuilles d'émargement	6
Quittances individuelles	6
Feuilles de prêt	40
Signalement d'un déserteur	10
— — rentré	10
Billets d'hôpital	30
Procès-verbal de mort d'un cheval	10
Demandes d'autorisation d'abatage	3
Procès-verbaux d'abatage	6
Procès-verbaux d'autopsie	2

Le prix de ces imprimés, tenus prêts dans les magasins du régiment, est remboursé par les capitaines des compagnies mobilisées.

Le capitaine a soin de faire mettre au courant, s'il n'y est déjà, le *cahier des modèles* en usage dans sa compagnie, particulièrement en ce qui concerne les actes de l'état civil, les marchés divers, les bulletins et états relatifs à l'entretien du harnachement, les états pour la tenue du journal des marches et opérations, etc., etc.

Procès-verbal de séparation. — Il est établi par le conseil d'administration du régiment en présence du sous-intendant et du capitaine. Il relate l'autorisation donnée par le conseil d'administrer la compagnie ou la demi-compagnie (1), la remise par le conseil au capitaine : 1° d'un livret de solde ; 2° d'une somme pour les premiers besoins ; 3° d'un extrait du procès-verbal de séparation indiquant la partie de la masse individuelle et des masses générales d'entretien que le capitaine est autorisé à percevoir au titre du corps. Le procès-verbal relate en outre le nombre d'effets de toute espèce remis par l'officier d'habillement au capitaine ; le nombre d'armes emportées hors du territoire d'après un procès-verbal spécial.

II. Renseignements généraux.

Hommes et chevaux de remplacement. — Le commandant de l'armée ou du corps d'armée détermine la proportion au-dessous de laquelle un abaissement des effectifs ne peut se produire sans nécessiter une demande immédiate de remplacement.

Le commandant de la fraction active fait connaître *directement* au commandant de son dépôt le chiffre des hommes dont il a besoin ; il en rend compte en même temps au commandant du corps d'armée ou de l'armée par la voie hiérarchique. Il reçoit *directement* avis de la mise en route du détachement par le commandant du dépôt ; d'autre part, il reçoit avis de la date probable de l'arrivée par les soins, soit de la commission militaire supérieure des chemins de fer de Paris, soit de la direction des chemins de fer de campagne, soit du service des étapes de route, suivant le cas.

Les chevaux de remplacement sont fournis par le *dépôt de remonte mobile du corps d'armée.*

Franchise postale. — Toute correspondance de service doit porter sur sa suscription le contre-seing de l'expéditeur, afin de permettre de distinguer immédiatement les dépêches de service

---

(1) Les détachements moindres qu'une demi-compagnie n'ont pas d'administration séparée, quand même ils recevraient directement la solde du payeur au moyen d'un livret de solde. En ce cas le capitaine fait écriture sur son journal de toutes les recettes et dépenses relatives aux détachements.

des autres, et de leur assurer la priorité pour l'expédition et la distribution.

La correspondance avec le Ministre se place sous enveloppe; celle avec les généraux, préfets, maires, officiers de gendarmerie, sous bandes contresignées par le sous-intendant; celle avec le président du conseil d'administration du corps, sous bandes contresignées par le capitaine commandant.

Les lettres particulières adressées aux militaires en campagne ou expédiées par eux jouissent de la franchise.

Les mandats sur la poste sont exemptés des frais de timbre et de poste jusqu'à la somme de 50 francs.

Franchise télégraphique. — Une dépêche expédiée par le capitaine commandant n'a droit à la franchise que si elle est visée par un fonctionnaire investi lui-même de la franchise.

Si le capitaine reçoit une dépêche de service impliquant réponse, il a, pour la transmission de cette réponse, le droit de franchise avec dispense du visa.

Actions d'éclat. — Lorsqu'un militaire paraît mériter une *mention particulière* pour sa conduite dans une bataille ou dans un combat, pour avoir pris un drapeau, un canon, sauvé son général en chef, ou pour tout autre acte de dévouement, il devient l'objet d'un rapport spécial, d'après lequel le commandant en chef décide s'il doit être cité à l'ordre de l'armée et de plus dans le bulletin des opérations; cette dernière mention ne peut être obtenue sans que la première ait eu lieu.

Le rapport spécial est rédigé et signé par l'officier supérieur ou autre sous les yeux duquel le fait s'est passé, même lorsqu'il s'agit d'un officier sans troupe; il est vérifié avec soin par le général de brigade et le général de division, qui y consignent leur avis motivé.

Après la mise à l'ordre, le chef d'état-major général fait parvenir au Ministre et au conseil d'administration du corps les pièces à l'appui de la citation.

Blessures. — Les *certificats d'origine de blessures*, établis par le capitaine, sont signés par trois témoins et par le médecin qui a visité le blessé, et visés par le sous-intendant et le chef d'état-major de la division ou du corps d'armée.

Pour un officier, 2 expéditions : 1 pour le Ministre, 1 pour l'intéressé.

Pour un homme de troupe, 1 expédition pour le Ministre, plus l'inscription sur le livret.

Militaires tués, blessés, prisonniers de guerre ou disparus. — Après chaque affaire ou événement, le capitaine adresse, s'il y a lieu, au Ministre, sans lettre d'envoi :

1° L'état nominatif des militaires tués ou blessés (numéros matricules, noms et prénoms, grades, lieu, date, renseignements particuliers relatifs aux blessures et à leur gravité) ;

2° L'état nominatif des militaires tombés au pouvoir de l'ennemi (numéros matricules, noms et prénoms, grades, lieu de la capture, blessures et circonstances particulières, derniers renseignements connus, observations, etc.) ;

3° L'état nominatif des militaires disparus (numéros matricules, noms et prénoms, grades, dates et lieux de naissance, dates de la disparition, circonstances connues, envoi des actes de disparition, observations) ;

4° Un état récapitulatif et complémentaire des états ci-dessus (numéros matricules, noms et prénoms, grades, renseignements).

Ces états successifs sont numérotés afin de prévenir les lacunes.

En outre, pour chacun des militaires disparus, il est établi un acte de disparition qui est envoyé au Ministre avec les autres actes de l'état civil, c'est-à-dire mensuellement.

Lorsque de fortes présomptions sont acquises au décès, le capitaine, dans l'acte de disparition, doit les faire connaître pour que la pièce puisse être consultée avec fruit par les tribunaux, et devenir acte légal d'état civil.

Désertions.

				DÉLAI.
A l'intérieur .	Hommes de troupe ..	s'absentant de son corps ou détachement	après 3 mois de service......	2 jours.
			avant 2 mois de service......	10 jours.
		voyageant isolément d'un camp à un autre, ou dont le congé, ou la permission, est expiré		5 jours.
	Officiers............................			2 jours.
A l'étranger, tous les militaires.................				1 jour.

Le capitaine fait connaître les cas de désertion au chef de corps au dépôt, qui seul doit s'occuper de faire rechercher les déserteurs.

Plainte pour crime ou délit. — Toute plainte pour crime ou délit est accompagnée des pièces suivantes : rapport du chef du détachement; état signalétique et des services; relevé des punitions : situation de la masse individuelle; état des effets emportés; procès-verbal d'arrestation, s'il y en a un; toutes les pièces qui ont pu motiver la plainte ou qui peuvent servir à la découverte de la vérité.

Décès d'un officier. — La solde due aux officiers décédés est acquise à leurs héritiers jusqu'au jour inclus du décès. Cette solde est versée, aux armées, à la caisse des payeurs, après déduction de ce qui est dû à l'État ou au corps, et des frais de maladie et d'inhumation.

Les armes et décorations d'un officier décédé ne sont jamais vendues; elles sont remises aux héritiers avec les lettres de service, brevets, papiers de famille, lettres de change ou autres objets non réalisables en numéraire.

Avancement en campagne. — Le temps de service exigé pour passer d'un grade à un autre est réduit de moitié.

Aucune condition de temps de service n'est exigée dans les cas suivants :

1° Action d'éclat dûment justifiée et mise à l'ordre de l'armée,

2° Lorsqu'il est impossible de pourvoir autrement aux vacances dans les corps qui sont en présence de l'ennemi.

Pour les grades d'officier, les propositions sont faites, à savoir :

Pour l'avancement aux grades de sous-lieutenant, de lieutenant et de capitaine, par le chef de corps ;

Pour l'avancement au grade de chef de bataillon, par le général de brigade ;

Pour l'avancement au grade de lieutenant-colonel, par le général de division ;

Pour l'avancement aux grades de colonel et de général de brigade, par le commandant en chef.

Il est, autant que possible, présenté trois candidats pour chaque vacance.

Dans les corps en présence de l'ennemi, l'avancement est donné : à l'ancienneté, la moitié des grades de lieutenant et de capitaine ; au choix du chef de l'Etat la totalité des grades de chef de bataillon.

Les actions d'éclat dûment justifiées et mises à l'ordre du jour de l'armée, ainsi que les blessures graves, peuvent dispenser des conditions de temps exigées pour l'avancement dans la Légion d'honneur.

Droit de punir. — Peuvent être infligés, à savoir :

Aux soldats : par les lieutenants et sous-lieutenants, 15 jours de consigne, 8 jours de salle de police ; par les capitaines, 30 jours de consigne, 15 jours de salle de police, 4 jours de prison ; par les capitaines commandants dans leur compagnie et par les officiers supérieurs, 30 jours de salle de police, 8 jours de prison.

Aux caporaux ou brigadiers et aux sous-officiers : par les lieutenants et sous-lieutenants, 8 jours de consigne, 4 jours de salle de police ; par les capitaines, 15 jours de consigne, 8 jours de salle de police, 4 jours de prison ; par les capitaines commandants dans leur compagnie et par les officiers supérieurs, 30 jours de consigne, 15 jours de salle de police, 8 jours de prison.

Aux officiers : les arrêts simples, par tout autre officier d'un grade supérieur ou même d'un grade égal, si cet officier est plus ancien et s'il a le commandement du détachement, de la garnison ou du cantonnement. Un lieutenant peut ordonner les arrêts simples pendant 4 jours ; un capitaiue pendant 8 jours ; un capitaine commandant dans sa compagnie et un officier supérieur pendant 15 jours. La réprimande, les arrêts de rigueur et la prison ne peuvent être infligés aux officiers que par leur chef de corps.

Tout capitaine, lieutenant ou sous-lieutenant, commandant un détachement, a le droit d'infliger les mêmes punitions qu'un officier supérieur.

III. Prestations en deniers.

Droits à la solde. — Excepté pour les généraux, la solde est la même sur le pied de guerre que sur le pied de paix ; mais en campagne, partout ailleurs qu'en Algérie, les officiers, fonctionnaires ou employés militaires, touchant les vivres en nature ou une indemnité représentative des rations, supportent la retenue pour le logement avec ameublement.

Les droits à la solde d'activité cessent pour les militaires décédés ou faits prisonniers du lendemain du jour de leur décès ou de leur capture.

Une compagnie, qui quitte une armée, cesse d'avoir droit aux allocations du pied de guerre à compter du jour où elle repasse la frontière, ou de celui de son départ de l'armée à l'intérieur.

Les hommes de troupe en congé n'ont droit à aucune solde.

Les militaires rentrant par congé d'une armée active ont droit à la solde et aux vivres sur le pied de guerre jusqu'au jour inclus du passage de la frontière ; le même traitement leur est acquis à leur retour à partir du jour où ils rentrent sur le territoire étranger.

Les officiers cessant de faire partie d'une armée active pour cause d'admission à la retraite ou à la non-activité, conservent leurs droits à la solde et aux vivres de guerre jusqu'au jour inclus du passage de la frontière.

Les hommes de troupe libérés, retraités, réformés, ne peuvent prétendre, à partir du jour de leur radiation des contrôles, qu'aux vivres de campagne, jusques et y compris le jour de leur arrivée en France.

Les droits à la solde cessent, pour les militaires qui s'absentent irrégulièrement de leur poste, qui manquent à l'appel, à partir du lendemain de leur disparition.

Délégations. — Les officiers en campagne peuvent souscrire, en faveur de leur famille ou d'un tiers, des délégations du quart de leur traitement. Le Ministre peut autoriser à dépasser cette proportion.

Ceux qui veulent souscrire des délégations doivent en faire, avant leur départ ou après leur arrivée à destination, la déclaration au sous-intendant (noms et qualités du délégant et des délégataires ou des substituants de ces derniers, s'il y a lieu ; montant de la solde de l'officier ; montant de la portion déléguée ; époque à partir de laquelle elle doit être payée). Les délégations sont valables pour une année et peuvent être renouvelées. Mention des délégations est faite sur le livret de solde des officiers sans troupe, sur celui de la compagnie pour les officiers des troupes.

Le Ministre peut autoriser la famille d'un officier prisonnier de guerre à recevoir la moitié de son traitement de captivité. Cette avance est retenue sur la solde de l'officier ou employé militaire lors de son retour en France ; en cas de décès de l'officier, le trop payé à sa famille ne donne lieu à aucune reprise.

Tarifs de solde.

GRADES.	SOLDE NETTE de présence		SOLDE nette d'absence par jour.	RETENUE journalière pour logement avec ameublement.	INDEMNITÉ d'entrée en campagne.	INDEMNITÉ pour perte d'effets aux prisonniers de guerre.
	par mois.	par jour.				
	fr. c.	fr. c.	fr.	fr. c.	fr.	fr.
Chef de bataillon................	498,00	16,60	8,30	2,00	1000	600
Capitaine { de 1re classe..........	300,00	10,00	5,00	1,00	700	400
de 2e classe...........	270,00	9,00	4,50	1,00	700	400
Lieutenant { en 1er...............	249,00	7,30	3,65	0,65	500	300
en 2d ou sous-lieutenant.	243,00	7,10	3,55	0,65	500	300
principal de 1re classe..	270,00	9,00	4,50	1,00	500	400
principal de 2e classe..	246,00	8,20	4,10	1,00	500	400
Adjoint du génie { de 1re classe..........	243,00	7,10	3,55	0,65	400	300
de 2e classe	189,00	6,30	3,15	0,65	400	300
de 3e classe...........	174,00	5,80	2,90	0,65	400	300
Ouvrier d'Etat { de 1re classe..........	135,00	4,50	2,25	0,65	300	200
de 2e classe	120,00	4,00	2,00	0,65	300	200

GRADES.	SOLDE DE PRÉSENCE PAR JOUR (avec vivres de campagne, en station ou en marche, en corps ou en détachement, avec le pain et la viande seulement).
	fr. c.
Adjudant sous-officier................	3,77
Sergent-major.....................	1,82
Sergent et sergent-fourrier, maréchal des logis............................	1,17
Caporal-fourrier et caporal-tambour......	1,02
Caporal et brigadier	0,77
Maître-ouvrier.....................	0,65
Tambour et clairon..................	0,59
Sapeur-mineur, sapeur-conducteur, maréchal ferrant, bourrelier .... de 1re classe..	0,49
de 2e classe..	0,40

Hautes payes. La première *haute paye journalière d'ancienneté* (0 fr. 30 pour les sous-officiers, 0 fr. 12 pour les caporaux, brigadiers et soldats) est acquise à partir du jour où ils ont accompli 5 années de service.

La seconde *haute paye* est acquise aux rengagés et commissionnés après 10 ans de service : 0 fr. 50 pour les sous-officiers. 0 fr. 15 pour les caporaux, brigadiers et soldats.

Pour le décompte des services donnant droit à la haute paye, on compte tout le temps passé dans l'armée active et sa réserve : 1° pour les engagés, à partir de la date de l'engagement ; 2° pour les appelés et les substituants, à dater du 1er juillet de l'année du tirage au sort.

Les hautes payes sont décomptées pour chacun des jours dont se compose le mois. Elles ne sont allouées que dans les positions donnant droit à la solde de présence, et pour les journées de présence effective.

N'ont pas droit à la haute paye les sous-officiers stagiaires du génie et les ouvriers d'état.

Rengagement des sous-officiers. — Il est alloué aux sous-officiers admis à contracter un rengagement de 5 ans une somme de 600 francs à titre de 1re mise d'entretien et payable immédiatement après la signature de l'acte de rengagement, plus une indemnité de rengagement de 2,000 francs, payable à la libération, et dont l'intérêt à 5 p. 100 est payé trimestriellement au sous-officier tant qu'il reste sous les drapeaux.

Les sous-officiers, après un premier rengagement de 5 ans, peuvent être admis à en contracter un deuxième de la même durée, donnant droit : 1° à une seconde mise d'entretien, payable après la signature du rengagement ; 2° à une pension de retraite dont le taux, calculé conformément aux lois et ordonnances, est augmenté pour tous les grades de 116 francs, de façon qu'après 15 ans de service tout sous-officier rengagé a droit à une pension de 365 francs au moins. Cette pension s'augmente, pour chaque campagne ou année de service en plus, de 1/25 de la pension du grade.

Les sous-officiers non commissionnés ne peuvent rester au service par rengagement au delà de 15 ans.

Les rengagements ne sont reçus que pendant le cours de la dernière année de service. La demande de rengagement est soumise à un conseil de régiment. Dans aucun cas, le nombre des sous-officiers rengagés ne peut dépasser, dans un corps de troupe, le tiers de l'effectif normal des sous-officiers.

Solde d'hôpital. — Elle se décompte, pour l'officier ou l'employé qui est entré à l'hôpital étant à son poste, comme pour celui qui y est entré étant en congé, sur le pied de la solde d'absence. Elle est allouée depuis le jour de l'admission à l'hôpital jusqu'au jour de sortie exclusivement.

Aux hôpitaux et aux ambulances, les hommes de troupe n'ont droit à aucune solde.

Il n'est opéré aucune retenue sur la solde des militaires blessés, pour les journées qu'ils passent dans les ambulances, lorsque, après un court séjour dans ces établissements, ils sont en état de reprendre leur service (Règlement du 4 avril 1867 sur le service des hôpitaux en campagne).

Solde de captivité. — Pour l'officier, c'est la solde d'absence. Elle lui est due à dater du lendemain du jour où il a été fait prisonnier jusqu'au jour exclu de sa rentrée en France.

Les officiers, promus à de nouveaux grades depuis leur captivité, n'ont droit qu'au traitement du grade qu'ils avaient lorsqu'ils ont été faits prisonniers de guerre.

Les sous-officiers, caporaux et soldats, ne reçoivent aucune solde ni rappel de solde pour le temps passé en captivité.

Indemnité d'entrée en campagne. — Elle n'est pas due aux officiers qui, ayant déjà appartenu à une armée, n'ont pas, au moment où ils reçoivent l'ordre de retourner en campagne, un an de séjour dans l'intérieur.

Tout sous-officier, promu sous-lieutenant à une armée active, a droit à l'indemnité, s'il y reste employé dans son nouveau grade ou s'il passe à une autre armée.

Dans la même position, l'officier qui avance en grade reçoit le complément de l'indemnité affectée à son nouveau grade.

Tout officier, rentré d'une armée active autrement que par congé ou par mission, et qui reçoit l'ordre d'y retourner ou de se rendre à une autre armée, après avoir séjourné plus d'un an dans l'intérieur, a droit à une nouvelle indemnité.

Dans les mêmes circonstances, tous les officiers qui doivent être montés en temps de guerre reçoivent, s'ils ont séjourné moins d'un an dans l'intérieur, la moitié de l'indemnité accordée à leur grade.

Ceux de ces officiers qui auront été promus depuis leur retour de l'armée ont droit, indépendamment de la demi-indemnité sur le pied de leur ancien grade, au complément de celle du grade supérieur.

Indemnité pour frais de bureau. — Elle est due du jour

où une troupe active se sépare de la portion principale jusqu'au jour inclus de sa rentrée.

Elle se paie au titre de la solde et figure sur la feuille de journées. Elle est de 16 fr. 50 par mois, en Algérie et aux armées, pour le capitaine commandant une compagnie ; de 9 francs pour un officier commandant un détachement moindre qu'une compagnie.

En cas de mutation, le successeur tient compte des registres et imprimés qu'il reçoit et qu'il est tenu de prendre, s'il peut les utiliser ; la valeur des registres se décompte d'après la durée qu'ils ont à parcourir.

Indemnité de première mise d'équipement.—150 francs pour les sous-officiers promus adjudants ; 570 francs pour les sous-officiers promus sous-lieutenants. Le débet de la masse individuelle est retenu sur le montant de l'indemnité.

Indemnité au vaguemestre. — Le vaguemestre d'une compagnie est nommé par le capitaine, celui de plusieurs compagnies réunies par l'officier supérieur commandant. La commission du vaguemestre doit être visée par le sous-intendant.

Le sergent vaguemestre d'une compagnie, ou son suppléant, reçoit pour chaque journée effective de service dans cet emploi une indemnité de 0 fr. 03. Les détachements moindres qu'une compagnie ne donnent droit à aucune allocation.

L'indemnité se paie sur la masse générale d'entretien, au compte de laquelle on fournit et on remplace le registre du vaguemestre.

Tarif de la masse individuelle.

	Sapeurs-mineurs.		Sapeurs-conducteurs.	
Première mise................	49 fr.		75 fr.	
Prime journalière d'entretien..	0	13	0	14
Supplément de prime journalière en campagne.........	0	05	0	05
Complet de la masse.........	40		55	

Portion de la masse générale d'entretien déléguée à une compagnie. — Avant la séparation de la compagnie, le conseil d'administration détermine, sous l'approbation du sous-intendant, les sommes à affecter à la compagnie sur l'allocation générale. Mention en est faite sur le livret de solde. Le capitaine perçoit alors directement la part qui lui est attribuée.

Toutes les dépenses qui incombent à cette masse peuvent être effectuées directement par le capitaine sans aucune autorisation.

Dans le cas de dépenses non prévues, il faudrait l'autorisation du Ministre.

Masse d'entretien du harnachement et ferrage (1). — Elle est allouée pour toutes les journées de présence des chevaux de troupe et des chevaux fournis aux officiers à titre gratuit par l'Etat.

Elle se décompte à raison de 0 fr. 010958 par jour et par cheval.

Les décomptes au compte de cette masse sont faits en vertu de marchés passés par le capitaine avec un maréchal ferrant, un bourrelier, un armurier, désignés par le général de division sur la demande du commandant de la compagnie, lorsqu'il n'existe pas à la compagnie ou au détachement de sapeurs-conducteurs des ouvriers pouvant être chargés des réparations et des travaux d'entretien.

IV. Prestations en nature.

Règle générale. — Il est interdit de faire aucun rappel en nature des rations de vivres, liquides, fourrages et chauffage qui n'auraient pas été distribuées à l'époque où elles étaient dues.

Pain et viande. — Sur le pied de guerre, le pain et la viande sont dus aux officiers, sous-officiers, caporaux et soldats.

Le pain et la viande ne sont pas dus aux hommes en congé, en

---

(1) Les corps qui, comme le génie, ont une masse de harnachement n'ont pas de masse d'entretien des équipages de campagne.

permission, à l'hôpital ou marchant isolément, ni à ceux nourris chez l'habitant.

Vivres de campagne. — Sur le pied de guerre, les vivres de campagne sont dus dans la position de présence aux officiers, sous-officiers, caporaux et soldats.

Fourrages. — Les fourrages sont dus aux officiers, pour le nombre de chevaux attribués à leur position, à dater du jour où ils justifient en être pourvus.

Les fourrages sur le pied de guerre sont attribués aux corps de cavalerie à partir du lendemain de leur arrivée aux armées mises sur ce pied.

L'allocation se prolonge après la rentrée, pendant quinze jours pour les corps, pendant un mois pour les officiers.

Elle cesse le jour de la vente ou de l'abatage d'un cheval ; si le cheval vient à être tué à l'ennemi, elle est due jusqu'au jour inclus de la perte.

Paille de couchage et de baraquement. — Elle est due aux troupes campées ; mais les distributions ne peuvent être régulièrement faites que dans les camps stationnaires.

On donne : 1° la paille de couchage des troupes : tous les quinze jours et à chaque changement de position, par homme 5 kilogrammes de paille longue et 7 kilogrammes de paille courte. On la touche sur un état d'effectif visé par le sous-intendant et portant reçu.

2° La paille de baraquement, pour la couverture et la réparation des baraques ; la quantité est fixée par le commandement. On la touche sur des extraits, par corps et par classe d'officiers sans troupe, de l'état général arrêté pour cet objet, lesdits extraits acquittés par les corps ou émargés par les parties prenantes isolées.

Chauffage. — Les rations de chauffage ne peuvent être accordées en temps de guerre aux officiers que par décision du général en chef.

Général de brigade, colonel ou lieutenant-colonel..   6 rations.

Officier supérieur ou subalterne, assimilé ou traité

    comme tel...................................   4 rations.

Les distributions de chauffage d'hiver aux troupes campées ou baraquées commencent un mois plus tôt et finissent un mois plus tard que si les troupes étaient casernées.

Les troupes campées ou bivouaquées sans abri ont droit à un supplément de chauffage en remplacement de la paille de couchage : 0ᵏ,800 de bois en été, 1ᵏ,200 en hiver.

Une compagnie du génie sur le pied de guerre a droit à 2 rations collectives de chauffage d'hiver.

Les sous-officiers reçoivent toujours la ration individuelle.

Tarif des rations. — Lorsqu'une armée doit entrer en campagne, le Ministre de la guerre détermine un tarif de rations qui devra être appliqué dans cette armée. Il fixe le nombre et la composition des rations affectées à chaque grade. Le général en chef peut apporter des modifications à ce tarif et autoriser des substitutions, quand les ressources du pays le commandent. Il peut encore autoriser des distributions extraordinaires, lorsqu'il juge que l'état de fatigue des troupes l'exige.

Les données générales ci-après ne sont donc que des indications susceptibles de varier.

NOMBRE DE RATIONS ALLOUÉES SUR LE PIED DE GUERRE

	Vivres.	Fourrages.
Général de brigade...........	1 1/2 ration	4
Colonel et lieutenant-colonel (à	pour	
l'état-major)	les officiers	3
Chef de bataillon...........	de	2
Capitaine à l'état-major.......	tout grade.	2
Capitaine de troupe..........		1
Lieutenant et sous-lieutenant...		1
Adjoint principal du génie.....		1
Adjoint du génie............		1
Troupe	1 ration.	»

COMPOSITION DES RATIONS DE VIVRES

Vivres-pain

Pain ordinaire.....................	750	grammes.
Pain biscuité.....................	750	—
Biscuit	550	—
Pain de soupe remboursable.........	250	—
Biscuit de soupe remboursable.......	185	—

Vivres de campagne

Riz (2 jours sur 3)................	30	grammes.
Légumes secs (1 jour sur 3).........	60	—
Sel..............................	16	—
Viande fraîche..	300	—
Bœuf salé	300	—
Conserves de viande d'Australie (gelée comprise)	200	—
Conserves de viande de France (nettes de gelée).......................	150	—
Lard salé.........................	240	—
Sucre............................	21	—
Café torréfié.....................	16	—
Café vert.........................	19	—

Liquides

Vin....	$0^l,25$
Bière.............................	$0^l,50$
Cidre.............................	$0^l,50$
Eau-de-vie........................	$0^l,0625$
Eau-de-vie, ration hygiénique d'été........	$0^l,03125$

(Elle se mélange avec 11 parties d'eau.)

COMPOSITION DES RATIONS DE FOURRAGES (sur le pied de guerre).

	Foin.	Paille.	Avoine.
Chevaux de l'état-major et des trains du génie.....................	4^k	2^k	$5^k,800$
Chevaux des officiers des troupes du génie	4^k	2^k	$4^k,800$

En cas de substitutions, on donne au lieu de

foin $\left\{\begin{array}{l}\left.\begin{array}{l}\text{sainfoin} \\ \text{luzerne}\end{array}\right\} \text{poids pour poids} \\ \text{paille, double du poids.} \\ \left.\begin{array}{l}\text{avoine} \\ \text{orge}\end{array}\right\} \text{moitié du poids.}\end{array}\right.$

paille $\left\{\begin{array}{l}\text{foin, moitié du poids.} \\ \left.\begin{array}{l}\text{avoine} \\ \text{orge}\end{array}\right\} \text{quart du poids.}\end{array}\right.$

avoine ou orge $\left\{\begin{array}{l}\text{foin, double du poids.} \\ \text{paille, 4 fois le poids.} \\ \text{son, moitié en sus.} \\ \text{farine d'orge, } \frac{8}{10} \text{ du poids.}\end{array}\right.$

Composition de la ration de chauffage

Ration journalière pour la cuisson des aliments aux troupes campées, baraquées ou bivouaquées..	1ᵏ,200 bois ou 0ᵏ,600 charbon de terre
Ration journalière de chauffage, pendant la saison froide seulement, pour les troupes campées ou baraquées, en toute saison pour les troupes bivouaquées	
Feux de bivouac (pouvant être allouée aux troupes bivouaquées, en sus de la ration de chauffage, sur l'ordre du commandement)	0ᵏ,600 bois

Tabac de cantine

Pour chaque sous-officier et soldat ayant l'habitude de fumer : 10 grammes par jour de tabac, remboursable au prix de 1 fr. 50 le kilogramme.

V. — RÉQUISITIONS MILITAIRES

(Loi du 3 juillet 1877 et décret du 2 août 1877)

Droit de réquisition. — Les généraux commandant des armées, des corps d'armée, des divisions ou des troupes ayant une mission spéciale, exercent de plein droit des réquisitions ; ils peuvent déléguer le droit de requérir aux fonctionnaires de l'intendance ou aux officiers commandant des détachements.

Les chefs de corps ou de service peuvent à leur tour déléguer le droit de réquisition aux officiers sous leurs ordres.

Ces délégations et subdélégations sont inscrites sur la première page du carnet d'ordres de réquisition.

Exceptionnellement et seulement en temps de guerre, tout commandant de troupe ou chef de détachement opérant isolément peut, même sans être porteur d'un carnet de réquisitions, requérir sous sa responsabilité personnelle les prestations nécessaires aux besoins journaliers des hommes et des chevaux placés sous ses ordres. Les réquisitions ainsi exercées sont établies en double expédition, l'une pour le maire, l'autre pour le commandant du corps d'armée auquel elle doit être adressée immédiatement.

L'officier qui a reçu délégation du droit de requérir doit, après avoir terminé la mission pour laquelle il avait reçu cette délégation, remettre immédiatement son carnet d'ordres de réquisition à son chef de corps ou de service, qui le fait parvenir à la commission chargée du règlement des indemnités.

Prestations à fournir par voie de réquisition. — 1° Le logement chez l'habitant et le cantonnement pour les hommes et les chevaux, mulets et bestiaux, dans les locaux disponibles, ainsi que les bâtiments nécessaires pour le personnel et le matériel des services de toute nature qui dépendent de l'armée ;

2° La nourriture journalière des officiers et soldats logés chez l'habitant, conformément à l'usage du pays (1) ;

---

(1) Les hommes qui reçoivent la nourriture chez l'habitant en vertu de la loi sur les réquisitions doivent être crédités, dans les feuilles de

3° Les vivres et le chauffage pour l'armée, les fourrages pour les animaux, la paille de couchage pour les troupes campées ou cantonnées ;

4° Les moyens d'attelage et de transport de toute nature, y compris le personnel ;

5° Les bateaux ou embarcations qui se trouvent sur les fleuves, rivières, lacs et canaux ;

6° Les moulins et les fours ;

7° Les matériaux, outils, machines et appareils nécessaires pour la construction ou la réparation des voies de communication, et, en général, pour l'exécution de tous les travaux militaires ;

8° Les guides, messagers, les conducteurs, ainsi que les ouvriers pour tous les travaux que les différents services de l'armée ont à exécuter ;

9° Le traitement des malades ou blessés chez l'habitant ;

10° Les objets d'habillement, d'équipement, de campement, de harnachement, d'armement et de couchage, les médicaments et moyens de pansement ;

11° *Tous les autres objets et services* dont la fourniture est nécessitée par l'intérêt militaire.

Quand il y a lieu de requérir des chevaux, voitures ou harnais pour des transports qui doivent amener un déplacement de plus de cinq jours avant le retour des chevaux et voitures, il est procédé avant la prise de possession, à une estimation contradictoire faite par l'officier requérant et le maire. En cas de pertes ou détériorations, il est délivré des certificats aux intéressés.

On procède de la même manière pour les réquisitions d'outils.

---

journées, de toutes les allocations dues aux militaires qui se trouvent dans la même position qu'eux, mais qui sont nourris par les moyens ordinaires.

Toutefois, pour chaque journée ou demi-journée de nourriture chez l'habitant, l'allocation de toutes les rations en nature ou indemnités représentatives devra être diminuée, selon le cas, d'une ration ou d'une demi-ration.

Le nombre des journées ou des demi-journées de nourriture chez l'habitant est porté d'une façon distincte pour chaque homme à la colonne 40 de la feuille de journées.   (*Journal militaire*, 10 avril 1880).

matériaux, machines, bateaux, etc., qui doivent durer plus de huit jours.

Les chefs de détachement qui requièrent des guides ou conducteurs pour accompagner les troupes doivent pourvoir à leur nourriture, ainsi qu'à celle des chevaux.

Les guides, les messagers, les conducteurs et les ouvriers requis reçoivent, à l'expiration de leur mission, un certificat qui en constate l'exécution.

Les officiers appelés à requérir le logement et le cantonnement doivent consulter chez les maires les tableaux dressés en exécution de la loi et du décret sur les réquisitions, et ne réclamer dans chaque commune le logement que pour un nombre d'hommes et de chevaux inférieur ou au plus égal à celui qui est indiqué par ces tableaux.

Avant de quitter une commune, l'officier commandant remet au maire un état indiquant l'effectif en officiers, sous-officiers, soldats, animaux, voitures, etc., ainsi que la date de l'arrivée et celle du départ.

Exécution des réquisitions. — Les réquisitions sont toujours adressées aux maires de chaque commune, ou, en son absence, à son suppléant légal. Dans un hameau éloigné, on s'adresse, autant que possible, à un conseiller municipal, ou, à son défaut, à un habitant, pour se faire aider dans la répartition des prestations à fournir.

Si le maire déclare que les quantités requises excèdent les ressources de la commune, il doit d'abord livrer toutes les prestations qu'il lui est possible de fournir. L'autorité militaire peut toujours, dans ce cas, faire procéder à des vérifications. Lorsque celle-ci trouve des denrées qui ont été indûment refusées, elle s'en empare, même par la force, et signale le fait à l'autorité judiciaire.

Ne doivent pas être réquisitionnés :

1° Les vivres destinés à l'alimentation d'une famille et ne dépassant pas sa consommation pendant trois jours ;

2° Les grains ou autres denrées alimentaires qui se trouvent dans un établissement agricole, industriel ou autre et ne dépassant pas la consommation de huit jours ;

3° **Les fourrages** qui se trouvent chez un cultivateur et ne dépassant pas la consommation de ses bestiaux pendant quinze jours.

VI. — TENUE DES LIVRES ET REGISTRES

Registre-journal. — Il est destiné à l'inscription, par ordre de dates, de toutes les recettes et de toutes les dépenses de la compagnie. Il doit présenter dans ses colonnes les renseignements suivants : dates, numéros d'ordre des recettes, numéros d'ordre des dépenses, détails des recettes ou des dépenses, trimestre auquel elles se rapportent, chiffres des recettes, chiffre des dépenses. La balance des recettes et dépenses est faite le jour de l'inscription du dernier article afférent au trimestre à régler.

Il est fourni trimestriellement un *extrait du registre-journal*, visé par le sous-intendant, et qui est, après la vérification de la comptabilité par ce fonctionnaire, envoyé au conseil central, appuyé des pièces justificatives de toutes les recettes et dépenses et de la feuille de décompte de la masse individuelle applicable au même trimestre. L'imprimé donne d'ailleurs tous les détails pour l'établissement de cet extrait.

Registre des recettes et consommations. — Sa durée est limitée à trois mois. Les bons de distribution et les bulletins de réintégration des effets et des armes y sont inscrits au fur et à mesure des opérations.

Si dans un envoi de la portion centrale il y a des pertes ou dégradations, elles sont constatées par un procès-verbal ; puis on inscrit en recette le montant intégral des factures et en consommation le montant du procès-verbal.

Les recettes et consommations sont balancées en fin de trimestre, et les restants en magasin, après avoir été inscrits en chiffres à chacun des chapitres, sont arrêtés en toutes lettres à la dernière page du registre ; celui-ci est ensuite soumis, avec toutes les pièces à l'appui, au contrôle du sous-intendant, qui cote et paraphe en même temps le registre du trimestre suivant.

Ce dernier registre reproduit, **comme premier article de chacun** des chapitres, les restants en magasin au dernier jour du **trimestre** précédent ; il reproduit également, à la même page, l'arrêté en toutes lettres de ces mêmes restants.

Le registre du trimestre précédent est ensuite adressé au dépôt. Les pièces à l'appui y sont expédiées par le courrier suivant.

Livret de solde. — Le payeur y inscrit, sous sa responsabilité personnelle, toutes les sommes payées pour solde, masses, indemnités et autres prestations en deniers.

On y inscrit, en outre, par ordre de dates, les versements effectués par le conseil central ou par d'autres corps, et les recettes intérieures de la compagnie, telles que versements pour compléter les masses, produit de la vente des fumiers, de la dépouille des chevaux morts ou abattus, etc. Les recettes intérieures sont inscrites par le capitaine de sa propre main. et il signe également après chaque recette.

Le livret, signé par le capitaine, coté et paraphé par le sous-intendant, se renouvelle le 1er janvier et est joint à la comptabilité du 4e trimestre. Le nouveau livret doit rappeler l'arrêté du conseil central déterminant la somme mensuelle à percevoir sur la masse générale d'entretien.

Registre du vaguemestre. — Il est coté et paraphé par le capitaine tous les lundis, et présenté chaque mois au visa du sous-intendant.

Il est divisé en deux parties : la première sert à enregistrer les titres confiés au vaguemestre pour retirer de la poste les lettres chargées, l'argent adressé aux officiers, sous-officiers et soldats, et à justifier la remise qu'il en a faite. La signature du directeur de la poste constate la recette du vaguemestre et celle des militaires opère sa décharge. La deuxième partie est destinée à constater les divers chargements de lettres et de fonds que le vaguemestre fait de la part des militaires de la compagnie.

Les sommes destinées à des militaires morts ou n'appartenant plus à la compagie sont rendues à la poste ; les reconnaissances de ces versements sont remises au major qui les fait parvenir aux familles.

Les vaguemestres en recevant un mandat doivent exiger la lettre d'envoi et inscrire sur ce mandat le numéro matricule du titulaire, apposer leur paraphe au-dessous et reproduire ce numéro sur leur registre après le nom de ce même titulaire.

Registre de l'état civil. — Le capitaine remplit hors du territoire les fonctions d'officier de l'état civil. Il a pour cet objet un registre sur papier libre, fourni par le Ministre, coté et paraphé par le commandant du corps d'armée.

Le règlement sur le service en campagne donne les indications nécessaires pour la tenue de ce registre ainsi que pour la rédaction des actes de l'état civil.

Journal des marches et opérations. — Il est fourni sur la masse générale d'entretien et est rédigé conformément à l'instruction du 5 décembre 1874.

Titre : Journal des marches et opérations de la compagnie..... pendant la campagne entreprise en..... du..... au..... 18... ;

Effectif au jour du départ : tableau nominatif des officiers, chiffre de l'effectif en sous-officiers, hommes de troupe et chevaux ;

Mise en route : Dates, nature du mouvement, point de concentration, corps d'opérations dont fait partie la compagnie ;

Historique : Récit jour par jour, sans commentaires, des faits depuis la mise en route jusqu'à la fin des opérations ; chaque journée de la campagne est datée en marge ;

Camps ou cantonnements : emplacements, désignation des corps campés à droite et à gauche ; dire si l'on est en 1re ou en 2e ligne ; emplacement des grand'gardes ;

Reconnaissances : force, composition, but, résultat obtenu ;

Combats : position du corps avant et après l'action ; heures des faits importants ; travaux passagers ; heure de la fin ;

Pertes : états nominatifs des officiers, sous-officiers et soldats tués, blessés, faits prisonniers ou disparus ; ces états sont établis au fur et à mesure que les pertes se produisent. A la fin de l'historique, état nominatif des officiers, sous-officiers et soldats morts des suites de leurs blessures ou morts de maladie dans les hôpitaux; plus un état général des pertes éprouvées par le corps pendant la durée de la campagne;

Récompenses : promotions, décorations, citations à l'ordre de l'armée, au fur et à mesure qu'elles se produisent;

Actions d'éclat : à mentionner dans tous leurs détails;

Situations : après des pertes sensibles, établir un nouveau tableau de la composition du corps.

Livrets matricules des officiers. — Le capitaine y inscrit successivement les changements qui surviennent dans la position militaire de l'officier, les grades, titres et décorations, blessures, actions d'éclat, campagnes, causes de radiation anticipée, ainsi que les dates y relatives.

On y mentionne le trimestre, l'année, le numéro du bataillon, de la compagnie, et successivement les mouvements qui modifient la position de l'officier. Ces mutations sont inscrites le jour même où s'accomplit le mouvement qu'elles relatent; il n'est laissé ni ligne blanche, ni lacune entre les mutations.

Lorsque l'officier quitte la compagnie, l'exactitude de l'inscription est certifiée par le major.

Le livret de l'officier qui change de corps ou de service est envoyé au conseil d'administration du nouveau corps ou au chef du nouveau service, aussitôt après la radiation des contrôles.

Le livret de l'officier retraité, réformé ou décédé, est renvoyé aux archives du dépôt.

Livrets matricules des hommes de troupe. — Le capitaine y porte la date d'arrivée au corps (même pour les disponibles et réservistes rappelés), les services, positions diverses, grades, campagnes, blessures, actions d'éclat, décorations, rengagements, date du maintien comme commissionné, déductions par suite de condamnations, causes accidentelles de radiation anticipée, dates de passage dans la disponibilité ou la réserve (inscrites à l'avance, mais au crayon), et la mention de la délivrance ou du refus du certificat de bonne conduite.

Il y indique aussi le trimestre, l'année, le numéro du bataillon, de la compagnie, le numéro sous lequel l'homme est inscrit au contrôle, et successivement les mutations et mouvements ; les dates, la nature, la durée et les motifs des punitions au-dessus de 4 jours de consigne, ainsi que le grade de ceux qui les ont prononcées. Lorsque le soldat quitte le corps, ses punitions sont totalisées et certifiées par le capitaine.

On détaille sur le livret, au fur et à mesure qu'elles se produisent, toutes les recettes ou les dépenses ou imputations de la masse individuelle. Le compte n'est signé qu'une fois par le capitaine et par l'homme, au moment où celui-ci quitte le corps pour passer dans une position où il n'a plus de masse ; dans ce cas, un trait est passé immédiatement au-dessous des signatures. Cette disposition concerne également le chapitre des mutations.

Les effets et les armes confiés à l'homme, ainsi que leurs numéros et les dates de mise en service, sont portés sur le livret.

Les livrets des hommes qui changent de corps sont remis au nouveau capitaine, après avoir été certifiés au pied des mutations. Ceux des sous-officiers promus sous-lieutenants sont conservés dans les archives du corps, ou envoyés au nouveau chef de corps ou de service.

Les livrets des hommes envoyés dans la disponibilité, la réserve ou l'armée territoriale, décédés ou rayés des contrôles pour cause de longue absence, sont envoyés au dépôt, qui les adresse au bureau de recrutement de la circonscription dans laquelle le militaire a été inscrit sur le registre matricule.

Un livret perdu est remplacé par un autre sur lequel on écrit le mot *duplicata* en caractères saillants ; ce duplicata est certifié conforme par le capitaine. La valeur (10 cent.) en est imputée à qui de droit.

Livrets matricules des chevaux d'officiers et de troupe. — On y relate successivement le numéro matricule et le nom du cavalier, le trimestre, l'année, le numéro de la compagnie, le numéro au contrôle, les mutations et mouvements, les dates d'entrée à l'infirmerie, les dates de sortie, la durée du séjour et le genre de maladie, les renseignements sur l'état physique et sanitaire de l'animal, la date et les causes de sa radiation des contrôles de l'armée ; en outre, pour les chevaux de troupe, les numéros et années de mise en service des effets de harnachement.

Les livrets des chevaux réformés ou morts sont déposés aux archives du corps.

Registre de comptabilité trimestrielle. —Il comprend : le livre de détail, le cahier d'enregistrement, la feuille de journées des hommes, la feuille de journées des chevaux et la feuille de décompte.

L'imprimé donne toutes les indications pour la tenue de ce registre, ainsi qu'un formulaire des mutations.

Il est renouvelé le premier jour de chaque trimestre. L'ancien est renvoyé au dépôt, en même temps que les feuilles de journées et de décompte, dans les cinq premiers jours du nouveau trimestre.

Livrets individuels des hommes de troupe. — Les indications relatives à la tenue du livret matricule s'appliquent au livret individuel, excepté que le compte courant de masse est signé par le capitaine chaque fois qu'on arrête ce compte. On ne doit faire aucune inscription sur l'un, sans la répéter immédiatement sur l'autre, à moins que l'homme ne soit absent.

Livret d'ordinaire. — Il est à la fois un bon de distribution, un compte préparatoire et un cahier de quittances des fournisseurs. L'instruction imprimée en tête du livret indique la manière de le tenir.

Il est arrêté tous les cinq jours. Il est payé par l'ordinaire de la compagnie et sert un an.

Registre d'ordres. — On peut le diviser en trois parties : ordres généraux, ordres particuliers, ordres de la compagnie.

Les ordres sont signés par les officiers auxquels le fourrier les communique.

Le registre est renouvelé au 1er janvier de chaque année.

VII. Recettes.

Marchés, abonnements, factures. — Le capitaine passe, s'il y a lieu, des marchés pour la vente des fumiers et des dépouilles des chevaux morts ou abattus.

Pour la fourniture du petit équipement il semble inutile, en général, de passer des marchés, puisque la *réserve d'effets du quartier général* est destinée à fournir ces effets aux corps autres que l'infanterie.

Tous les marchés qu'il y a lieu de passer pour l'entretien du harnachement, de la ferrure, du campement, etc., doivent être approuvés par le sous-intendant.

Tous les mémoires ou factures acquittés par des particuliers avec lesquels il n'aurait pas été passé de marchés, sont légalisés par l'autorité civile du lieu, ou, à défaut, par l'autorité militaire administrative.

Solde, indemnités, etc. — La solde des officiers, les premières mises de petit équipement, le produit des masses individuelles (1/3 de la prime journalière d'entretien), le produit de la masse générale d'entretien, de la masse de harnachement et ferrage, les indemnités de première mise aux sous-officiers promus adjudants ou sous-lieutenants, sont perçus par mois et à terme échu.

Exceptionnellement, si la compagnie change de résidence dans la deuxième quinzaine du mois, il peut être dressé un état pour le paiement de la solde due aux officiers jusqu'au jour du départ exclusivement.

La solde de la troupe, ainsi que les suppléments, les hautes payes, sont perçus par quinzaines, le 1er et le 16 de chaque mois, à terme échu, aux armées et lorsque les troupes reçoivent les vivres de campagne.

Les états, établis nominativement pour les officiers au dernier jour du mois échu, et numériquement pour la troupe au 1er et au 16 de chaque mois, sont certifiés par le capitaine, ordonnancés par le sous-intendant et acquittés à la date réelle du paiement.

Ils sont toujours établis en double expédition, dont une portant quittance est sur papier blanc, et l'autre, déclaration de quittance, sur papier bleu. Cette dernière est destinée à appuyer ultérieurement la revue de liquidation pour constater le débit de la partie prenante ; le payeur l'envoie à cet effet au sous-intendant.

La compagnie passant du pied de paix au pied de guerre, ou inversement, il est fait une coupure dans les états de solde et dans les feuilles de prêt et de journées, au passage de la frontière, ou au jour de l'embarquement ou du débarquement. Si l'armée est dans l'intérieur, la coupure des états se fait à partir du jour où les allocations du pied de guerre commencent ou cessent.

Masses individuelles. — La recette du produit des versements faits pour accroître les masses est faite en un seul article par trimestre et appuyée d'un état nominatif.

La recette concernant les fonds de masse des hommes venus d'autres corps est justifiée par le bulletin de situation de l'avoir à la masse transmis à la compagnie.

Il est fait recette de la valeur estimative des effets de petit équipement détruits ou dégradés par force majeure, suivant procès-verbaux dont le montant est imputé à la masse d'entretien ou à celle du harnachement et ferrage.

Masse de harnachement et ferrage. — La recette du produit de la vente des fumiers est constatée sur un état certifié par le capitaine et visé par le sous-intendant.

La recette du produit de la vente des dépouilles des chevaux morts ou abattus est faite à la fin du trimestre, d'après un état sommaire certifié par le capitaine et visé par le sous-intendant.

S'il n'y a pas de vétérinaire et de sous-intendant présents pour signer le procès-verbal de perte d'un cheval, il faut conserver le pied dont le sabot porte le numéro matricule.

Si l'on ne peut vendre la dépouille, on en fait mention sur la mutation.

VIII. Dépenses.

Solde. — Solde des officiers, à terme échu, sur feuilles d'émargement.

Solde de la troupe, à terme échu, sur feuilles de prêt ; elle peut aussi être payée d'avance, si l'on n'est pas en station et que la nécessité de la payer d'avance est reconnue par l'officier commandant.

Première mise d'équipement ou supplément de première mise aux sous-officiers promus sous-lieutenants, sur état nominatif émargé ; pour les sous-officiers promus adjudants, cette indemnité se porte sur la feuille de prêt.

Le traitement de la Légion d'honneur et de la Médaille militaire est payé sur les fonds disponibles de la compagnie, d'après les instructions données par le conseil central, qui perçoit tous ces traitements sur un état collectif.

Indemnité d'entrée en campagne, indemnité pour perte de chevaux ou d'effets, sur état émargé.

Masses individuelles. — En excédent du complet réglementaire.

Avoir à la masse des hommes présents quittant le service, ou des sous-officiers promus, ou des hommes passant à d'autres corps. Pour ces derniers, les fonds sont versés chez un receveur du Trésor, qui en donne récépissé au bas du bulletin.

Factures d'effets de petit équipement provenant des magasins de l'Etat ou achetés d'après un marché.

Réparations de toute nature exécutées à la charge des masses.

Versement au Trésor de la valeur des matières neuves employées aux réparations des effets d'habillement ou de harnachement au compte des hommes.

Versement au Trésor de la moins-value des effets d'habillement, de grand équipement, de harnachement, de campement, perdus ou mis hors de service par la faute des hommes qui en étaient détenteurs.

Versement au Trésor du prix intégral des armes perdues ou

mises hors de service ; versement au Trésor de la valeur des armes dégradées par la faute des hommes, quand ces réparations ont été exécutées dans les ateliers de l'artillerie.

Chaque espèce d'effets, habillement, grand équipement, armement, etc., donne lieu à un versement distinct au Trésor.

Masse générale d'entretien. — Dégradations à l'habillement, au grand équipement, par suite d'accidents ou par force majeure, suivant procès-verbaux.

Abonnement à l'entretien de l'habillement.

— du grand équipement.

Indemnité au vaguemestre.

Achat de blouses, sacs à distribution, pantalons, torchons et ustensiles pour les cuisines.

Masse d'entretien du harnachement et ferrage. — Dégradations au harnachement par force majeure, suivant procès-verbaux.

Abonnement à l'entretien du harnachement.

— de la ferrure des chevaux de troupe et d'officiers fournis par l'Etat. (Pour les chevaux d'officiers, le taux de l'abonnement par mois et par cheval est de 3 fr. 50, à moins de fixations différentes faites par la voie de l'ordre).

Versement au Trésor de la valeur des médicaments vétérinaires délivrés par les hôpitaux militaires.

Mémoire détaillé des médicaments vétérinaires livrés par le commerce.

Valeur des effets de petit équipement détruits, comme ayant servi à des chevaux atteints de maladies contagieuses.

Dépenses pour l'éclairage des écuries, des corridors, des escaliers, des latrines.

Versement de fonds d'une portion de corps à une autre. — Les envois de fonds au conseil d'administration, à titre d'excédent de recettes, se justifient par un récépissé du receveur des finances.

Les remboursements à la compagnie des moins perçus de solde, etc., s'effectuent sur l'avis du conseil central.

IX. — Armement et munitions, habillement, campement.

Armement et munitions. — Les corps en campagne n'ont ni livret d'armement, ni livret de munitions; les inscriptions sont faites uniquement dans les chapitres ouverts à cet effet au registre des recettes et consommations.

Le régime de l'abonnement cesse à partir du jour où la compagnie est en campagne; de ce jour, les armes sont entretenues de clerc à maître.

Le capitaine s'adresse au commandement pour obtenir la désignation d'un corps dont le chef armurier soit tenu de réparer les armes de la compagnie; il est alloué à cet ouvrier une prime de 10 0/0 à l'intérieur, de 20 0/0 hors du territoire, en sus des prix de matière et de main-d'œuvre (1).

Si la compagnie est autorisée à faire exécuter les réparations par les compagnies d'ouvriers d'artillerie à la suite de l'armée, il n'y a rien à payer, ni à porter en dépense dans le compte de gestion. Le capitaine se borne à verser au Trésor le montant des réparations faites au compte de la masse individuelle et à remettre le récépissé au sous-intendant.

Toutes les réparations au compte de l'État rendues nécessaires par l'usure naturelle des pièces ou par des cas de force majeure, sont constatées par des rapports du capitaine; ces rapports servent de base au sous-intendant pour l'établissement des procès-verbaux trimestriels, quittancés par l'armurier et produits ensuite à l'appui du compte de gestion.

Une compagnie en campagne n'a pas besoin d'établir de compte de gestion : il suffit qu'elle adresse au conseil central les feuilles de dépenses, mémoires, procès-verbaux, etc., relatifs à l'armement de la compagnie.

Toute perte d'arme par cas de force majeure est constatée au

---

(1) Graisse pour les armes : faire fondre à feu doux 250 grammes de graisse de mouton, la passer dans un linge clair et la mélanger avec 500 grammes d'huile d'olive.

moyen d'un procès-verbal dressé en triple expédition par le sous-intendant.

Les armes perdues ou mises hors de service par la faute des hommes, et celles emportées par les déserteurs, leur sont imputées au prix intégral de fabrication ; le montant en est versé au Trésor à la fin de chaque trimestre, d'après un bulletin d'imputation approuvé par le sous-intendant.

Un fusil avec épée-baïonnette perdu est remplacé par un autre fusil avec épée-baïonnette, dont le numéro est inscrit sur les livrets en remplacement du fusil perdu. En cas de perte d'un fusil seul, on retire à l'homme son épée-baïonnette et on lui donne un autre fusil avec épée-baïonnette en procédant comme dans le premier cas. Une épée-baïonnette est remplacée par une autre à laquelle on donne le numéro de série du fusil sur lequel elle devra être ajustée ; l'ajustage et le numérotage sont exécutés sans rétribution.

Si une arme perdue et imputée à l'homme vient à être retrouvée après versement au Trésor, la somme est restituée à la masse individuelle, sauf imputation nouvelle des réparations. Le prix de l'arme est imputé alors aux fonds de l'armement et compris dans le compte de gestion, après une autorisation ministérielle spéciale.

Les aiguilles et obturateurs en caoutchouc sont retirés aux hommes tués ou qui entrent aux ambulances ou hôpitaux, pour être remis à ceux qui en manquent.

Les hommes emportent leurs armes aux ambulances et aux hôpitaux temporaires. (Les malades du génie divisionnaire vont à l'ambulance de leur division, ceux de la réserve du génie à l'ambulance du quartier général destinée aux troupes non endivisionnées).

Outre les 78 cartouches portées par chaque homme, le corps d'armée transporte une réserve spécialement destinée à l'infanterie qui, à l'effectif du complet de guerre, se trouve approvisionnée à 174 cartouches par homme (78 sur l'homme, 18,1 aux caissons des bataillons, 46,4 aux sections de munitions et 31,5 au 2ᵉ échelon du parc). Il n'est pas constitué de réserve en cartouches 1874 pour les autres armes ; celles-ci se réapprovisionnent sur la réserve de l'infanterie. — Les sections de munitions et le 2e échelon du parc transportent aussi une réserve de cartouches de revolver.

Les munitions sont livrées à la compagnie par le commandant de l'artillerie sur des états de demande approuvés par le commandement. En cas d'urgence, elles sont délivrées par le commandant de la section de munitions sur des bons provisoires signés par le capitaine commandant. Pendant le combat, elles le sont sur un bon signé par le chef de toute troupe engagée.

Pour le transport à bras sur le champ de bataille, les cartouches sont renfermées dans des bissacs en toile ; un bissac contient 52 à 66 paquets (1).

Les cartouches des hommes allant aux hôpitaux sont données à ceux qui en manquent ou réparties dans la compagnie.

Habillement. — En campagne, les effets de la première catégorie (effets d'habillement et de coiffure auxquels il est assigné une durée à accomplir en service) sont remplacés, en tout temps, après avoir accompli, *en service*, la durée qui leur est assignée, durée qui est supputée par trimestre.

Les objets de la deuxième catégorie (tous les objets auxquels il n'est pas assigné une durée fixe) ne sont remplacés qu'après réforme.

Le képi et le pantalon remplacés sont laissés *en toute propriété*

---

(1) Un caisson modèle 1858 renferme 18,144 cartouches, soit dans chaque coffre 36 *trousses* de cartouches et 12 *bissacs* pour leur distribution. Une trousse est une réunion de 28 paquets reliés et maintenus par une sangle ; un morceau de ficelle, passant dans des œillets fixés aux deux bouts de la sangle, réunit ces bouts par le moyen d'un nœud qui est terminé par une boucle formant poignée. Dans le chargement, on place les trousses de champ, les poignées en dessus. — Un bissac est un rectangle en toile, plié en deux dans le sens de la longueur et cousu à ses deux extrémités ainsi que sur le côté opposé au pli, sauf en son milieu, sur une longueur assez grande pour qu'on puisse introduire, dans les deux poches ainsi formées, les trousses de cartouches. — Pour le ravitaillement sur le champ de bataille, un homme porte deux bissacs : un sur chaque épaule, l'ouverture sur l'épaule, l'une des poches en avant, l'autre en arrière.

16.

aux détenteurs ; la veste peut être laissée *provisoirement* à l'homme comme vêtement de corvée.

En cas d'urgence, lorsque des effets ont été perdus ou mis hors de service par force majeure, l'intendant du corps d'armée peut autoriser exceptionnellement le remplacement immédiat de ces effets au compte de l'État, d'après un procès-verbal rapporté par le sous-intendant.

Les effets perdus ou mis hors de service par la faute des hommes sont immédiatement remplacés, sauf imputation de la moins-value à la masse, d'après un bulletin.

Les hommes libérés emportent un képi, une veste ou tunique (sous-officiers), un pantalon d'ordonnance ou de cheval de 2e tenue : le pantalon et la veste ne doivent plus avoir qu'un trimestre à parcourir pour atteindre le terme de leur durée, la tunique et le képi deux trimestres.

Les hommes allant aux hôpitaux, ceux réformés ou passant à d'autres corps emportent la même série d'effets sans condition de durée.

Les effets emportés par les hommes qui ont déserté, disparu ou qui sont faits prisonniers de guerre sons inscrits sur des bulletins de versement à adresser à l'officier d'habillement du corps.

Le bulletin des effets emportés par un homme à l'hôpital est adressé par le capitaine au sous-intendant qui le transmet à l'hôpital.

Les effets d'habillement des hommes décédés à un hôpital sont rendus à la compagnie, lorsqu'il est reconnu qu'ils n'ont pas atteint le terme de leur durée et que la compagnie est à portée de les faire retirer.

En campagne, l'approvisionnement de la compagnie est entretenu par la réserve d'effets du quartier général ou par des envois de la portion centrale.

A l'arrivée des colis, on reconnaît l'état et le poids de chacun d'eux en présence de l'agent des transports ou du voiturier, et on donne récépissé au bas de l'ordre des transports. Si l'on reconnaît des différences ou des avaries, on ne donne décharge au voiturier que pour les objets reçus et suivant leur état : le sous-intendant constate les pertes et avaries dans un procès-verbal à signer par le destinataire et par l'agent des transports, et indiquant à la charge de qui doit être mis le montant des pertes ou avaries constatés. Une expédition de ce procès-verbal est remise au destinataire par le sous-intendant.

Si l'on a des effets à expédier, on ne renferme dans le même colis que des effets de même nature et l'on porte extérieurement en gros caractères le numéro des colis et l'indication du corps sur lequel ils sont dirigés. Il est expédié deux factures d'envoi : elles portent les numéros d'ordre des colis, le contenu et le poids de chacun d'eux L'une de ces factures reste entre les mains du destinataire, l'autre est renvoyée acquittée à l'expéditeur ; une troisième facture a dû être délivrée au sous-intendant chargé d'établir l'ordre de transport.

Campement. — On a donné plus haut les effets et ustensiles affectés à une compagnie entrant en campagne.

Les troupes sur le pied de guerre ont d'ailleurs droit à différentes prestations d'effets de campement, selon qu'elles sont campées, baraquées ou bivouaquées.

Les distributions sont faites à titre : de première mise ; d'accroissement d'effectif ; de remplacement d'effets perdus ; d'échange d'effets dégradés ; d'échange d'effets mis hors de service par suite de l'user naturel. Elles s'obtiennent au moyen d'états de demande indiquant le nombre des effets à recevoir et la cause des distributions.

Après une distribution, le comptable du magasin établit 3 factures de livraison sur lesquelles le capitaine donne récépissé et dont une lui est remise.

On suit une marche analogue pour les réintégrations. Le classement des effets réintégrés, *bons, à réparer, hors de service*, a lieu contradictoirement entre le comptable et la partie intéressée.

La compagnie doit verser immédiatement au Trésor le montant des imputations mises à sa charge, sauf recours, ou contre la solde des officiers ou contre la masse individuelle des hommes.

———

Premiers soins à donner en cas d'indispositions ou d'accidents.

I. — HOMMES.

Malaise, courbature, toux, rhume de cerveau, fièvre.— Se mettre au lit, s'il est possible, boire une infusion de camomille, de bourrache ou de thé, afin de provoquer la sueur et laisser passer la fièvre. Se garder de prendre des boissons échauffantes, telles que punch, vin chaud, etc.

Diarrhée. — 1° Mettre une ceinture de flanelle, se coucher au besoin. Diète. 2° Appliquer des briques chaudes sur le ventre et sous la plante des pieds. 3° Combattre les douleurs d'entrailles par une infusion de thé, de camomille ou de tilleul, de café noir à boire par petites gorgées.

Vomissement. — Détacher toutes les pièces de l'habillement, coucher le malade à l'abri, lui faire boire une infusion de camomille ou simplement de l'eau tiède. Si le vomissement persiste, frictionner et chauffer les pieds, qu'il faut réchauffer de nouveau à chaque vomissement ; fomentations chaudes et sèches, briques chaudes sur l'estomac. Faire boire beaucoup de café noir, et, s'il est possible, donner de la poudre de magnésie.

Ivresse. — Mettre l'homme ivre au repos. La durée de l'ivresse s'abrège par le vomissement : on le provoque en faisant boire coup sur coup plusieurs verres d'eau tiède et en chatouillant le fond de la gorge avec les doigts.

L'ivresse peut être dissipée en faisant boire une grande quantité de café, ou bien un verre d'eau avec six à huit gouttes d'ammoniaque.

Evanouissement, syncope. — Débarrasser l'homme de son équipement, desserrer ses vêtements, le mettre au repos dans un endroit frais, arroser vivement son visage d'eau froide, tamponner ses tempes avec du vinaigre ou de l'eau salée, lui faire respirer du vinaigre ou de l'alcali volatil, le frictionner, lui donner à boire quelques gorgées d'eau aiguisée d'eau-de-vie, de vin ou de rhum.

Saignement de nez persistant. — Comme pour l'évanouissement. Faire renifler de l'eau fraîche.

Excoriations et ampoules des pieds. — Les excoriations, avec la chaussure actuelle du fantassin français, s'observent surtout au niveau du cou-de-pied et immédiatement au-dessous de la malléole externe. Elles sont produites, dans le premier cas par les deux angles que forme le soulier des deux côtés de la fente qui supporte les lacets, dans le deuxième cas par le bord libre du soulier qui appuie d'une manière incessante sur la saillie constituée par la malléole. Pour éviter ces inconvénients, amincir le bord libre du soulier, l'échancrer, s'il est nécessaire, au niveau de la cheville, et couper les deux angles dont on a parlé.

Pour prévenir les excoriations, frotter les pieds avec du suif ou les envelopper de toile suiffée ; assouplir les chaussures par le graissage. Des chaussures neuves doivent être ramollies préalablement avec de l'eau tiède, puis graissées. Une bonne graisse pour la chaussure s'obtient en faisant fondre à feu doux parties égales de graisse de mouton et de cire jaune et en passant dans un linge un peu clair.

En général, en cas d'excoriations ou d'ampoules, corriger les coutures ou parties saillantes qui les ont produites. A l'arrivée au gîte, se laver les pieds avec de l'eau additionnée de gros vin, d'eau-de-vie ou d'alun ; ouvrir les ampoules avec la pointe d'une aiguille sous l'épiderme, sans arracher celui-ci, passer au travers un fil de laine, recouvrir le tout d'une légère couche de suif ou d'un emplâtre de cérat saturné.

En cas de prédisposition à la transpiration des pieds, laver les pieds avant la marche avec de l'eau-de-vie dans laquelle on a rogné un peu de savon.

Furoncle, ou clou. — Appliquer sur le clou un petit emplâtre d'onguent de la mère, et des cataplasmes de farine de lin ou de mie de pain, de mauve, de son.

Panaris. — Bains tièdes de mauve ou de son, ou cataplasmes émollients de mie de pain, d'amidon, etc. Faire ouvrir les panaris aussitôt que possible par un médecin.

Coup de soleil.—Comme pour l'évanouissement. Faire prendre au malade, à l'ombre, la position demi-assise. Employer l'eau fraîche au dehors en fomentations sur la tête, en dedans comme boisson.

Congélation des membres. — Éviter d'introduire le malade dans une chambre chaude ou près d'un poêle allumé, le garder dans un local froid et non exposé au vent, couvrir la partie malade et le voisinage de neige, jusqu'à l'apparition d'une sensation de brûlure ; alors, diminuer le froid et substituer à la neige, d'abord de l'eau mélangée de neige, puis de l'eau, et y maintenir, s'il est possible, la partie gelée. Employer ensuite l'eau tiède, et enfin essuyer les parties avec des linges secs et les envelopper d'autres linges. On peut alors enduire la région gelée avec un corps doux, tel que de l'huile fraîche. S'il survient du frisson, il se produit des ampoules, qu'il ne faut vider, par quelques piqûres d'épingle, que lorsque la douleur est violente ; la peau doit rester en place, et l'on couvre la partie avec un linge fin enduit de saindoux ou d'huile fraîche.

Préservatif contre les congélations : les onctions avec du suif.

Brûlures. — Les combattre par l'eau froide, appliquer dessus de la ouate imbibée d'un mélange d'huile de lin et de chaux, ou bien de la râpure de pommes de terre, de la graisse douce, du beurre, en un mot des corps non salés. Vider les ampoules comme celles provenant de la marche.

Asphyxie par l'eau. — Enlever les vêtements du noyé, le coucher sur le côté droit dans un lit bas, un peu plus élevé vers la tête que vers le pied, et placé dans une chambre où il y a du feu ; soutenir la tête par le front et la faire pencher légèrement ; faire sortir l'eau qui se trouve dans la bouche et dans les narines en écartant les mâchoires. Promener sous le nez des allumettes soufrées ou de l'ammoniaque, ou bien chatouiller les narines avec la barbe d'une plume. Appliquer des briques chaudes à la plante des pieds ; frictionner le corps dans la direction du cœur avec de la flanelle chaude, puis avec un linge trempé dans de l'eau-de-vie camphrée ou dans du vinaigre ; brosser la paume des mains et la plante des pieds avec une brosse rude. Insuffler de bouche à bouche de l'air dans les poumons. Donner un lavement formé de 3 parties d'eau et 1 partie de vinaigre, ou un lavement d'eau contenant 9 grammes de sel.

Asphyxie par le froid. — Placer le malade dans une chambre froide ; couper ses vêtements pour les retirer. Couvrir le corps d'une épaisse couche de neige, à l'exception de la bouche et du nez. Quand cette première neige est fondue, en mettre de nouvelle ; à défaut de neige, se servir de linges trempés dans de l'eau glacée, ou bien baigner le corps entier jusqu'à la tête. Frotter le corps devenu plus souple avec du linge trempé dans l'eau froide. Quand les signes de vie apparaissent, sécher le corps, le coucher dans un lit et dans une chambre non chauffée ; baigner les pieds et les mains dans de l'eau tiède, et faire boire quelques gorgées d'infusion de camomille tiède jusqu'à l'arrivée du médecin.

Asphyxie dans les mines (par les gaz de la combustion de la poudre ou par manque d'air). — Transporter le malade hors de la galerie, en plein air, lui faire renifler de l'eau fraîche ou respirer de l'ammoniaque jusqu'à ce qu'il donne signe de vie ; l'envelopper dans une couverture de laine, le déposer sur un brancard et lui faire de légères frictions aux tempes avec un linge imbibé de vinaigre. Si ces premiers soins ne suffisent pas, le transporter dans un lit bien chaud.

Contusions. — Mettre la partie blessée au repos, appliquer des compresses d'eau froide pure ou allongée de vinaigre, d'eau-de-vie, de sel, de teinture d'arnica. Pas de boissons échauffantes ; de l'eau froide ou une infusion de tilleul.

Plaies contuses. — Extraire les corps étrangers au moyen de lavages avec de l'eau salée ou vinaigrée ; laisser écouler un peu le sang ; puis rapprocher les lèvres de la plaie que l'on maintient en contact par quelques bandes de diachylon, soutenues elles-mêmes par un bandage approprié et recouvertes d'un linge imbibé d'huile d'olive.

Commotion cérébrale par suite de chute. — Porter le blessé dans un lieu convenable, la tête et la poitrine un peu élevées, desserrer tous ses vêtements, projeter de l'eau au visage, faire respirer du vinaigre, de l'eau de Cologne, de l'ammoniaque; opérer des frictions sur le cœur ou dans la paume de la main; appliquer sur la tête des compresses d'eau froide vinaigrée ou additionnée d'eau sédative: administrer quelques cuillerées d'eau fraîche aiguisée de vin, d'eau-de-vie ou de rhum.

Entorse. — Donner un repos absolu à l'organe endommagé et le plonger immédiatement dans l'eau froide, où on le laisse jour et nuit jusqu'à l'arrivée du médecin.

Luxation. — Coucher le blessé et appliquer des compresses d'eau froide sur la partie déboîtée, jusqu'à l'arrivée du médecin à requérir au plus vite.

Fracture. — Trois hommes pour transporter l'homme qui a une jambe cassée. Le premier passe une main sous la nuque du blessé et de là sous l'aisselle opposée; l'autre main passe sous l'épaule la plus rapprochée du porteur. Le second applique un bras sous les reins et de là sur le bassin, l'autre main portant sous les fesses. Le troisième embrasse avec précaution de ses deux bras les jambes du blessé à leur partie inférieure. On le porte ainsi dans un endroit abrité, où on le couche sur un lit de paille ou de pièces de vêtements; on applique de l'eau froide sur la facture jusqu'à l'arrivée du médecin.

Un bras cassé se soutient avec une écharpe. A défaut d'écharpe, percer avec un couteau une boutonnière dans l'angle du pan de la jupe de capote du côté du bras cassé, et relever cette jupe en la boutonnant à un bouton de la poitrine.

Blessure avec hémorragie. — Arrêter l'hémorragie en opérant une compression, au-dessous de la blessure (du côté opposé au cœur) pour une hémorragie veineuse, et au-dessus de la plaie (entre celle-ci et le cœur) pour une hémorragie artérielle. Celle-ci se reconnaît à un jet de sang saccadé et vermeil.

Sur le point où l'on veut comprimer un vaisseau, appliquer une pelote, de la grosseur d'un œuf, faite avec de l'étoupe, de la charpie, une pierre ronde un peu aplatie et enveloppée de linge ; adapter dessus le milieu d'un mouchoir plié en forme de cravate étroite, et en attacher les extrémités sur le point opposé à la pelote, en laissant entre le membre et le nœud un espace que l'on bourre de linge replié plusieurs fois sur lui-même. Entre ces compresses et le nœud introduire un garrot que l'on tourne jusqu'à ce que le sang s'arrête ; maintenir le garrot dans sa position au moyen d'une bande.

Quand on n'a à sa disposition qu'un mouchoir, le rouler et faire en son milieu un nœud assez gros pour servir de pelote, puis opérer comme ci-dessus.

A défaut d'autre moyen, comprimer le vaisseau avec le pouce jusqu'à l'arrivée des secours.

Points favorables pour la compression d'une artère : 1° sur le côté intérieur du bras, à égale distance entre l'épaule et l'articulation du coude ; 2° sur le côté intérieur et à 3 doigts au-dessus du milieu de la cuisse ; 3° l'artère du cou, en cas de blessure de ce côté-là.

Plaies par armes à feu (1). — Respecter les plaies à la tête, au cou, à la poitrine, au ventre, et ne pas rechercher les projectiles qui les ont produites. S'il n'y a pas d'hémorragie sérieuse, boucher la blessure avec un tampon de charpie trempé dans l'eau froide ou l'eau-de-vie et appliquer par-dessus une compresse pour s'opposer au passage de l'air.

Ne donner à boire qu'aux blessés qui parlent, s'en abstenir à

______

(1) Dans l'armée allemande, chaque soldat porte avec lui un pansement qui sert à l'infirmier ou au médecin à lui donner de suite un premier secours : un morceau de toile de $0^{m2},01$, une bande de toile de $\dfrac{0^m,04}{2^m,50}$, 17 grammes de charpie ; le tout empaqueté dans un morceau de toile huilée de $\dfrac{0^m,22}{0^m,24}$. Le fantassin porte ce petit paquet dans la poche gauche du pantalon.

l'égard des soldats blessés à la tête ou qui ont le poumon traversé, afin de ne pas provoquer une hémorragie.

II. Chevaux.

Soins journaliers. — Lorsque rien ne s'y oppose, on donne :
Après l'abreuvoir du matin, 1/4 ration d'avoine ;
A la grand'halte, 1/4 ration d'avoine (auparavant quelques poignées de foin) ;
Aussitôt après l'arrivée, 2/3 ration de foin ;
Après l'abreuvoir du soir, 1/2 ration d'avoine ;
Après le pansage du soir, 3/3 ration de foin.
Lorsqu'il n'y a pas de grand'halte, les 3/4 de la ration d'avoine sont donnés après l'abreuvoir du soir, qui n'a lieu qu'une heure environ après l'arrivée.

A l'arrivée au gîte, décharger les chevaux immédiatement, ôter la croupière et desserrer les sangles sans desseller de suite.

Chevaux mouillés par la sueur ou la pluie : les bouchonner fortement avec de la paille fraîche.

Chevaux couverts de poussière : éponger les yeux, les naseaux, les lèvres, le fondement, le fourreau.

Jambes couvertes de boue : les laver et les bouchonner ensuite légèrement avec de la paille pour les sécher.

Desseller quand les chevaux n'ont plus chaud ; bouchonner immédiatement le dos et l'examiner attentivement ainsi que le garrot. Pansage abrégé après une longue route. A la moindre apparence de tumeur, appliquer de suite dessus et maintenir avec le surfaix une éponge, ou même un gazon, mouillés avec de l'eau salée ou vinaigrée, et à défaut, avec de l'eau pure. Raffermir plus tard les tissus par des frictions d'eau-de-vie unie au savon.

Les chevaux de bât sont débarrassés de leurs charges à l'arrivée, on leur enlève le bridon, on déboucle le poitrail, que l'on relève et fixe en engageant la boucle dans le crochet de charge, on dégage la queue de la croupière ; les chevaux ne sont débâtés que 2 à 3 heures après avoir été déchargés.

Blessures par la bricole. — Remonter ou descendre la bricole, selon l'emplacement de la blessure, afin d'éviter tout contact; ou bien donner du jeu en desserrant la plate-longe. Ou encore, placer entre le cuir et le cheval un morceau de peau de mouton garnie de sa toison.

On peut éviter des blessures au poitrail par l'expédient suivant : on gratte le feutre de la bricole avec un couteau pour mettre le cuir à nu, et on le frotte à sec avec du savon; la sueur du cheval fait fondre le savon, et il se forme une écume qui adoucit le frottement du feutre.

Blessures par la croupière. — Desserrer la croupière, la garnir de linge, ou l'ôter tout à fait.

Blessures par les sangles. — Si elles proviennent de ce que la selle est trop en avant, seller plus en arrière. Si elles proviennent de ce que la sangle est trop sèche et trop dure, gratter l'arête de la sangle et la graisser, ou bien la garnir de toile.

Blessures par la sellette ou le bât. — Les causes déterminant les blessures sont le plus généralement les suivantes : 1° des panneaux en mauvais état et inégalement rembourrés; 2° des couvertures mal pliées, malpropres et contenant des corps étrangers, ou bien neuves ayant rebroussé le poil; 3° un chargement mal équilibré ou mal fixé sur le bât; 4° le dérangement du bât ou de la charge; 5° un chargement trop volumineux et surtout trop élevé; 6° débâter trop tôt après l'arrivée; 7° un mauvais ajustage de bât.

Si la matelassure des panneaux, en s'affaissant, blesse l'animal au garrot, remplacer le plus tôt possible le rembourrage. On peut engager entre le panneau et l'arçon, de chaque côté, un bouchon de paille ou de foin, pour relever la sellette et ménager la liberté du garrot.

Si la blessure se produit sous la matelassure du panneau, enfoncer une alène dans la toile, repousser à droite et à gauche la matelassure pour former une cavité dans laquelle se loge la blessure; au besoin, placer un bouchon de paille entre le panneau et l'arçon, au-dessus et en bas de la blessure.

Tables et renseignements divers.

Fascinages.

Choix des bois. Pour harts : gaulettes flexibles, de 1ᵐ,80 à 2 mètres de longueur et de 0ᵐ,1 — 0ᵐ,02 au gros bout, en saule ou osier, bouleau, noisetier, charme, chène, vigne vierge, tamarin, bourdaine.

Pour gabions et claies : gaulettes, de 1ᵐ,80 environ de longueur et de moins de 0ᵐ,02 au gros bout, des essences ci-dessus auxquelles on peut ajouter le hètre rouge et les bois à aiguilles.

Pour fascines : toutes espèces de gaulettes de moins de 0ᵐ,04 au gros bout.

Coupe des bois. Ateliers de 24 hommes et 1 sous-officier, partagés en 3 brigades égales : la 1ʳᵉ, avec des haches à main et des serpes, coupe les bois; la 2ᵉ les trie, d'après les indication ci-dessus, et les lie en bottes, de 0ᵐ,30 de diamètre environ et de 2ᵐ,50 à 3 mètres de longueur ; la 3ᵉ les porte aux points de chargement des voitures.

Une voiture à 2 chevaux charge 36-40 bottes ; une voiture à 4 chevaux, 55-60 bottes.

Dimensions et poids des fascinages. Fascine ordinaire : longueur 2ᵐ,50, diamètre 0ᵐ,20, 4 harts; poids 16-20 kil.

Fascine pour passage de fossé plein d'eau : longueur 1 mètre, diamètre 0ᵐ,25, 3 harts, 2 pierres noyées dans la fascine ; poids 45 kil. au plus.

Gabion : diamètre hors œuvre 0ᵐ,60, hauteur du clayonnage 0ᵐ,80; 7 piquets de 1 mètre, dépassant le clayonnage de 0ᵐ,45 à leur extrémité appointée et de 0ᵐ,05 à leur bout coupé carrément ; poids 18 kil.

Claie : longueur 2 mètres, hauteur 0ᵐ,80 — 1ᵐ,20 ; 7 piquets dépassant le clayonnage comme ceux des gabions ; poids 16 kil. le mètre carré.

Piquets à tracer : longueur 0ᵐ,50, diamètre 0ᵐ,03 ; poids 28 kil. le cent.

Piquets pour gabions ou claies, ou à larder : longueur 1 mètre, diamètre 0^m,04 ; poids 50 kil. le cent.

Piquets pour chevalets à fascines : longueur 2 mètres environ, diamètre 0^m,08 ; poids 30 kil. la douzaine.

Confection des fascinages. Confection des piquets : ateliers de 12 hommes. 1° Piquets en rondins : 4 hommes pour couper et ébrancher les bois. 3 pour les scier. 5 pour les parer et les appointer. Outils : 2 haches de bûcheron. 7 haches à main. 4-6 serpes, 1 mètre. 2° Piquets en bois débités : 2 hommes pour abattre et ébrancher les arbres, 2 pour les scier, 4 pour les refendre, 4 pour les parer et les appointer. Outils : 4 haches de bûcheron, 4 haches à main, 4-6 serpes, 2 scies, 3-4 coins, 1 mètre.

Un atelier de 10-12 hommes prépare en 5 heures 400-500 piquets pour gabions ou claies, ou 600 piquets à tracer.

Pour la confection des fascines, gabions, claies, voir le Cahier de l'école de sape.

Poids de diverses substances.

Terre légère (le mètre cube)	1100 kil.
Terre moyenne	1500
Terre forte	1900
Bois tendre	640
Bois dur	800
Gravier	1400
Brique	1500
Pierre	1600-2600
Maçonnerie	2000-2850
Fer	7300-7780
Fonte	7400
Acier	7820
Bronze	8650
Un rail de 6 mètres	185-225
Une traverse de chemin de fer, environ	109
Un palis de clôture	60-100
Un palis d'appui	35-50

Une botte de gaulettes de $0^m,30$ de diamètre.   25
10 mètres de perches...................   15

Forces de l'homme et du cheval.

Un homme transporte : à bras 25 kil., à la civière 50 kil., à la brouette 75 kil.

Un cheval transporte : 375-500 kil.

Charges diverses à faire traîner par un cheval : $0^{m3},6$ de bois ; 6 palis ; 15 bottes de gaulettes ; 15 gabions ; 500 piquets de gabions ; 18 fascines ; 15 claies ; 2 rails ; 4 traverses de chemin de fer.

Formules de la résistance des matériaux.

Pièce reposant sur 2 appuis avec charge uniformément répartie : $\dfrac{p x^2}{8} = \dfrac{2\,R\,I}{h.}$

Pièce reposant sur 2 appuis et supportant un poids isolé en son milieu : $\dfrac{P\,x}{4} = \dfrac{2\,R\,I}{h.}$

Poutre encastrée à un bout et libre à l'autre et chargée d'un poids uniforme : $\dfrac{p x^2}{2} = \dfrac{2\,R\,I}{h.}$

Poutre encastrée à un bout et libre à l'autre et chargée d'un seul poids à son extrémité : $P\,x = \dfrac{2\,R\,I}{h.}$

Valeurs de I dans les formules ci-dessus :

Rectangle plein...................... $I = \dfrac{1}{12}\,b h^3,$

Rectangle évidé...................... $I = \dfrac{1}{12}\,(bh^3 - b'h'^3),$

Double T........................   Idem,

Cercle plein........................ $I = \dfrac{1}{4}\,\pi\,R^4,$

Cercle creux......................... $I = \dfrac{1}{4}\,\pi\,(R - R'^4),$

Valeurs de R qu'on ne doit pas dépasser (le mètre étant l'unité) :

Chêne ....   5 à   700,000
Sapin..............................   6 à   800,000
Fer ....   4 à 8,000,000
Fonte.........................   2 à 3,000.000
Acier.........................   12 à 15,000,000

Charges par mètre courant que peuvent supporter dans la pratique (R = 600 000), les poutrelles en sapin du Nord reposant librement par leurs deux extrémités (1).

DÉSIGNATION.	PORTÉES DE							
	1^m.	1^m,50.	2^m.	2^m,50.	3^m.	4^m.	5^m.	6^m.
	kil.	kil.	kil.	kil.	kil.	kil.	kil.	kil.
Madrier de champ de $\frac{0^m,22}{0^m,08}$.	3098	1377	774	496	344	193	124	86
Demi-madrier de champ de $\frac{0^m,22}{0^m,035}$.	1355	602	338	247	150	84	54	37
Chevron de $\frac{0^m,16}{0^m,08}$.	1638	728	409	262	182	102	65	46
Chevron de $\frac{0^m,10}{0^m,08}$.	640	284	160	102	74	40	25	17
Chevron de $\frac{0^m,10}{0^m,035}$.	280	124	70	45	34	17	11	7

(1) Ce tableau ainsi que le suivant nous a été communiqué par M. le chef de bataillon du génie Marcille.

Charges que peuvent supporter les rails de chemin de fer.

Les rails des principales lignes ont à peu près la même résistance, quelles que soient leur forme et leur section et quels que soient le métal ou le mode de fabrication. Ils sont faits pour supporter une charge de 6,5 tonnes pour une portée de 1 mètre ; et, dans ces conditions, le métal travaille en moyenne à 7 kil. par millimètre carré de section.

Il convient de ne faire travailler les rails en service qu'à 5 kil. par millimètre carré de section, et, dans ces conditions, ils peuvent supporter les charges suivantes :

Portées.	Charge par mèt. courant.	Portées.	Charge par mèt. courant.
1 mètre....	6.000 kil.	3^m,50....	489 kil.
1^m,50......	2,666	4 mètres..	375
2 mètres...	1,500	4^m,50....	296
2^m,50......	960	5 mètres.	240
3 mètres ...	666		

On doit admettre, d'autre part, que, pour résister aux projectiles de campagne, il suffit de recouvrir un *abri :* soit d'un lit de fascines et de 0^m,75 de terre pesant ensemble 886 kil. par mètre carré ; soit d'un lit de traverses de chemin de fer jointives et de 0^m,75 de terre, pesant ensemble 929 kil. par mètre carré. Pour chaque épaisseur de terre de 0^m,10 en plus, le poids par mètre courant augmentera de 180 kil.

Ces renseignements permettront de calculer dans chaque cas l'écartement à donner aux rails supportant le ciel d'un abri.

Résistance des cordages.

La charge en kilogrammes capable de rompre une corde de chanvre est 20 c^2, c étant la circonférence de la corde exprimée en centimètres.

Si la corde doit être mouillée, la charge se réduit à $\frac{2}{3} \times 20 \, c^2$.

17.

Epaisseur e des murs.

Murs isolés de hauteur h : $e = \frac{1}{4}\sqrt{h}.$

Murs de refend, l étant leur longueur entre les murs latéraux : $e = \dfrac{l\,h}{12\sqrt{l^2+h^2}}$

Murs de soutènement de hauteur H avec surcharge en terre de hauteur h : $e = 0{,}285\,(H + h).$

Batardeau en maçonnerie, pesant p kilogrammes par mètre cube : $e = 0{,}865\left(H\text{-}h\sqrt{\dfrac{1000}{p.}}\right)$

Murs en pierres sèches : prendre un quart en plus de l'épaisseur donnée par les formules ci-dessus.

Renseignements sur le tir du fusil français modèle 1874.

DISTANCES.	ANGLES de chute.	ZONES DANGEREUSES totales en terrain horizontal.		VITESSES tangentielles restantes.	FLÈCHES mesurées aux demi-distances.
		Infanterie $h = 1^m,60$.	Cavalerie $h = 2^m,50$.		
mètres.	degrés.	mètres.	mètres.	mètres.	mètres.
0....	»	»	»	450	»
100....	0° 10′ 56″	»	»	394	0,07
200....	0 23 24	273	303	346	0,36
300....	0 37 33	144	374	310	0,93
400....	0 53 31	83	139	281	1,84
500....	1 11 25	57	90	257	3,08
600....	1 31 25	43	70	237	4,73
700....	1 53 32	34	55	220	6,89
800....	2 18 1	28	44	205	9,62
900....	2 44 56	23	35	192	12,97
1000....	3 14 26	19	28	181	17,03
1100....	3 46 37	16	23	171	21,69
1200....	4 21 35	13	20	162	27,65
1300....	4 59 28	11	17	154	34,15
1400....	5 40 22	10	14	147	42,12
1500....	6 24 23	9	13	141	50,84
1600....	7 11 37	8	11	136	61,29
1700....	8 2 7	7	10	131	72,69
1800....	8 55 59	6	8	126	86,10

Poids du fusil sans baïonnette, 4ᵏ,200 : avec épée-baïonnette, 4ᵏ,760.

Longueur du fusil sans baïonnette, 1ᵐ,30; avec épée-baïonnette, 1ᵐ.83.

Poids de la balle 25 grammes, de la poudre 5ᵍʳ,25, de la douille 12ᵍʳ,9 : poids total de la cartouche 43ᵍʳ,8. Poids d'un paquet de 6, 272 grammes.

Calibre de l'arme sur les pleins, 11 millimètres. Longueur de la balle, 2 diamètres et demi.

Portée maxima : environ 3,000 mètres pour un angle de tir de 30°-35°, une pression atmosphérique de 750 millimètres et une température supérieure à 25°. La hausse n'est graduée que jusqu'à 1,800 mètres.

Justesse. — Une section en ligne debout, occupant un front de 20 mètres et une hauteur de 1^m,60, placée à une distance connue, recevra à 800 mètres une balle sur 4, à 1,500 mètres une balle sur 29, à 1,800 mètres une balle sur 68.

Tir individuel. — Au point de vue de la justesse du tir, les trois positions à genou, couché, debout, ont les valeurs relatives 13, 12, 11.

Au point de vue de la vulnérabilité, en terrain plat et pour toutes les distances inférieures à 500 mètres, la position à genou est plus dangereuse que la position debout, à cause de la forme de la silhouette qui en ce cas se rapproche davantage de la position la plus dense du groupement des balles ; mais en terrain ordinaire il n'en est plus de même.

L'efficacité du tir sur des hommes isolés ou sur des tirailleurs espacés de 2 mètres décroît très rapidement avec la distance. Cette décroissance est beaucoup moins prononcée dans le tir sur des escouades groupées.

Les résultats donnés par le tir individuel varient dans le rapport de 4 à 3, suivant que la distance du but est connue ou inconnue.

On peut attendre une efficacité suffisante du tir d'un homme isolé :

Jusqu'à 200 mètres sur un homme couché.

Jusqu'à 300 mètres sur un homme debout ou à genou, ou sur une escouade en chaîne dans les trois positions.

Jusqu'à 400 mètres sur une escouade groupée dans la position couché.

Jusqu'à 600 mètres sur une escouade groupée dans la position debout.

Tir collectif. — Le groupement horizontal du tir collectif présente la forme d'une ellipse, dont le petit axe parallèle aux tireurs augmente avec la distance et avec le front des tireurs, tandis que son grand axe reste à peu près constant.

Pour les feux de salves, jusqu'à 1,600 mètres, la profondeur constante du groupement est d'environ 350 mètres ; la profondeur de bande de terrain parallèle aux tireurs et contenant 50 p. 100 des coups tirés est d'environ 120 mètres.

La profondeur du terrain rendu dangereux par le tir collectif à une distance quelconque s'obtient en ajoutant à la première de ces longueurs constantes la longueur du terrain rasé pour cette distance : cette longueur est donnée par les tables de tir.

Cette profondeur du terrain dangereux a son maximum 500 mètres dans le tir rasant, pour lequel la hausse de 300 mètres paraît convenir ; elle diminue ensuite à mesure qu'on augmente la hausse ; la diminution d'abord rapide finit par devenir insensible, et la profondeur du terrain dangereux aux grandes distances se réduit à celle du groupement, c'est-à-dire 350 mètres.

Les groupements produits par des feux de tirailleurs sont un peu moins profonds que ceux que produisent les feux de salves.

Pour battre uniformément un terrain de dimensions plus grandes que celles du groupement, il faut juxtaposer des groupements en largeur (emploi simultané ou successif de plusieurs points à viser) ou en profondeur (emploi simultané ou successif de plusieurs hausses différant entre elles de 100 mètres).

Tirs aux grandes distances sur des formations tactiques. — *En terrain découvert*, on obtient une efficacité suffisante, c'est à-dire un coup touché sur cent coups tirés, en ouvrant le tir aux distances suivantes, qui seraient d'ailleurs trop fortes *en terrain accidenté :*

Sur une colonne de compagnie debout à 1,500 mètres, couchée à 1,300 mètres.

Sur une demi-colonne de compagnie debout à 1,300 mètres, couchée à 1,000 mètres ;

Sur une compagnie en ligne debout à 1,200 mètres, couchée à 800 mètres ;

Sur une section debout à 1,200 mètres, couchée à 700 mètres ;

Sur une demi-section debout à 1,100 mètres, couchée à 700 mètres ;

Sur une escouade debout à 900 mètres, couchée à 600 mètres.

Sur l'artillerie en batterie, on peut tirer efficacement jusqu'à 1,500 mètres.

Les *pour cent* du tir exécuté à des distances inconnues sont les 2/3 de ceux exécutés à des distances connues.

Malgré la légère supériorité (1/7) des feux de tirailleurs sur les *feux de salves*, ces derniers sont *préférables* comme facilitant la discipline du feu, sa direction, et permettant de régler la consommation des munitions ; d'ailleurs les feux de fortes lignes de tirailleurs ont l'inconvénient de couvrir le front d'une fumée qui gêne le pointage.

Les feux de salves sont possibles à partir de 600 mètres, et même en deçà si l'on trouve des abris.

Contre l'artillerie, l'infanterie à découvert devra se déployer à de grandes distances et employer des feux de tirailleurs, ou mieux des feux de salves de petits groupes, en cherchant à s'en rapprocher jusqu'à 1,200 mètres.

La section est l'unité qui se prête le mieux à l'exécution des feux d'ensemble aux grandes distances ; les feux d'escouade conviennent mieux aux distances inférieures à 1,000 mètres.

Une escouade déployée peut encore exécuter des feux de salves.

Au point de vue de la vulnérabilité, les formations en colonne sont défavorables dans toutes les positions, et en particulier dans la position couché. La formation des compagnies de réserve aux grandes distances semble devoir être la formation en ligne ou en colonnes de peloton espacées. Quant aux compagnies de première ligne, elles devraient, en terrain découvert, déployer leurs escouades à 1,000 mètres de l'ennemi.

Le tir doit être dirigé sur les groupes de la chaîne ; en général il ne faut tirer sur les groupes du deuxième et du troisième échelon que lorsqu'ils se mettent debout, quittant la position d'attente pour avancer ou entrer en ligne.

Dans les feux de salves on emploie toujours deux hausses jusqu'à 800 mètres, trois hausses pour les distances supérieures ; ces hausses diffèrent entre elles de 100 en 100 mètres.

Pour régler le tir, si l'on peut observer le point de chute des balles (1), on emploie deux ou trois salves d'essai, en prenant des hausses faibles et croissant de 100 en 100 mètres si le terrain est découvert, et des hausses fortes et décroissantes si le but est séparé des tireurs par une vallée ou un obstacle masquant le terrain en avant.

Si l'on ne peut observer 'a chute des balles, on peut, à défaut d'autre moyen, employer plusieurs hausses et des points à viser différents, de façon à augmenter les dimensions de la gerbe ; si l'on emploie deux hausses on les répartit entre les deux rangs ; si l'on en emploie trois, on les répartit entre les sections.

Tirs sur buts mobiles. — Contre de l'infanterie se déplaçant perpendiculairement aux tireurs et faisant 100 mètres à la minute, faire varier la hausse de 100 en 100 mètres en tirant quatre à cinq salves avec chaque hausse.

Contre la cavalerie, faire varier la hausse de 150 en 150 mètres, ou de 200 en 200 mètres suivant la vitesse, et tirer deux ou trois salves avec chaque hausse.

Tir plongeant. — Le tir plongeant, par suite de la tension de la trajectoire, ne peut être exécuté qu'aux grandes distances : 800 mètres est la distance minima à laquelle ce genre de tir est profitable, à moins que l'on ne puisse prendre l'obstacle d'écharpe.

Le réglage de ce tir, pratiqué surtout dans la guerre de siège, exige une grande précision dans l'évaluation de la distance : cette distance étant connue, on vise la crête de l'obstacle avec une hausse déterminée par les règles suivantes :

1° Pour battre au plus près le terrain situé en arrière de l'obs-

---

(1) Avec une jumelle ordinaire, il est possible de distinguer la chute des balles d'une salve jusqu'à 1200 mètres.

Une troupe d'infanterie, postée dans le voisinage d'une batterie d'artillerie amie, se renseigne auprès de celle-ci au sujet des distances des objectifs principaux.

tacle, ou un but dont la distance à la crête ne dépasse pas 50 mètres, prendre la hausse qui convient à la distance de la crête augmentée de 25 mètres ;

2° Pour battre un but situé à plus de 50 mètres de la crête, prendre la hausse qui convient à la distance du but diminuée de 25 mètres.

Tir en terrains variés. — Les dimensions en profondeur du terrain battu par une gerbe augmentent quand le terrain est en pente descendante, et diminuent lorsqu'il est en pente ascendante, par rapport aux tireurs.

Dans le tir de haut en bas sur un terrain horizontal (tir des défenseurs d'une crête contre l'ennemi traversant la vallée), la zone dangereuse diminue d'autant plus à chaque distance de tir que le point d'origine du tir est plus élevé ; de plus, le tir est fichant et produit peu de ricochets, les coups destinés à la chaîne, n'atteignent ni les soutiens, ni les réserves : il est donc essentiel d'estimer les distances encore plus exactement qu'en terrain horizontal.

Au contraire, le tir de bas en haut sur un terrain horizontal (tir de l'assaillant contre une crête et le plateau en arrière) donne des zones dangereuses considérables, pourvu qu'on vise la crête avec la hausse correspondant à la distance approximative à laquelle elle se trouve.

Une crête est donc le point le plus vulnérable d'une position ; la défense doit l'occuper seulement comme avant-ligne pour fournir des feux rasants sur les pentes en avant, mais ne pas en faire sa ligne de combat principale.

Le véritable front de combat est, pour l'offensive, dans la partie la plus basse du terrain, et, pour la défensive, en arrière de la crête, à une distance variant entre 500 et 900 mètres et déterminée par les obstacles déjà existants ou par l'inclinaison de l'avancée. (*Journal des Sciences militaires*, août 1879. Les Feux à grandes distances.)

Discipline du feu. — Le *feu rapide* tire son efficacité de la tension de la trajectoire ; il ne doit s'employer qu'exceptionnellement et aux petites distances (3 à 400 mètres au plus), parce qu'il consomme beaucoup de munitions, trouble les hommes et donne une épaisse fumée qui empêche de viser.

« Pour empêcher les *feux de tirailleurs* de dégénérer en feu « déréglé, il faut fixer, avant l'ouverture du feu, le nombre de « cartouches à brûler par chaque homme ; comme règle, pas plus « de trois. De cette façon, on produit certaines pauses nécessaires, « pendant lesquelles la fumée se dissipe et les ordres se distri- « buent. » (*Règlement prussien.*)

Dans les *feux de salves*, le feu doit être concentré sur un seul et même objectif indiqué à la troupe. On fait pleuvoir sur l'objectif choisi un grand nombre de projectiles dans un temps très court, puis on fait une pause qui permet de constater les résultats obtenus, de rectifier les hausses s'il y a lieu, de ménager les cartouches et de reprendre la troupe en main.

Dans la défensive, on réunit à l'avance des réserves de cartouches à proximité des positions occupées ; dans l'offensive, on complète les munitions avant de lancer les troupes à l'attaque, en utilisant au besoin les cartouches des tués ou blessés.

Principaux éléments des pièces de campagne françaises.

ÉLÉMENTS.	CANONS DE					
	5.	7.	80^{mm}.	90^{mm}.	95^{mm}.	80^{mm} de montagne.
Métal de la pièce............	Bronze.	Bronze ou acier.	Acier fretté.	Acier fretté.	Acier.	Acier fretté.
Calibre................	75^{mm}	85^{mm}	80^{mm}	90^{mm}	95^{mm}	80^{mm}
Vitesse initiale..........	447^{m}	390^{m}	480^{m}	465^{m}	443^{m}	»
Portée maxima (d'après les tables de tir)..........	7000^{m}	6210^{m}	7200^{m}	7200^{m}	7500^{m}	»
Portée maxima (avec la hausse)................	5600^{m}	5000^{m}	5500^{m}	5500^{m}	5500^{m}	»
Poids de l'obus ordinaire chargé...............	4^{k},800	7^{k}	5^{k},500	8^{k},000	10^{k}900	5^{k},500

Projectiles en service : l'obus ordinaire, l'obus à double paroi, l'obus à balles et la boîte à mitraille.

Longueurs des zones dangereuses en avant du point de chute.

DÉSIGNATION DES CALIBRES ET DU BUT.	TIR A						
	1000 mètres.	1500 mètres.	2000 mètres.	2500 mètres.	3000 mètres.	4000 mètres.	5000 mètres.
	mèt.	mèt.	mèt.	mèt.	mèt.	mèt.	mèt.
Tir contre l'infanterie (1^m,60). — Canon de 5	34	20,6	14,8	14,5	9,4	5,6	3,6
— 7	35.6	20,9	14	10	7,7	4,6	3
— 80	52	30	20	20	40,5	6	4,5
— 90	54	29	20	14	11	7	5
— 95	45,4	26,4	18,5	12,6	9,4	6	4
— 80 de montagne	»	»	»	»	»	»	»
Tir contre la cavalerie (2^m,50). — Canon de 5	53,4	32,2	23	17,9	14,2	8,8	5,7
— 7	55,5	32,7	21,8	15,7	11,9	7,3	4,7
— 80	81	47	30	22	15,5	10	7
— 90	79	46	30	22	16	11	7,5
— 95	71	40,9	27,3	19,6	14,7	9,2	6,2
— 80 de montagne	»	»	»	»	»	»	»

Fusil Mauser de l'infanterie allemande.

Arme à verrou pour le tir d'une cartouche métallique à inflammation centrale. Calibre 11^{mm}. Poids de la cartouche, 42 grammes; de la balle, 25 grammes. Vitesse initiale, 425 mètres. Hausse jusqu'à 1600 mètres.

Approvisionnement de l'infanterie dans le corps d'armée : 170 cartouches, dont 80 sur l'homme.

Les zones dangereuses sont très légèrement inférieures à celles du fusil français.

Le règlement allemand prescrit de viser toujours le pied du but et non le centre comme le règlement français.

Les Allemands admettent que l'on ne doit jamais tirer au delà de 1200 mètres ; encore pour ces distances extrêmes faut-il que l'objectif ait des dimensions suffisantes, comme une colonne de compagnie, une batterie, un escadron.

Artillerie de campagne allemande.

Les batteries montées ont le canon lourd, modèle 1873.
      id.   à cheval   id.   léger,   id.
Les batteries se composent chacune de 18 voitures à 6 chevaux (6 pièces, 8 caissons, 3 chariots de batterie, 1 forge).

	CANON	
	léger.	lourd.
Métal de la pièce......................	Acier.	Acier.
Calibre...............................	78^{mm},5	83^{mm}
Nombre total de servants d'une pièce....	6	6
Poids de l'obus à double paroi chargé...	5^{k},07	7^{k}
id. segments annulaires...	idem.	idem.
Poids du shrapnel chargé..............	5^{k},53	8^{k},15
Limite de la graduation de la fusée à temps du shrapnel..................	2,500^{m}	2,500^{m}
Poids de la boîte à mitraille..........	5^{k}	7^{k},5
Nombre de balles de la boîte à mitraille.	76	76

	CANON	
	léger.	lourd.
Vitesse initiale......................	465^m	444^{ur}
Portée maxima des obus inscrite dans les tables de tir......................	$6,800^m$	$7,000^m$
Portée maxima des obus avec la hausse..	$4,000^m$	$4,200^m$
Nombre de coups par pièce dans la batterie. { Obus	104	93
Shrapnels	44	37
Boîtes à mitraille..	6	6

Renseignements balistiques.

DISTANCES.	CANON LÉGER					CANON LOURD.				
	ANGLES de tir.	ZONES dangereuses $h = 1^m,60.$	ÉCARTS PROBABLES.			ANGLES de tir.	ZONES dangereuses $h = 1^m,60.$	ÉCARTS PROBABLES.		
			Portée.	Direction.	Hauteur.			Portée.	Direction.	Hauteur.
mètres.		mètres.	mètres.	mètres.	mètres.		mètres.	mètres.	mètres.	mètres.
500.....	0° 30′	153,00	8,00	0,20	0,45	0° 34′	143,00	8,00	0,45	0,45
1,000.....	1 30	54,00	9,50	0,40	0,36	1 37	49,00	9,00	0,35	0,35
2,000.....	3 49	16,00	12,50	1,00	1,40	4 7	15,00	11,50	0,85	1,30
3,000.....	7 15	8,00	17,00	1,80	»	7 30	8,00	14,50	1,50	»
4,000.....	11 44	5,30	22,00	2,90	»	11 37	4,40	18,00	2,30	»
5,000.....	17 26	2,70	27,50	4,25	»	17 00	2,70	22,00	3,35	»
6,000.....	25 52	»	34,00	6,00	»	25 7	»	26,50	4,85	»
7,000.....	»	»	»	»	»	43 30	»	34,50	6,75	»

Télégraphie optique.

Le système des signaux de la télégraphie optique est le même que celui de la télégraphie électrique, à cela près que les traits et les points de l'alphabet Morse sont figurés par des éclats de durée tantôt longue, tantôt brève.

Mais, à cause de la persistance des impressions lumineuses sur la rétine, il faut pour transmettre nettement une dépêche optique, adopter une vitesse de manipulation deux à trois fois moindre qu'en télégraphie électrique ainsi qu'une cadence spéciale. Pour que l'œil sépare bien les signaux lumineux les uns des autres, il faut que les éclipses aient une durée appréciable de beaucoup supérieure à un dixième de seconde, et, pour que l'on distingue nettement les éclats longs des éclats courts, il est indispensable que *l'éclat court* soit sec comme un éclair et *l'éclat long* d'une durée de près d'une seconde.

Il faut cinq jours à un télégraphiste pour faire son apprentissage optique, et le double à un homme ne connaissant pas encore la pratique de l'alphabet Morse.

Avec deux opérateurs par appareil, soit un télégraphiste et un aide, on peut compter sur une vitesse de transmission de six dépêches de 20 mots à l'heure, y compris le préambule et le collationnement réglementaire. Cette vitesse peut être portée à dix dépêches à l'heure, avec trois employés par appareil, l'un étant exclusivement occupé à transmettre, un autre à recevoir et le troisième à écrire sous la dictée de celui qui reçoit ; dans ce dernier mode d'opérer, les appareils en correspondance fonctionnent simultanément.

Le temps de mise en station sur le terrain peut être évalué à dix ou quinze minutes, en admettant que les appareils soient réglés à l'avance et que l'on connaisse approximativement la direction dans laquelle il faut chercher le correspondant.

La portée des appareils de campagne du plus petit modèle, transportables par un seul homme, est de 8 à dix kilomètres en opérant de jour à la lampe. Cette portée est au moins quintuplée en opérant avec la lumière solaire. De nuit la portée à la lampe est d'environ 30 kilomètres.

On peut aussi recevoir une dépêche optique à l'œil nu, mais seulement jusqu'à une distance moitié moindre qu'avec l'emploi d'un appareil récepteur.

Signaux du système Morse.

Alphabet.

a		o	
b		p	
c		q	
ch		r	
d		s	
e		t	
é		u	
f		v	
g		w	
h		x	
i		y	
j		z	
k		ä (a adouci en all.)	
l		ö (o adouci en all.)	
m		ü (u adouci en all.)	
n			

Point.....................

Point et virgule............

Virgule...................

Deux points..............

Point d'interrogation ou demande de répétition d'une transmission non comprise.

Point d'exclamation........

Apostrophe...............

Barre de fraction...........

Alinéa....................

Trait d'union.............

Appel préliminaire de toute transmission...........

Accusé de réception ou compris....................

Erreur...................

Fin de transmission........

Invitation à transmettre.....

Attente...................

Chiffres.

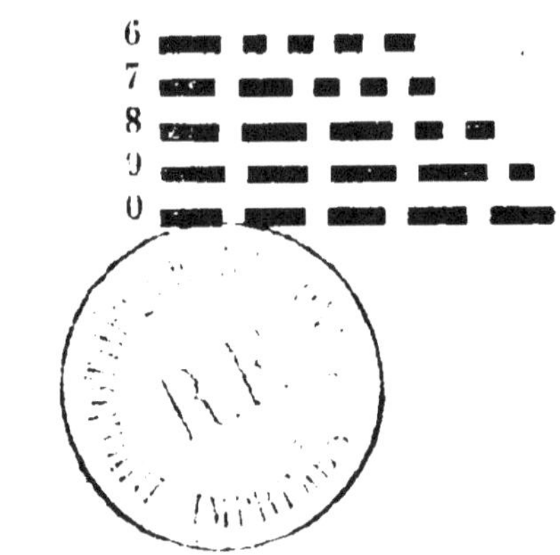

TABLE DES MATIÈRES (1).

PREMIÈRE PARTIE.

---

(1) On a laissé de côté tout ce qui concerne les travaux d'attaque et de défense des places et, en général, tous les travaux de longue haleine, pour l'exécution desquels les officiers sont en station et ont le loisir de consulter, soit des aide-mémoire plus complets, soit les cahiers pratiques que les sous-officiers portent dans le havre-sac.

DEUXIÈME PARTIE.

TROISIÈME PARTIE.

Paris. — Imprimerie J. Dumaine, 2, rue Christine.